广东外语外贸大学国际服务外包研究院资助

广东服务业对外开放报告 2014

REPORT ON GUANGDONG SERVICES OPENNING-UP 2014

夏杰长　林吉双　黄立军　主编

图书在版编目（CIP）数据

广东服务业对外开放报告2014/夏杰长，林吉双，黄立军主编.—北京：经济管理出版社，2014.9
ISBN 978-7-5096-3428-8

Ⅰ.①广… Ⅱ.①夏… ②林… ③黄… Ⅲ.①服务业—对外开放—研究报告—广东省—2014 Ⅳ.①F719

中国版本图书馆CIP数据核字（2014）第237591号

组稿编辑：申桂萍
责任编辑：申桂萍　梁植睿
责任印制：黄章平
责任校对：超　凡

出版发行：经济管理出版社
　　　　　（北京市海淀区北蜂窝8号中雅大厦A座11层　100038）
网　　址：www.E-mp.com.cn
电　　话：(010) 51915602
印　　刷：三河市延风印装厂
经　　销：新华书店
开　　本：720mm×1000mm/16
印　　张：17.5
字　　数：305千字
版　　次：2014年9月第1版　2014年9月第1次印刷
书　　号：ISBN 978-7-5096-3428-8
定　　价：88.00元

·版权所有　翻印必究·

凡购本社图书，如有印装错误，由本社读者服务部负责调换。
联系地址：北京阜外月坛北小街2号
电话：(010) 68022974　　邮编：100836

前　言

作为我国经济大省和改革开放的排头兵,广东省的发展一直走在全国的前列。因此,研究其服务业的对外开放现状与问题,对广东乃至全国都有着极强的示范作用。和其他省市相比,广东省无论是服务贸易还是服务业利用外资,在全国处于比较领先的地位。但是,在纵向和横向的对比中,广东省的服务贸易竞争力和服务业利用外资的水平都有待提高。以外向型经济为主导的广东省,在金融危机和外部市场需求发生变化的情况下应对能力较为脆弱,而服务业的对外开放是实现广东产业转型升级的必要选择。要扩大广东省服务业对外开放的力度和水平,需要从搞好顶层设计、制定对外开放的总体规划、坚持"走出去"和"引进来"双向互动、加强区域分工与合作、创新服务业体制机制等方面着手。

本报告按照服务业和服务贸易分类准则,结合广东省的实际情况,选取了交通运输(仓储和邮政业)、现代信息服务业、批发零售业、住宿餐饮业、金融服务业、房地产业、商务服务业、科技服务业、教育服务业、旅游服务业、服务外包产业共十一个领域的对外开放情况进行了实证分析,描述了其发展和开放的基本概况,分析了其对外开放中存在的问题,提出了解决问题的对策建议。这些研究对进一步扩大广东省主要服务产业的对外开放力度,提升对外开放的水平,有着一定的学术意义和政策参考价值。

作为全国第一个中国区域现代服务业对外开放的专门研究报告,从书中可以搜索到广东省主要现代服务业行业发展和开放的基本轨迹及不俗成绩,同时能有效把握广东现代服务业发展和对外开放的大趋势及政策取舍,获取有价值的信息和知识含量。

目 录

第一章 广东省服务业对外开放现状、问题与对策建议 ………………… 1

    一、广东省服务业发展概况 …………………………………………… 1

    二、广东省服务业对外开放的基本格局 ……………………………… 4

    三、广东省服务业对外开放存在的问题 ……………………………… 9

    四、广东省服务业对外开放的效应分析 ……………………………… 14

    五、提升广东省服务业对外开放水平的对策建议 …………………… 20

第二章 广东省交通运输（仓储和邮政业）对外开放现状、问题与
          对策建议 ……………………………………………………………… 23

    一、文献综述 …………………………………………………………… 23

    二、广东省交通运输、仓储和邮政业发展概况 ……………………… 24

    三、广东省交通运输、仓储和邮政业对外开放现状 ………………… 28

    四、广东省交通运输、仓储和邮政业对外开放与经济增长关系的
        实证分析 …………………………………………………………… 37

    五、扩大广东省交通运输、仓储和邮政业对外开放的对策建议 …… 41

第三章 广东省现代信息服务业对外开放现状、问题与对策建议 ……… 45

    一、文献综述 …………………………………………………………… 45

    二、广东省信息服务业对外开放的实证分析 ………………………… 47

    三、实证结果分析 ……………………………………………………… 51

    四、扩大广东省信息服务业对外开放的对策建议 …………………… 57

第四章 广东省批发和零售业对外开放现状、问题与对策建议 ………… 61

    一、引言 ………………………………………………………………… 61

    二、广东省批发和零售业对外开放现状 ……………………………… 63

    三、广东省批发和零售业对外开放度的测算 ………………………… 70

    四、批发和零售业对外开放对广东省的影响 ………………………… 73

五、广东省批发和零售业对外开放中存在的问题 …………………… 77
六、广东省应对批发和零售业对外开放的政策建议 …………………… 81

第五章 广东省住宿和餐饮业对外开放现状、问题与对策建议 …… 85

一、引言 …………………………………………………………………… 85
二、广东省住宿和餐饮业发展和对外开放现状 ………………………… 86
三、广东省住宿和餐饮业对外开放的量化指标分析 …………………… 97
四、广东省住宿和餐饮业对外开放的效应分析 ………………………… 100
五、广东省住宿和餐饮业对外开放中存在的问题 ……………………… 104
六、广东省扩大住宿和餐饮业对外开放的对策建议 …………………… 108

第六章 广东省金融服务业对外开放现状、问题与对策建议 ……… 110

一、文献综述 ……………………………………………………………… 110
二、广东省金融服务业发展和对外开放现状分析 ……………………… 112
三、广东省金融服务业对外开放对经济社会影响的实证分析 ………… 122
四、广东省金融服务业对外开放中存在的问题 ………………………… 129
五、广东省扩大金融服务业对外开放的对策建议 ……………………… 132

第七章 广东省房地产业对外开放现状、问题与对策建议 ………… 135

一、引言 …………………………………………………………………… 135
二、广东省房地产业发展和对外开放现状 ……………………………… 136
三、广东省房地产业对外开放效应的实证分析 ………………………… 144
四、广东省房地产业对外开放中存在的问题 …………………………… 153
五、进一步扩大广东省房地产业对外开放的对策建议 ………………… 156

第八章 广东省商务服务业对外开放现状、问题与对策建议 ……… 159

一、引言 …………………………………………………………………… 159
二、广东省商务服务业发展和对外开放现状 …………………………… 160
三、广东省商务服务业对外开放的实证分析 …………………………… 170
四、广东省商务服务业对外开放中存在的问题 ………………………… 177
五、扩大广东省商务服务业对外开放的对策建议 ……………………… 181

第九章 广东省科学技术服务业对外开放现状、问题与对策建议 … 184

一、引言 …………………………………………………………………… 184
二、广东省科学技术服务业发展和对外开放现状 ……………………… 186

三、对外开放对广东省科技服务业影响的实证分析 …………… 194
　　四、广东省科学服务业对外开放中存在的问题 ………………… 203
　　五、扩大广东省科技服务业对外开放的对策建议 ……………… 209

第十章　广东省教育服务业对外开放现状、问题与对策建议 ………… 212
　　一、文献综述 …………………………………………………… 212
　　二、广东省教育服务业发展和对外开放现状 …………………… 214
　　三、广东省教育服务业对外开放的实证分析 …………………… 222
　　四、广东省教育服务业对外开放中存在的问题 ………………… 229
　　五、扩大广东省教育服务业对外开放的对策建议 ……………… 233

第十一章　广东省旅游服务业对外开放现状、问题与对策建议 ……… 236
　　一、文献综述 …………………………………………………… 236
　　二、广东省旅游服务业发展和对外开放现状 …………………… 239
　　三、广东省旅游服务业对外开放的实证分析 …………………… 250
　　四、广东省旅游服务业对外开放中存在的问题 ………………… 255
　　五、扩大广东省旅游服务业对外开放的对策建议 ……………… 260

第十二章　广东省服务外包产业区域分布现状、问题与对策建议 …… 263
　　一、广东省服务外包产业发展现状 ……………………………… 263
　　二、广东省服务外包产业区域分布的现状 ……………………… 264
　　三、广东省服务外包产业区域分布的影响因素 ………………… 266
　　四、广东省服务外包产业区域协调发展的对策建议 …………… 269

第一章 广东省服务业对外开放现状、问题与对策建议

夏杰长 肖 宇 齐 飞*

【摘要】 广东既是我国经济发展大省，也是对外开放的排头兵。研究广东服务业对外开放，从中找出规律性的经验，对于全国服务业开放有着极为重要的理论和实践价值。总体来看，广东服务业开放度走在全国最前沿，但是，与发达国家和地区相比，服务业竞争力比较弱，不管是服务贸易竞争力还是服务业利用外资水平都有待提高。以开放促改革，以改革促发展，对内开放和对外开放相结合，是广东服务业发展、改革和开放的基本思路。扩大广东服务业对外开放的力度，提高开放水平，既要搞好顶层设计，又要有具体可行的政策措施，要坚持"走出去"和"引进来"双向互动，在加强区域分工与合作，创新服务业体制等方面多做文章。

一、广东省服务业发展概况

1992年，我国颁布了《中共中央、国务院关于加快发展第三产业的决定》（中发〔1992〕5号）。自此，我国服务业得以较快发展，处在改革开放前沿的广东省更是如此。如图1-1所示，自1993年以来，广东省服务业的增加值呈现出明显递增的态势。

---

* 夏杰长，广东外语外贸大学国际服务外包研究院云山学者、讲座教授；中国社会科学院财经战略研究院研究员，博士生导师。主要研究方向为服务经济理论与政策。肖宇，中国建设银行广东省分行广州经济开发区支行，主要研究方向为金融服务业。齐飞，中国社会科学院研究生院博士生，主要研究方向为旅游与现代服务业。

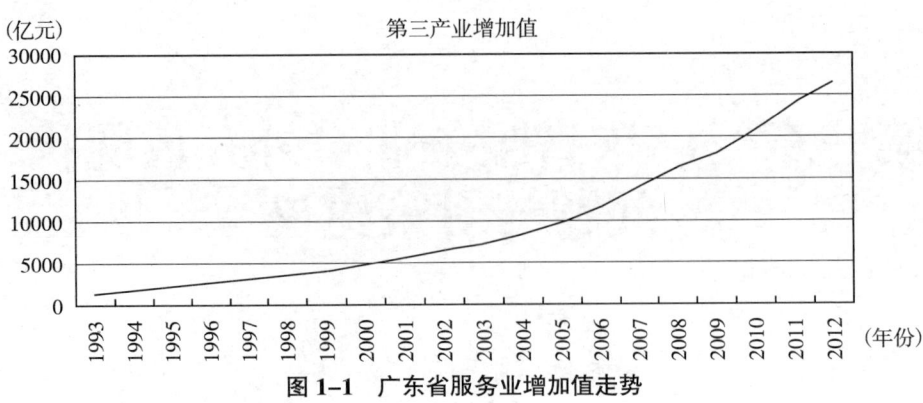

图 1-1 广东省服务业增加值走势

资料来源：国家统计局网站。

从省级层面的横向比较来看，作为我国的经济大省和改革开放的"排头兵"，广东省在其服务业对外开放的过程中也一直走在全国的前列。以服务业增加值年度各省数据为例，如表 1-1 所示。2003 年，广东省服务业增加值为 7178.94 亿元，北京的服务业增加值仅为 3435.95 亿元，长江三角洲的上海市为 3404.19 亿元，浙江省为 3890.79 亿元，江苏省为 4493.31 亿元。可以看出，在此期间，广东省服务业增加值在全国名列第一。这一排名趋势持续到了 2007 年，在该年广东省的数据为 14076.83 亿元，同期北京、上海、浙江、江苏的数据分别为 7236.15 亿元、6821.11 亿元、7613.46 亿元、9730.91 亿元。可以看出，广东省服务业增加值仍然高居全国榜首。截至 2012 年，广东省的服务业增加值为 26519.69 亿元，高出全国排名第二的江苏省服务业增加值 3001.71 亿元，同期排名第三和第四的分别是山东省和浙江省，其数据分别为 19995.81 亿元和 15681.13 亿元。同时，在该年上海为 12199.15 亿元，北京为 13669.93 亿元。

表 1-1 各省（市、区）第三产业增加值年度数据 单位：亿元

地区 \ 年份	2003	2005	2007	2009	2011	2012
北京市	3435.95	4854.33	7236.15	9179.19	12363.18	13669.93
天津市	1150.81	1658.19	2250.04	3405.16	5219.24	6058.46
河北省	2439.68	3340.54	4600.72	6068.31	8483.17	9384.78
山西省	1176.65	1611.07	2257.99	2886.92	3960.87	4682.95
内蒙古自治区	1000.79	1542.26	2467.41	3696.65	5015.89	5630.5
辽宁省	2487.85	3295.45	4486.74	5891.25	8158.98	9460.12
吉林省	1075.48	1413.83	2025.44	2756.26	3679.91	4150.36
黑龙江省	1467.9	1857.42	2493.04	3371.95	4918.09	5540.31

第一章 广东省服务业对外开放现状、问题与对策建议

续表

年份 地区	2003	2005	2007	2009	2011	2012
上海市	3404.19	4776.2	6821.11	8930.85	11142.86	12199.15
江苏省	4493.31	6612.22	9730.91	13629.1	20842.21	23517.98
浙江省	3890.79	5360.1	7613.46	9918.78	14180.23	15681.13
安徽省	1638.42	2137.77	2789.78	3662.15	4975.96	5628.48
福建省	1949.91	2551.41	3770	5048.49	6878.74	7737.13
江西省	1043.08	1411.92	1918.95	2637.07	3921.2	4486.06
山东省	4112.43	5924.74	8620.24	11768.2	17370.89	19995.81
河南省	2358.86	3181.27	4511.97	5700.91	7991.72	9157.57
湖北省	2003.08	2655.94	3812.34	5127.12	7247.02	8208.58
湖南省	1995.78	2882.88	3835.4	5402.81	7539.54	8643.6
广东省	7178.94	9772.5	14076.83	18052.6	24097.7	26519.69
广西壮族自治区	1178.25	1560.92	2156.76	2919.13	3998.33	4615.3
海南省	293.85	377.17	528.84	748.59	1148.93	1339.53
重庆市	1081.35	1440.32	1825.21	2474.44	3623.81	4494.41
四川省	2189.68	2836.73	3881.6	5198.8	7014.04	8242.31
贵州省	558.28	815.32	1312.94	1885.79	2781.29	3282.75
云南省	1013.76	1374.62	1896.78	2519.62	3701.79	4235.72
西藏自治区	96.76	137.24	188.06	240.85	322.57	377.8
陕西省	1063.89	1546.59	2178.2	3143.74	4355.81	5009.65
甘肃省	589.91	787.36	1037.11	1363.27	1963.79	2269.61
青海省	169.81	213.37	294.91	398.54	540.18	624.29
宁夏回族自治区	195.46	259.49	366.18	563.74	861.92	982.52
新疆维吾尔自治区	753.91	929.41	1246.89	1587.72	2245.12	2703.18

资料来源：作者根据历年《中国统计年鉴》整理而得。

从表1-1中我们不难发现，广东省服务业增加值自2003年以来一直占据全国榜首的地位。实际上，这在很大程度上与广东省处于我国沿海开放地区的区位优势有着极大的关系。因此，我们不难得出一个经济直觉，即服务业开放与服务业发展具有正向的促进作用。其实，抛开开放带来的负面影响不谈，服务业开放对服务业发展的促进作用，或者说服务业发展与开放的互利关系，已经成为学术界的一大共识。

二、广东省服务业对外开放的基本格局

(一) 广东省服务业对外开放走在全国前列

从研究服务业开放的现有文献来看,服务贸易和服务业外商直接投资(Foreign Direct Investment,FDI)是研究一国或一地区对外开放水平的重要指标。因此,我们接下来沿着服务贸易和服务业FDI两条路径,实证剖析广东省服务业对外开放的基本格局。

1. 从广东服务贸易的角度来看

传统国际贸易理论认为,服务产业由于其生产和消费的同一性,因而不具有可贸易性。然而随着计算机技术的发展,服务产品的跨时空流动变得越来越具有可行性。但受制于我国统计制度的缺陷,省际层面的服务贸易数据较为零散。因此,在针对广东省服务贸易的数据研究中,我们以货物和服务总净出口数据来说明广东省服务贸易的总趋势,如图1-2所示。

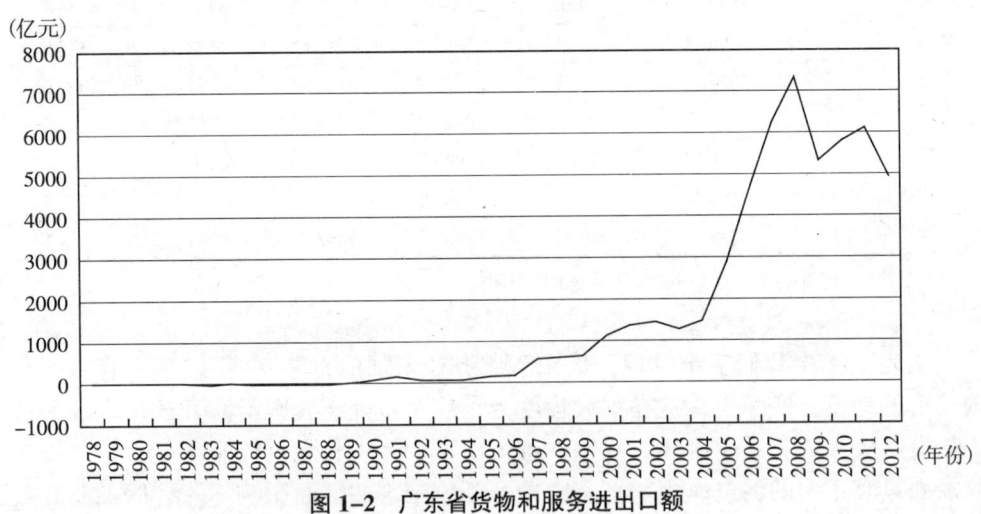

图1-2 广东省货物和服务进出口额

资料来源:中国经济与社会发展统计数据库。

不难看出,在改革开放初期的1979年,该数据为12.47亿元,随后呈现小幅正向波动的趋势。在20世纪80年代中期出现负值,如1986年,净出口额为-21.67亿元。而井喷状态始于90年代初期,1990年,该数据为100.61亿元,

1995年为174.89亿元。2000年,其首次突破千亿元大关,该年净出口额达到了1175.99亿元,2005年更是高达2866.68亿元,2008年,其达到历年高峰值7336.63亿元。受金融危机影响,自2008年以后呈下降趋势,截至2012年,该数值为4931.8亿元。可以看出,自改革开放以来,除极个别的年份外,如2008年出现美国次贷危机,广东服务贸易的开放一直呈现出稳步增长的态势。

2. 从广东省服务业FDI的角度来看

从我国改革开放的纵向历程来看,服务业开放的过程中伴随着一个非常显著的经济特征,即外资的大量涌入。与此同时,随着服务业"入世"承诺的逐步兑现,我国服务业投资中外商直接投资所占比例已越来越大。已有研究发现,部分行业的外商投资比例已占据整个行业的主导地位。接下来,我们拟以服务业外商直接投资为例,对广东省服务业吸引外资情况展开深入分析。

我们以服务业外商直接投资实际利用外资额为例。2005年,广东省服务业外商直接投资金额为257178万美元,2009年为757876万美元,2011年,其数值上升至848290万美元。截至2012年,其已上升至945595万美元。从服务业投资总投资的比例来看,2005年,其占比为20.80%,2007年跃升至36.39%,随后受金融危机影响,2009年升幅较小,但仍上升了两个百分点。截至2012年,其占FDI总量的比例上升至40.15%。此外,从服务业FDI的细分行业来看,2005~2012年,外商直接投资比较集中的行业分别是交通运输、仓储和邮政业,批发和零售业,房地产业,租赁和商务服务业,科学研究技术服务业和地质勘察业。而相比之下,教育、卫生、社会保障和社会福利业的吸引外商直接投资的力度有限(见表1-2)。

表1-2 广东省服务业FDI行业细分数据   单位:万美元

行业\年份	2005	2007	2009	2011	2012
总计	1236391	1712603	1953460	2179836	2354911
农、林、牧、渔业	7720	18295	23922	15871	15264
采矿业	8692	2373	1974	2146	2053
制造业	939406	1044892	1109713	1249445	1320742
电力、燃气及水的生产和供应业	19382	9712	44578	52136	51984
建筑业	4013	14089	15397	11948	19273
服务业FDI总量	257178	623242	757876	848290	945595
服务业FDI总量占FDI总量比例	0.2080	0.3639	0.3880	0.3892	0.4015
交通运输、仓储和邮政业	37439	52654	42787	73455	78595
信息传输、计算机服务和软件业	21078	21207	23582	51166	26005
批发和零售业	19522	67574	194527	210378	278573

续表

年份 行业	2005	2007	2009	2011	2012
住宿和餐饮业	8285	21408	16969	21534	10594
金融业	3533	2307	4344	16014	21773
房地产业	84437	351265	295304	285077	287405
租赁和商务服务业	52633	53403	94664	116014	133582
科学研究、技术服务和地质勘察业	11942	29735	66764	53381	53155
水利、环境和公共设施管理业	924	1157	5304	4478	6511
居民服务和其他服务业	12600	4932	4359	6248	14676
教育	165	136	67	13	16
卫生、社会保障和社会福利业	225	538	447	2167	2355
文化、体育和娱乐业	4395	16926	8758	8350	32355
公共管理和社会组织	NA	NA	NA	15	NA

注：NA 表示当年该数据缺失。
资料来源：作者根据历年《广东省统计年鉴》整理而得。

（二）广东省服务业对外开放度的测算

前文的分析从服务贸易和服务业 FDI 两个角度对广东省服务业的开放情况进行了概述。这一分析使我们对其开放现状有了一个宏观的初步认识。通过分析，我们基本可以得出一个共识，即广东省服务业的开放，无论是从纵向的历史维度，还是从横向的省域对比角度来看，其都走在全国的前列。

但是，要想对广东省服务业开放进行一个彻底的认识，我们还需要从量化指标的角度展开分析。从目前文献来看，著名学者 Hodkmon 最早提出了对各国服务业开放度进行衡量的方法，其将各国的开放程度区分为三类：完全自由化、不开放、其他，每一类的计分分别为 1、0、0.5，总分越大，开放度越高（郑长娟，2006）。关于服务业开放度的测算，目前最有影响的是 Hoekman（1995）频度指数法以及澳大利亚竞争力委员会、经济发展与合作组织（OECD）、世界银行先后推出的服务贸易限制指数（STRI）（樊瑛，2012）。

实际上，关于服务业开放度的测算，学术界一直以来都有一些不同的观点。赵伟、何元庆、徐朝晖（2005）指出，从贸易方面度量开放程度的指标有外贸依存度、关税率、有效保护率和数量限制平均覆盖率、非关税壁垒覆盖率、价格扭曲度等。从金融角度来研究开放的指标有外汇黑市溢价、本国对外投资和吸收外资的流量、存量、增长率以及它们占 GDP 的比重等。孙丽冬、陈耀辉（2008）从对外贸易、对外金融、对外经济合作、对外投资、国际旅游五个一级指标入手，结合层次分析法和主成分分析法，建立最优组合赋权模型，进行对外开放度的综合评价。也有学者提出将服务贸易依存度、服务业 FDI 依存度作为该衡量指标。

为真实衡量我国服务业开放度,本报告从国内细分行业的角度,对服务业开放度进行测算。如表1-3所示,按照"豪克曼法"指标,我国服务业的总体开放广度和细分行业的开放深度,都有非常大的提升空间。

表1-3 我国服务业具体部门在市场准入三种约束承诺下的模式数及Hoekman指标

部门	没有限制权重(1)	有限制权重(0.5)	不做承诺权重(0)	指标A(%)	指标B(%)	指标C(%)
商务184	40	52	92	50	35.9	21.7
通信96	19	46	31	67.7	43.7	19.8
建筑20	5	10	5	75	50	25
分销20	7	11	2	90	62.5	35
教育20	5	10	5	75	50	25
环境16	4	8	4	75	50	25
金融68	11	42	15	77.9	47.1	16.2
健康16	0	0	16	0	0	0
旅游16	4	4	8	50	37.5	25
娱乐20	0	0	20	0	0	0
运输140	16	22	102	27.1	19.3	11.4

注：①部门旁边的数字为该部门所包含的模式总数,即该部门行业数乘以4。②A包含了有限制的部门,完全忽略了限制的程度,是一种整体水平的测量;B考虑了限制的程度并根据约束程度大小赋予了不同的权重值,是一种平均覆盖率的测算;C体现的是一国服务市场完全开放的水平。换言之,A代表一国承诺的广度,B和C代表一国承诺的深度。

资料来源：刘美丽：《中国服务贸易市场承诺开放度分析》,东北财经大学硕士学位论文,2013年,第17、23-24页。

实际上,无论采用哪种测算方法,从服务贸易和服务业FDI的角度都不失为一种恰当的视角。因此,接下来在对于广东省服务业开放度的测算指标中,我们借鉴中山大学中国第三产业研究中心课题组（2005）的方法,用贸易开放度和外资开放度作为衡量指标,对广东省服务业的真实开放度进行测算。受制于数据的可得性,我们在衡量广东服务贸易开放度时,借鉴夏京文、刘彩兰（2011）的研究,用广东历年旅游外汇收入作为服务贸易额。

如表1-4所示,从服务业外资开放度指标来看。1990年,广东省外资开放度仅为1.28%,在经历了连续两年的持续低迷后,1993年,出现首次大幅增长,服务业外资开放度达到了4.78%,并在随后的1994年,达到历史高峰值6.31%。自1994年以后,服务业外资开放度呈现小幅下降趋势,这主要缘于1997年亚洲金融危机后,外资的流出作用对服务业外资开放度的影响。2000年,该数据为2.68%,从以后的趋势来看,该年数据同样是自2000年以后的最高值,随后的一个低谷出现在2004年和2005年,与2003年的2.35%相比,2004年突然降至0.94%。而在该年前后,恰逢我国的汇率制度改革,这在很大程度上说明了国际游资对一国汇率政策的敏感性。截至2012年,广东服务业外资对外开放度稳定在1.45%的水平。从服务贸易开放度来看,1990年,其为2.20%,1995年升至3.37%,受1997年亚洲金融危机的影响,该数据自1996年起呈现下降的趋势,1997年下降至2.99%。直至1999年,开始企稳回升,并在2000年重新升至3%以上。并且自2000年以后,广东省服务贸易开放度基本维持在2.3%左右,这说明,在这一时期,广东服务贸易稳步发展,但提升能力有待提高。2008年,受美国金融危机影响,该数据出现了自2000年以来的首次下滑,跌至1994年以来的最低点,为2.13%。在随后的几年里,其延续了2008年以来的下降趋势,截至2012年,其为1.73%。这再次说明,以外向型经济为主导的广东省,在金融危机和外部市场发生变化的背景下的脆弱应对能力。

表1-4 广东省服务业对外开放度

指标 年份	实际利用外资 (亿美元)	服务产品出口 (亿美元)	广东省GDP (亿美元)	服务业外资开放度 (%)	服务贸易开放度 (%)
1990	4.16	7.17	325.94	1.28	2.20
1991	4.18	8.2	355.66	1.18	2.31
1992	11.46	11.23	443.83	2.58	2.53
1993	28.81	11.11	602.10	4.78	1.85
1994	33.83	20.13	535.93	6.31	3.76
1995	36.1	23.94	710.46	5.08	3.37
1996	37.75	26.38	822.08	4.59	3.21
1997	35.37	28.01	937.84	3.77	2.99
1998	41.66	29.42	1030.41	4.04	2.86
1999	33.68	32.72	1117.46	3.01	2.93
2000	34.8	41.12	1297.50	2.68	3.17
2001	30.34	44.51	1454.54	2.09	3.06
2002	36.55	50.91	1631.32	2.24	3.12
2003	45.08	42.68	1914.30	2.35	2.23
2004	21.52	53.8	2279.22	0.94	2.36
2005	25.72	63.97	2753.69	0.93	2.32
2006	35.41	75.33	3335.23	1.06	2.26
2007	62.32	87.04	4178.99	1.49	2.08
2008	73.08	91.78	5298.23	1.38	1.73
2009	75.79	100.281297	5779.91	1.31	1.73
2010	79.71	124.315422	6797.11	1.17	1.83
2011	84.83	139.061941	8238.42	1.03	1.69
2012	130.91	156.2257	9040.46	1.45	1.73

资料来源:①笔者根据2013年统计年鉴计算而得;②夏京文、刘彩兰:《服务业对外开放度对产业结构影响的实证分析——基于广东省1990~2008年数据》,《产经评论》,2011年第4期,第11-23页。

三、广东省服务业对外开放存在的问题

(一) 行业发展不平衡

如表 1-5 所示, 2004~2012 年, 在第三产业增加值中占比最高的行业是批发和零售业, 其在 2004 年的占比是 23.87%, 2008 年, 受金融危机影响, 居民的消费意愿和消费能力下降, 该年占比为 21.30%, 2010 年, 该数据上升至 22.44%, 截至 2012 年, 该数据稳定在 23.88% 的水平上。从排名来看, 紧随其后的是房地产业, 其占比自 2004 年开始即稳定在 13% 的水平上, 唯一值得注意的是 2008 年, 是其在 2004 年后的首次下降, 这再次从侧面说明了以外向型经济为主的广东省, 在金融危机来临时所遭受的巨大冲击。另外, 排名第三的是交通运输、仓储和邮政业, 与排名靠前的两个行业相比不同的是, 2004 年, 其占比数据为 10.31%, 而 2008 年, 其下降至 10.01%, 从后期的统计数据来看, 截至今日, 其仍呈现出显著的下降趋势, 2010 年为 8.81%, 2011 年持续下降至 8.67%。

表 1-5 广东省第三产业增加值分行业数据　　　　单位: 亿元

指标＼年份	2004	2006	2008	2010	2011	2012
地区生产总值	18864.62	26587.76	36796.71	46013.06	53210.28	57067.92
第三产业增加值	8335.3	11585.82	16321.46	20711.55	24097.7	26519.69
交通运输、仓储和邮政业增加值	859.72	1208.82	1634.45	1825.29	2090.36	2367.46
占比	0.1031	0.1043	0.1001	0.0881	0.0867	0.0893
批发和零售业增加值	1989.53	2606.79	3476.44	4647.76	5681.17	6333.62
占比	0.2387	0.2250	0.2130	0.2244	0.2358	0.2388
住宿和餐饮业增加值	448.57	614.35	848.4	1074.85	1192.28	1308.4
占比	0.0538	0.0530	0.0520	0.0519	0.0495	0.0493
金融业增加值	602.68	899.91	1972.4	2658.76	2916.13	3171.96
占比	0.0723	0.0777	0.1208	0.1284	0.1210	0.1196
房地产业增加值	1103.75	1722.07	2057.45	2813.95	3321.31	3643.87
占比	0.1324	0.1486	0.1261	0.1359	0.1378	0.1374
其他行业增加值	3331.05	4533.88	6332.32	7690.94	8896.45	9694.37
占比	0.3996	0.3913	0.3880	0.3713	0.3692	0.3656

注: 2004 年及以后年份地区生产总值数据执行《国民经济行业分类》(GB/T4754-2002)。
资料来源: 国家统计局网站。

与此同时,从行业对比来看,金融业增加值和住宿餐饮业增加值占比却相对较小。2004年,金融业增加值占比仅为7.23%,随后两年里缓慢增长,截至2006年,其占比也仅仅停留在7.77%。这一数字在2007年以后出现了较大幅度的攀升,2008年,其占比达到了12.08%,2010年为12.84%。但在2011年以后出现了小幅下降的走势,截至2012年,其占比为11.96%。而从住宿和餐饮业增加值来看,其占比与其他行业相比则更低。2004年,其占比为5.38%,2006年为5.30%,2008年则继续下降至5.20%。从历史数据来看,其占比继续呈下降趋势,2010年为5.19%,2011年首次降至5%以下,为4.95%,截至2012年,其占比数据为4.93%。

可以发现,从广东省服务业分行业增加值来看,服务业内部不同行业之间对产值的贡献率差异很大。这说明广东服务业内部的发展并不平衡,各个行业之间的发展水平差距很大。

(二)省内区域差异明显

实际上,虽然从总量来看,广东自改革开放以来一直都雄踞全国经济大省的榜首地位。但由于受地理环境和省域资源特点的制约,广东省内的经济发展状态也呈现出东、西、中部发展严重不平衡的态势。首先,从地理区位的分布来看,经济发达的市县皆位于珠江三角洲地区,包括广州、深圳、珠海、佛山、江门、东莞、中山、惠州和肇庆。而东翼地区的汕头、汕尾、潮州和揭阳与西翼地区的湛江、茂名和阳江,以及山区的韶关、河源、梅州、清远和云浮,在经济总量和社会发展水平上皆与珠江三角洲地区的城市呈现出巨大的差异。

为全面衡量广东省服务业的开放水平,我们以三次产业增加值为例对其区域占比情况进行分析,如图1-3所示。2012年,珠江三角洲地区的服务业增加值占全省比重高达83%,与此同时,东翼占全省的比重仅为5%,相比之下,西翼和山区5市的占比皆为6%。不难发现,在广东省内,东翼、西翼和山区所占比重加起来也仅仅为17%,远远低于珠江三角洲地区83%的比重。因此,就服务业发展开放的省内特征来看,其不同地区的差异也是非常明显的。这也再次提示我们,省域经济的发展平衡应是广东省制定经济政策的重要取向。

(三)服务贸易国际竞争力有待加强

在服务贸易竞争力指标的计算中,TC指数是一种常见的方法。其计算公式为:TC = X - M/X + M,式中,X和M分别为该项服务产品的出口额和进口额。取值为正时,表示本项服务产品为净出口,即具有较强的国际竞争力。反之,取值为负时,则表示该项服务产品为净进口,即具有较弱的国际竞争力。

如表1-6所示,首先,从交通运输业来看,广东省在该年的TC指数是

第一章 广东省服务业对外开放现状、问题与对策建议

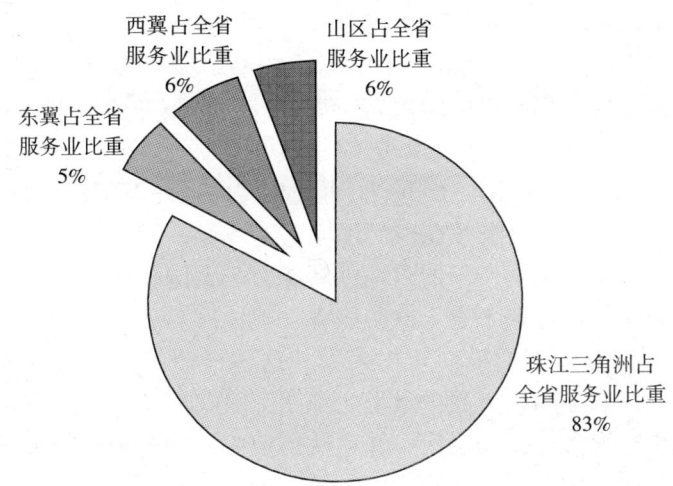

图1-3 广东省区域服务业发展差异对比（以2012年服务业产值比为例）
资料来源：《广东省统计年鉴》(2013)。

0.18，而相比之下，中国整个国家的TC指数则为-0.24，这恰好符合我们的经济直觉，即作为全国的经济大省，广东省的交通运输服务业由于其得天独厚的沿海经济区位条件优势，具有较强的国际竞争力，而且由于其发展起始日期高于其他省市，因此在该领域的竞争力显著高于全国平均水平。但继续比较我们不难发现，在该年，与广东省近邻的香港特别行政区，其TC指数为0.33，远远高于广东省的0.18。这说明，在粤港经济合作的大背景下，香港的服务业发展仍然高于广东省，也说明广东的服务业对外开放度还有进一步提升的空间。

其次，从计算机与信息服务来看，广东省计算机服务与信息服务的TC指数

表1-6 2006年广东服务贸易竞争力的国际比较（TC指数）

类别\地区	中国广东省	新加坡	中国内地	中国香港	英国	韩国	美国
交通运输	0.18	-0.05	-0.24	0.33	-0.08	0.05	-0.15
旅游服务	NA	-0.19	0.17	-0.10	-0.30	-0.55	0.16
通信服务	0.03	-0.23	-0.02	-0.09	0.03	-0.25	0.12
建筑服务	NA	0.44	0.15	0.08	0.11	0.95	0.81
保险服务	NA	-0.36	-0.88	-0.20	0.57	-0.43	-0.57
金融服务	NA	0.61	-0.72	0.64	0.66	0.61	0.63
计算机与信息服务	0.43	0.20	0.26	-0.21	0.42	-0.53	0.42
版税服务	-0.94	-0.87	-0.94	-0.66	0.15	-0.38	0.41
其他商业服务	0.74	0.31	0.17	0.69	0.30	-0.21	0.18
政府服务	NA	-0.21	0.07	-0.42	-0.13	0.27	-0.24

注：NA表示当年该数据缺失。
资料来源：何传添、郭好杰：《广东现代服务业发展现状与路径——基于广东服务贸易竞争力的比较研究》，《国际经贸探索》，2010年第10期，第33-39页。

为 0.43，高于全国水平，与英国和美国基本持平。这说明在广东省内，计算机服务与信息服务业的发展水平显著高于全国，也基本达到英美发达国家水平。当然，不能简单地从这一指标就断定广东计算机与信息服务业水平就有很强的国际竞争力。

再次，就版税服务来看，广东 TC 指数为-0.94，而相比之下的美国则为 0.41。众所周知的是，版税服务在很大程度上是衡量一国知识产业保护和产业创新能力的重要指标。这说明广东的自助创新能力与美国相比，还有较大的差距。

最后，从剩余其他行业来看，旅游服务、建筑服务、保险服务和金融服务的数据缺失，但从国际范围的横向对比来看，这些行业的数据恰好在其他国家为正，且数值较大。根据 TC 指数的计算方式我们不难看出，在该行业中国的 TC 指数为负的可能性很大。换句话说，在这些行业中国服务业的开放度较低且缺乏国际竞争力。

（四）服务业 FDI 投资结构不合理

我们从服务业 FDI 的签订项目个数、合同外资额和实际利用外资额三个角度展开分析，如表 1-7 所示。

一是签订项目个数。2006 年，服务业中签订项目数最多的行业是批发和零售业，为 1495 个，排名第二的是租赁和商务服务业，为 613 个，而紧随其后的是科学研究、技术服务和地质勘察业，为 407 个，房地产业排名第四，为 388 个。而相比之下，签订项目数最少的是卫生、社会保障和社会福利业，只有 2 个，教育业也停留在个位数，为 3 个，水利、环境和公共设施管理业为 12 个。2012 年，批发和零售行业的签订项目个数更是升至 2055 个，紧随其后的仍旧是租赁和商务服务业，为 691 个，科学研究、技术服务和地质勘察业为 169 个，而信息传输、计算机服务和软件业以 121 个排名第四。排名靠后的三个行业分别是卫生、社会保障和社会福利业，教育业，水利、环境和公共设施管理业，其个数分别为 4 个、4 个和 8 个。

二是合同外资额，2006 年，广东省服务业合同外资额最高的行业是房地产业，为 315462 万美元，排名第二的是批发和零售业，为 116383 万美元，而交通运输、仓储和邮政业以 87216 万美元排名第三。在该年，卫生、社会保障和社会福利业最低，仅为 113 万美元，教育业排名倒数第二，为 3030 万美元，而文化、体育和娱乐业以 6209 万美元排名倒数第三。到了 2008 年，排名第一的仍旧是房地产业，为 455976 万美元，批发和零售业紧随其后为 268325 万美元，除此之外，租赁和商务服务业以 161582 万美元排名第三，而科学研究、技术服务和地质勘察业排名第四，为 155494 万美元。与此同时，在该年，教育业以 39 万美元排名倒数第一，金融业以 1594 万美元排名倒数第二，卫生、社会保障和社会福

第一章 广东省服务业对外开放现状、问题与对策建议

表1-7 广东省服务业投资结构

单位：个、万美元

年份 类型	2006 签订项目	2006 合同外资额	2006 实际利用外资	2008 签订项目	2008 合同外资额	2008 实际利用外资	2010 签订项目	2010 合同外资额	2010 实际利用外资	2012 签订项目	2012 合同外资额	2012 实际利用外资
总计	8452	2456847	1451065	6999	2863991	1916697	5641	2460075	2026098	6043	3499424	2354911
农、林、牧、渔业	192	28609	11539	211	39901	20832	84	27770	14327	127	66417	15264
采矿业	11	5499	3995	4	3835	1588	5	1541	1961	1	877	2053
制造业	4668	1598416	1039463	2468	1507777	1137991	2285	1236413	1136217	2498	2079175	1320742
电力、燃气及水的生产和供应业	17	25555	23662	23	30577	25534	16	16757	65804	18	32749	51984
建筑业	66	13551	18304	47	26113	17887	37	16785	10723	32	11095	19273
交通运输、仓储和邮政业	149	87216	49935	138	85611	70236	67	71605	56318	54	90584	78595
信息传输、计算机服务和软件业	214	32321	20899	199	78449	27767	144	69885	42206	121	54425	26005
批发和零售业	1495	116383	33658	1766	268325	113171	1961	285578	198940	2055	315122	278573
住宿和餐饮业	139	31066	21820	101	18169	26126	85	16823	15366	85	50512	10594
金融业	12	6124	7359	3	1594	685	9	11647	6863	48	111872	21773
房地产业	388	315462	128643	87	455976	331595	103	422749	329023	64	338236	287405
租赁和商务服务业	613	88471	60667	668	161582	83692	569	162422	91077	691	186468	133582
科学研究、技术服务和地质勘察业	407	45985	15308	1206	155494	30020	203	83856	42574	169	73988	53155
水利、环境和公共设施管理业	12	16573	2605	8	6930	3116	6	8209	2851	8	12338	6511
居民服务和其他服务业	43	36264	7062	60	7750	18491	44	3953	3169	48	33942	14676
教育	3	3030	295	NA	39	50	2	31	17	4	1233	16
卫生、社会保障和社会福利业	2	113	40	1	2403	1207	1	86	178	4	733	2355
文化、体育和娱乐业	21	6209	5811	9	13466	6709	19	23939	8484	16	39658	32355
公共管理和社会组织	NA	NA	NA	NA	NA	NA	1	26	NA	NA	NA	NA

注：NA表示当年该数据缺失。
资料来源：作者根据历年《广东省统计年鉴》整理而得。

利业排名倒数第三，为 2403 万美元。这一排名趋势基本持续到了 2010 年，房地产业继续以 422749 万美元蝉联冠军榜首，紧随其后排名第二的是批发和零售业，为 285578 万美元，而租赁和商务服务业以 162422 万美元排名第三。同时，在该年，排名靠后的行业依次是：公共管理和社会组织业为 26 万美元，教育业为 31 万美元，卫生、社会保障和社会福利业为 86 万美元。

三是从实际利用外资额来看。2006 年，实际利用外资额最高的服务行业是房地产业，其以 128643 万美元高居榜首，2008 年，其仍旧以 331595 万美元继续雄踞榜首。并且，该数据在 2010 年继续攀升至 329023 万美元，到了 2012 年，房地产的实际外资利用额虽略有下降，但仍然高达 287405 万美元，并且继续高居所有服务业投资的榜首地位。而相比之下，2006 年，卫生、社会保障和社会福利业以 40 万美元的实际利用外资额在排名榜中垫底，2008 年，该数据有所回升，以 1207 万美元排名倒数第二，同年倒数第一让位于教育业，为 50 万美元。而到了 2010 年，教育业以 17 万美元排名倒数第一，卫生、社会保障和社会福利业以 178 万美元紧随其后。这一数据到了 2012 年略有变化，但排名不变，在该年，教育业实际利用外资为 16 万美元，卫生、社会保障和社会福利业为 2355 万美元。

不难发现，服务业的 FDI 大多集中于短期能有明显经济收益的行业，而对于涉及经济民生的服务业却较少涉及。对于此现象，夏杰长、姚战琪（2013）指出，由于服务业外商直接投资过多地集中于房地产等利润较高的非传统服务业，以及中国服务业与外商投资存在较大的技术差异，因此外商投资并未给中国服务业带来明显的技术优势。

四、广东省服务业对外开放的效应分析

（一）对产值的影响

首先，从产值来看，如表 1-8 所示。可以看出，2003 年，广东省第三产业（服务业）增加值为 7178.94 亿元，2006 年，其迅速创出新高，在该年，广东省第三产业的增加值首次突破了 10000 亿元关口，为 11585.82 亿元。从后续几年的数据走势来看，其呈现出了明显的递增趋势，截至 2012 年，广东省服务业增加值为 26519.69 亿元。从这些年的数据纵向对比来看，这也是自 2003 年以来的历史最高峰。

其次，从产值的纵向对比情况来看。2003 年，广东省服务业产值占国民生

表 1-8 广东省服务业产值相关数据一览

年份	地区生产总值（亿元）	第一产业增加值（亿元）	第二产业增加值（亿元）	第三产业增加值（亿元）	第三产业增加值环比增长率（%）
2003	15844.64	1072.91	7592.78	7178.94	
2004	18864.62	1248.59	9280.73	8335.3	16.11
2005	22557.37	1428.27	11356.6	9772.5	17.24
2006	26587.76	1532.17	13469.77	11585.82	18.56
2007	31777.01	1695.57	16004.61	14076.83	21.50
2008	36796.71	1973.05	18502.2	16321.46	15.95
2009	39482.56	2010.27	19419.7	18052.59	10.61
2010	46013.06	2286.98	23014.53	20711.55	14.73
2011	53210.28	2665.2	26447.38	24097.7	16.35
2012	57067.92	2847.26	27700.97	26519.69	10.05
均值	34820.193	1876.027	17278.927	15665.238	15.68

注：2004年及以后年份地区生产总值数据执行《国民经济行业分类》（GB/T4754-2002），2004年以前地区生产总值数据执行《国民经济行业分类》（GB/T4754-1994）。

资料来源：国家统计局网站。

产总值的比重为45.31%，而相比之下，第二产业产值占国民生产总值的比重为47.92%，第一产业产值占国民生产总值的比重为6.77%。可以看出，在该年，第二产业产值占比仍然占据国民经济的主导地位。从后续几年的占比数据来看，其基本呈现出这样一个规律，即第三产业产值占比持续上升，第一、第二产业产值占比持续下降。截至2012年，广东省第三产业产值占比达到了46.47%，而相比之下，第二产业产值和第一产业产值占比分别为48.54%和4.99%。可以看出，在此期间，服务业增加值无论是绝对数还是相对数，都呈现出明显的向好发展态势。

而在此期间，随着我国加入世界贸易组织时间的推进，我国关于服务业对外开放的承诺也逐步兑现。并且，随着全球经济一体化发展步伐的加快，我国服务业面临着一个越来越开放的国内市场环境。处于我国改革开放前沿地区的广东省更是如此，因此，在对广东省服务业对外开放问题进行研究的过程中，关于这一重要的外部变量对产值可能产生的影响，是一个值得我们关注的问题。

接下来，我们将衡量广东省服务业对外开放程度的两个指标，服务贸易开放度和服务业投资开放度走势图和广东省服务业增加值环比增长率走势图放在一起进行研究，以求发现其可能存在的规律，如图1-4所示。

可以看出，2004~2012年，广东省服务业产值的绝对数虽然在持续增加，但其环比增长率的增速却呈现出了明显的下降趋势。而相比之下，在此期间的广东省服务业对外开放度指标，服务贸易开放度和服务业外资开放度也同样呈现出了

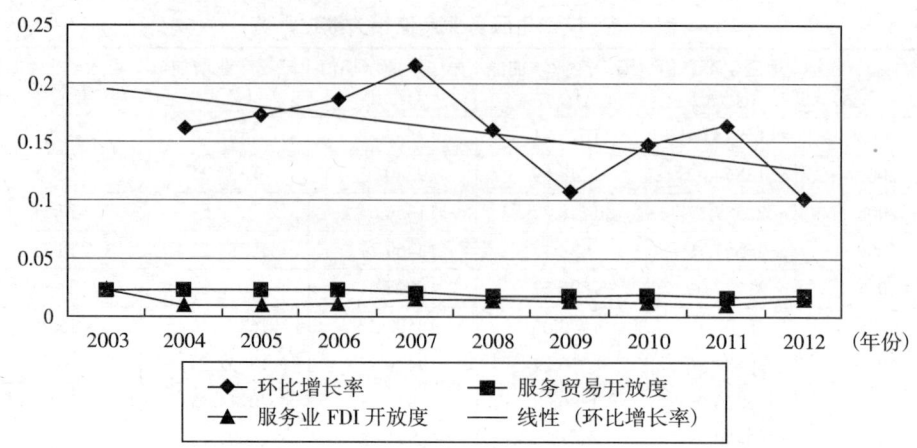

图 1-4 广东省服务业产值环比增长率与贸易开放和 FDI 开放度走势
资料来源：国家统计局网站。

明显的下降趋势。三者走势在趋势上呈现出明显的趋同性。

至此，我们基本可以得出这样一个结论，即对于广东省服务业而言，对外开放是促进产值发生变化的直接原因之一，而且其对产值发生变化的作用呈现出显著的正相关性。

（二）对固定资产投资的影响

接下来，我们再从固定资产投资的角度对开放对广东省服务业所可能产生的影响。

如表 1-9 所示，2003 年，广东省服务业全社会固定资产投资为 3085.93 亿元，而相比之下，该年的全社会总固定资产投资为 4813.2 亿元，服务业总固定资产投资占同期全社会总固定资产投资的比例为 64.11%。2006 年，广东省服务业全社会总固定资产投资的绝对数上升至 4628.59 亿元，其中在该年的全社会总固定资产投资总额绝对数为 7973.37 亿元，服务业占总数的比例为 58.05%。

表 1-9 广东省服务业固定资产投资相关数据一览

年份 指标	全社会固定资产投资（亿元）	服务业全社会固定资产投资（亿元）	服务业环比增长率	服务业占比
2003	4813.2	3085.93	NA	0.6411
2004	5870.02	3550.48	0.1505	0.6048
2005	6977.93	3825.97	0.0776	0.5483
2006	7973.37	4628.59	0.2098	0.5805
2007	9294.26	5723.25	0.2365	0.6158

第一章 广东省服务业对外开放现状、问题与对策建议

续表

年份 指标	全社会固定资产投资（亿元）	服务业全社会固定资产投资（亿元）	服务业环比增长率	服务业占比
2008	10868.67	6834.03	0.1941	0.6288
2009	12933.12	8313.36	0.2165	0.6428
2010	15623.7	10150.1	0.2209	0.6497
2011	17069.2	11216.02	0.1050	0.6571
2012	18751.47	12347.97	0.1009	0.6585
均值	11017.494	6967.57	0.1680	0.6227

注：①NA 表示当年该数据缺失；②从 2011 年起，城镇固定资产投资数据发布口径改为固定资产投资（不含农户），固定资产投资（不含农户）等于原口径的城镇固定资产投资加上农村企事业组织的项目投资。

资料来源：国家统计局网站。

从后续几年的数据走势趋势来看，广东省服务业总固定资产投资中，无论是绝对数还是相对数，都呈现出了明显的上升趋势。截至 2012 年，广东省服务业全社会总固定资产投资的绝对数上升到了 12347.97 亿元，可以看出，这也是自 2003 年以来的历史最高值。而相比之下，在该年，广东省全社会总固定资产投资的绝对数为 18751.47 亿元，服务业投资占其比例为 65.85%。

为了研究服务业对外开放对广东服务业固定资产投资的可能影响，与处理开放对产值的影响时的方法相同，我们同样将衡量广东省服务业对外开放度的两个指标，即服务贸易开放度和服务业外资开放度在此期间的走势图与服务业固定资产投资环比增长率的走势图放在一起进行研究，如图 1-5 所示。

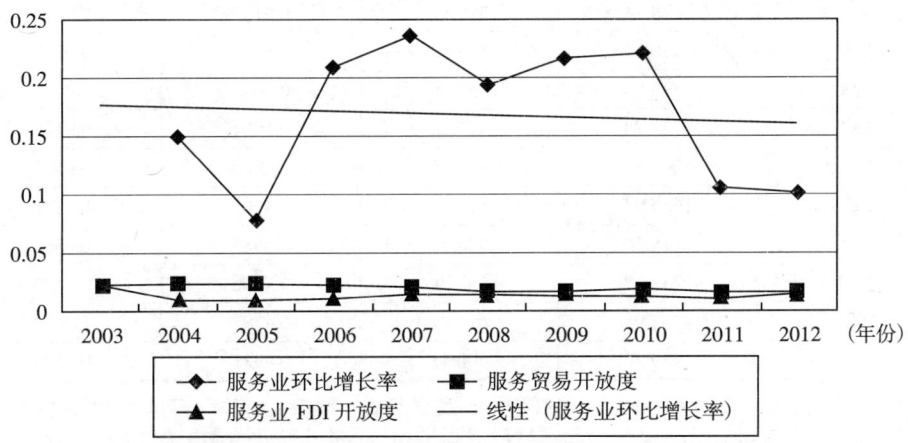

图 1-5 广东省服务业固定资产投资增长率与服务开放度和 FDI 开放度走势

资料来源：国家统计局网站。

可以很明显看出，在此期间，广东省服务贸易开放度和服务业外资开放度皆呈现出明显的下降趋势。而相比之下，服务业固定资产投资增长率虽然在走势上呈现出了一个倒 U 形的发展形态，但就其趋势线来看，其同样呈现出明显的下降趋势。三者走势基本呈现出明显下降且趋势吻合的发展态势。

至此，我们基本可以得出这样一个结论，即对于广东省服务业而言，对外开放是促使服务业固定资产投资发生变化的作用原因之一。而且，从整个时间趋势来看，对外开放的水平和程度与固定资产投资的环比增长率呈现出显著的正相关关系。

（三）对劳动就业的影响

最后，我们从就业人数的角度加以分析。如表 1-10 所示，2003 年，广东省服务业城镇单位就业人员总数为 378.10 万人，城镇单位就业人员数为 729.53 万人，服务业城镇就业人员占城镇单位就业人员总数的比例为 51.83%。2006 年，广东省服务业城镇单位就业人数上升到了 447.09 万人，与此同时，该年的城镇单位就业人员数也上升至 885.65 万人，从与前期数据的对比来看，这是一个阶段性的峰值。但从占比数据来看，在该年，服务业城镇单位就业人员数占城镇单位就业人员总数的比例下降到了 50.48%。

表 1-10　广东省服务业城镇就业人数相关数据一览

年份 指标	城镇单位就业人员（万人）	服务业城镇单位就业人员（万人）	服务业就业占比	服务业就业环比增长率
2003	729.53	378.10	0.5183	
2004	778.24	399.82	0.5137	0.0575
2005	830.21	422.80	0.5093	0.0575
2006	885.65	447.09	0.5048	0.0575
2007	944.78	472.78	0.5004	0.0575
2008	1007.87	499.95	0.4960	0.0575
2009	1055.03	517.38	0.4904	0.0349
2010	1118.50	546.40	0.4885	0.0561
2011	1238.22	595.28	0.4808	0.0895
2012	1303.98	624.71	0.4791	0.0494
均值	989.20	490.43	0.4981	0.0575

注：①全国就业人员 1990 年及以后的数据根据劳动力调查、人口普查推算，2001 年及以后数据根据第六次人口普查数据重新修订；②城镇单位数据不含私营单位；③2012 年行业采用新的分类标准，与前期不可比；④需要提出的是，国家统计局提供的就业数据只起始于 2008 年，为了研究需要，我们算出了 2008~2012 年就业数据的增长率均值，然后进行了相应外推。

从后续几年数据的走势趋势来看,服务业城镇单位就业人员数和城镇单位就业人员总数两个指标呈现出明显的上升趋势,但从占比数据来看,服务业城镇单位就业人员数占城镇单位就业人员总数的比例呈现出明显的下降趋势。

为了更好地研究开放对服务业就业所产生的影响,与前文处理产值和固定资产投资的方法相同,我们将服务业城镇单位就业人员数的环比增长率数据走势与衡量广东省服务业对外开放度的两个指标,即贸易开放度和投资开放度放在一起进行比较,如图1-7所示。

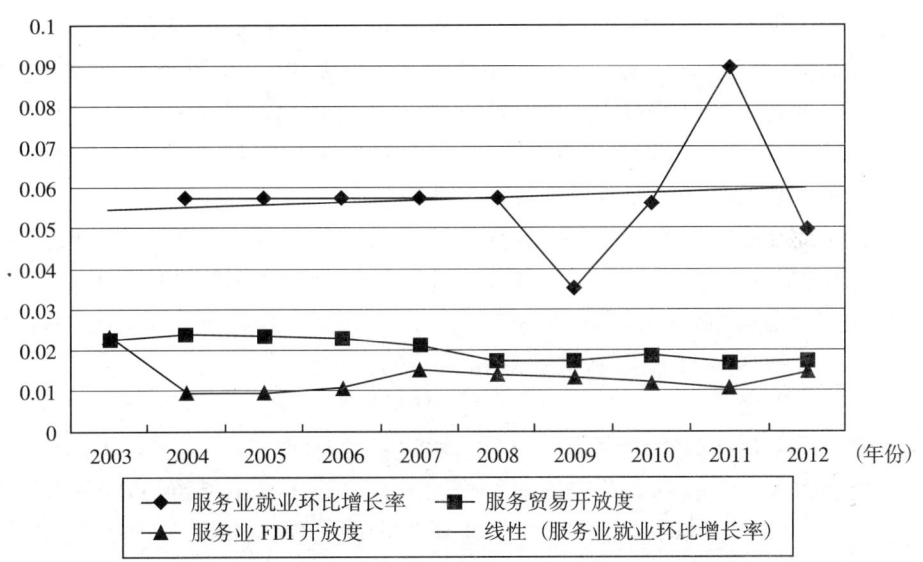

图1-6 广东省服务业就业人数环比增长率与贸易开放度和FDI开放度走势

资料来源:国家统计局网站。

可以看出,2004~2012年,衡量广东服务业对外开放的两个指标,即服务贸易开放度和服务外资开放度在走势上均呈现出了明显的下降趋势。而相比之下,服务业城镇单位就业人员数的环比增长率却呈现出了一个轻微但走势明朗的上扬态势。这说明,二者走势并不吻合,甚至呈现出相反的发展态势。

至此,我们基本可以得出这样一个结论,即就广东省服务业而言,对外开放与服务业城镇单位就业在走势上基本呈现出显著的负相关关系。对于这一发现,结合开放所带来的"技术溢出效应"便不难给出解释。因为与内资相比,外资在技术、资金和管理经验上都有着比内资更为显著的比较优势,其对于劳动力素质的要求普遍要高。并且,较高技术含量的外资进入中国后,对劳动力市场的需求数量也会发生显著的变化,这种变化进而通过"技术溢出"作用于其他技术水平相对落后的部门,通过此过程,其对就业市场的供求产生了强大的作用力。

五、提升广东省服务业对外开放水平的对策建议

(一) 政策层面

已有研究发现,服务业的对外开放不仅是服务经济时代全面来临的客观要求,而且也是我国参与全球产业链重构、提升我国经济的整体竞争实力和实现现阶段经济结构、发展方式转型升级的必然选择。实际上,在历经了2008年的金融危机后,发展生产性服务业,扩大服务业对外开放已经成为广东全省的共识。2009年,省政府工作报告中明确提出要大力发展现代服务业,突出发展金融、物流、会展、电子商务、工业设计等生产性服务业。

但从现有政策文献来看,广东省在专门扩大服务业对外开放方面的政策文件较为缺乏。从政府的角度对广东服务业对外开放提出一个纲领性的政府文件规划即《珠江三角洲地区改革发展规划纲要(2008~2010)》,该规划一个显著的特征是提出了以现代服务业和现代制造业双轮驱动的主体产业群,形成产业结构高级化、产业发展集聚化、产业竞争力高端化的现代产业体系。但就继续扩大服务业开放来说,还需要从政策角度给出一个清晰的路径导向。

就继续深入广东服务业开放的两条路径来看。其一是服务贸易,我国现阶段面临的服务贸易的整体环境是"入世"承诺的全面兑现。因此,广东省应该在服务贸易协议框架范围内,基于广东实际和自身优势,出台相关服务贸易的促进措施,重点促进金融服务、物流服务、计算机技术和商务服务业的对外开放。其二是服务业FDI。从现有数据来看,广东服务业FDI主要集中在短期时间内能快速收回投资的行业,如房地产。而涉及社会民生的基础生活性服务业却缺乏应有的关注。因此,下一次扩大开发的重点,应该是适当引导外资的流向。这一方面可以提前排除外资集中在某些个别行业可能集聚的风险,另一方面也是利用外资发展广东落后服务业的有力手段。

(二) 行业层面

就中观行业层面来看,扩大广东服务业的对外开放,应该实施"两条腿"走路的方针。首先,是广东服务业的"引进来"战略。从行业层面来看,除利用自身优势大力发展旅游业,实施旅游产品的出口创汇外,还应该扩大自身发展缺乏的科技、资金的行业外资引入,如信息传输、计算机和软件服务业,以及科学研究、技术服务和地质勘察业及租赁和商务服务业。通过利用外国的先进资金和技

术,充分利用外资的"技术溢出"效应,促进广东服务业的对外开放。其次,是广东服务业对外开放的"走出去"问题。从行业层面来看,要积极促进金融业、科学技术服务业和商务服务业企业实施"走出去"战略。如银行证券保险、计算机软件设计和会计审计等专业服务企业,唯有如此,才能在国际市场竞争中,提升广东企业自身的国际竞争力。同时,也为实现广东产业转型升级提供必要的条件。

(三) 区域合作层面

一是充分利用广东省沿海及邻近港澳地区的区位优势。充分借鉴港澳地区的服务业对外开放先进经验,在双边和多边合作协议的基础上,扩大服务业开放合作,实现互利共赢。从现有政策来看,2009 年国务院批准实施《横琴总体发展规划》;2011 年国务院又正式批准签署了《粤港合作框架协议》,为粤港澳服务业合作奠定了坚实的基础。接下来,广东服务业的对外开放的主攻方向,应该是借助于 CEPA (Closer Economic Partnership Arrangement,《关于建立更紧密经贸关系的安排》),实现粤港澳三地服务贸易合作水平的继续攀升。

二是泛珠三角洲地区的服务业合作。众所周知,在此区域内,广东省与其他地区相比,无论是经济总量还是服务业的发展水平,广东省皆处于一个相对较高的区间。因此,在泛珠三角合作框架内,广东省可以充分利用自身优势,向该地区其他省市区输出服务产品,借助总部经济效应,实现合作共赢。

(四) 改革创新层面

改革创新是对外开放的内涵和首要要务,就目前我国服务业改革开放的实践来看,"负面清单"不失为一种有效的创新管理模式。所谓负面清单 (Negative List),是相对于正面清单 (Positive List) 而言的一种国际通行的外商投资管理办法,是一个国家禁止外资进入或限定外资比例的行业清单。简而言之,负面清单是指定一个投资领域的"黑名单",遵循"法无禁止皆可为"的原则进行投资管理的方法,其主要内容是贸易投资的自由化、金融国际化和行政法制化(张相文、向鹏飞,2013)。

此外,除了管理模式的创新。结合当今世界服务业的发展动态和中国在全球产业链中的分工,以及广东的省域经济特征来说,下一阶段的服务开放重点毫无疑问是要加快"广东自贸区"方案的推进议程。2014 年 5 月,国务院办公厅印发《关于支持外贸稳定增长的若干意见》(国办发〔2014〕19 号)指出,要加快实施自贸区战略。而广东作为我国改革开放的"试验田",应该在总结"上海自贸区"的经验基础上,积极申报"广东自贸区",充分利用政策优势,寻找服务业开放的新路径、新方法,以改革创新的开放观,将广东服务业的对外开放提升至一个新的水平。

参考文献：

［1］郑长娟：《服务企业的国际市场进入模式选择》，浙江大学出版社，2006年，第127-128页。

［2］Hoekman Bernard. Tentative First Steps: An Assessment of the Uruguay Round Agreement on Services. World Bank Policy Research Working Paper No. 1455. Available at SSRN: http://ssrn.com/abstract=636162，1995.

［3］樊瑛：《中国服务业开放度研究》，《国际贸易》，2012年第10期，第10-17页。

［4］赵伟、何元庆、徐朝晖：《对外开放程度度量方法的研究综述》，《国际贸易问题》，2005年第6期，第32-35页。

［5］孙丽冬、陈耀辉：《经济对外开放度指数的测算模型》，《统计与决策》，2008年第14期，第35-36页。

［6］刘美丽：《中国服务贸易市场承诺开放度分析》，东北财经大学硕士学位论文，2013年，第17、23-24页。

［7］中山大学中国第三产业研究中心课题组：《CEPA背景下广东服务业的对外开放》，《广东社会科学》，2005年第4期，第40-45页。

［8］夏京文、刘彩兰：《服务业对外开放度对产业结构影响的实证分析——基于广东省1990~2008年数据》，《产经评论》，2011年第4期，第11-23页。

［9］何传添、郭好杰：《广东现代服务业发展现状与路径——基于广东服务贸易竞争力的比较研究》，《国际经贸探索》，2010年第10期，第33-39页。

［10］夏杰长、姚战琪：《全力构筑我国服务业对外开放新格局》，《光明日报》（理论版），2013年12月21日。

［11］张相文、向鹏飞：《负面清单：中国对外开放的新挑战》，《国际贸易》，2013年第11期，第19-22页。

第二章 广东省交通运输（仓储和邮政业）对外开放现状、问题与对策建议

徐金海 赖晓聪 姚战琪[*]

【摘要】 交通运输、仓储和邮政业作为国民经济发展的基础性行业，对于一国或一地区的经济社会发展具有重要的促进作用。而随着国民经济的发展，反过来也会催生出对其不断增长的需求。现有研究大多集中于该行业本身发展对国民经济的促进作用，而作为改革开放前沿地区的广东省而言，对外开放是其特有的内涵特征。但从现有文献来看，较少有文献将关注重心放在开放对经济的作用上。本章即以此为出发点，在对交通运输、仓储和邮政业进行现状分析的基础上，对其扩大对外开放内在需求与外在压力进行了分析。同时，构建了一个交通运输、仓储和邮政业对外开放的量化指标，并对其与经济增长的关系进行了建模分析。研究发现，交通运输、仓储和邮政业的对外开放，不仅是促进自身发展，也是促进广东省经济增长的重要促进变量。

一、文献综述

已有研究发现，交通运输与经济发展之间存在着高度的相关性（徐巍、黄民生，2007）。实际上，从交通运输、仓储和邮政业的行业特性来看，其与区域经济发展存在着非常密切的互动关系。凌起（2001）认为，区域经济发展直接涉及交通运输的建设，两者的关系可以揭示出这样的规律：当区域经济发展迟缓、乏

---

[*] 徐金海，中国社会科学院研究生院博士生，主要研究方向为服务经济与旅游管理。赖晓聪，中国社会科学院研究生院博士生，主要研究方向为服务经济与财税政策。姚战琪，中国社会科学院财经战略研究院服务经济研究室副主任、研究员、博士生导师，主要研究方向为现代服务业发展与开放。

力时,它对交通运输的需求和投入能力萎缩,表现为区域经济对交通运输发展的限制和阻碍;当区域经济蓬勃发展时,它对交通运输发展的需求迫切。而关辉国、王娟娟(2012)以甘肃省临夏回族自治州为例,运用相关分析和因果检验发现,货运需求与民族地区经济增长之间存在强相关性。宋国娟(2013)在对西江流域交通运输对产业发展的影响研究后发现,交通运输中旅客周转量对广东省的生产总值影响作用最大。广东省以及整个流域的地区生产总值与货物周转量负相关,而第三产业增加值与货物周转量负相关。

不难发现,交通运输、仓储和邮政业的发展与经济增长和经济发展之间的互动关系符合我们的经济直觉。众所周知,该行业的发展对资金的需求量非常旺盛,而从我国区域经济发展的特征来看,基础建设资金缺乏的现状一直未曾得到根本改观。因此,扩大交通运输、仓储和邮政业的对外开放,利用国外资金和技术的行业溢出效应求得自身发展,是摆在我们面前的一个重要选择。但是,从现有文献来看,从交通运输、仓储和邮政业对外开放的视角展开的研究较为匮乏。本章即以此为出发点,试图在全面解析广东省交通运输、仓储和邮政业概况的基础上,对其对外开放的历程与现状进行准确的评估,并就其与经济增长的关系进行量化分析。同时,在总结行业典型公司成功案例的基础上,对广东省交通运输、仓储和邮政业(以下简称交运仓储邮政业)继续扩大对外开放提出一条可行的路径。

二、广东省交通运输、仓储和邮政业发展概况

按照我国国民经济统计(GB-2002)的划分,交运仓储邮政业在统计上的体现即是交通运输、仓储和邮政业。因此,在本章的分析中,部分地方也用交运仓储邮政业作为交通运输、仓储和邮政业的代名词。众所周知,交运仓储邮政业作为一国或一地区的基础设施和公共服务的提供者,对经济发展起着重要的支撑作用。作为我国的经济大省和改革开放的前沿地区,广东省交运仓储邮政业的发展也一直走在全国的前列。广东省交运仓储邮政业生产总值如表2-1所示。

第一,从广东省交通运输、仓储和邮政业的产业增加值来看。首先,从行业产值来看,1993年,广东省交通运输、仓储和邮政业的生产总值为233.15亿元,1995年,其上升至433.1亿元,这一数字在随后两年里以每年100亿元左右的数值增长,但受1997年亚洲金融危机的影响,其在1998年和1999年的增长势头有所下降,分别为705.98亿元和766.84亿元。进入21世纪,广东交通运输、仓

第二章 广东省交通运输（仓储和邮政业）对外开放现状、问题与对策建议

表2-1 广东省交通运输、仓储和邮政业生产总值

单位：亿元

年份 指标	1993	1994	1995	1996	1997	1998	1999	2000	2001	2002	2003	2004	2005	2006	2007	2008	2009	2010	2011	2012	2013
广东总产值	3469.28	4619.02	5933.05	6834.97	7774.53	8530.88	9250.68	10741.25	12039.25	13502.42	15844.64	18864.62	22557.37	26587.76	31777.01	36796.71	39482.56	46013.06	53210.28	57067.92	NA
第三产总值	1205.7	1673.52	2168.34	2592.22	3091.81	3469.21	3882.66	4755.42	5544.35	6343.94	7178.94	8335.3	9772.5	11585.82	14076.83	16321.46	18052.59	20711.55	24097.7	26519.69	NA
交运仓邮总值	233.15	336.95	433.1	505.91	642.37	705.98	766.84	938.74	1114.18	1206.2	1263.39	859.72	1031.93	1208.82	1418.57	1634.45	1595.34	1825.29	2090.36	2367.46	NA
占总产值比	0.0672	0.0729	0.0730	0.0740	0.0826	0.0828	0.0829	0.0874	0.0925	0.0893	0.0797	0.0456	0.0457	0.0455	0.0446	0.0444	0.0404	0.0397	0.0393	0.0415	NA
占三产值比	0.1934	0.2013	0.1997	0.1952	0.2078	0.2035	0.1975	0.1974	0.2010	0.1901	0.1760	0.1031	0.1056	0.1043	0.1008	0.1001	0.0884	0.0881	0.0867	0.0893	NA

注：2004年及以后年份地区生产总值数据执行《国民经济行业分类》（GB/T4754-2002），2004年以前地区生产总值数据执行《国民经济行业分类》（GB/T4754-1994）。主要包括铁路运输业、公路运输业、城市公共交通运输业、水上运输业、航空运输业、管道运输业、装卸搬运和其他运输服务业以及邮政业、电信和其他信息传输服务业。

资料来源：国家统计局网站。

储和邮政业的生产总值呈现出明显的井喷状态，2001年，其首次突破1000亿元大关，并且在2003年达到阶段性的历史最高点，为1263.39亿元。但这一数据在随后出现了小幅下降，从我国的宏观经济政策来看，其与2004年和2005年的汇率制度改革的启动日期相吻合。2006年，其再次登上1200亿元的关口，并且在2007年与2008年，其增长势头依旧。截至2009年，其在小幅下降后收官为1595.34亿元。在随后的2010年，其首次突破1800亿元的关口。截至2012年，其产值已高达2367.46亿元。

其次，从同期占比来看。交通运输、仓储和邮政业的绝对量虽然在1993~2012年持续增长。但相对量却呈现出了另一番走势，从其与广东省GDP的占比来看，1993~2002年，交运仓储邮政业的同期占比从6.72%稳步上升至8.93%，2003~2012年，其占比却从7.97%下降至4.15%。历史最低点出现在2011年，为3.93%。此外，从交通运输、仓储和邮政业占第三产业总比重的数据来看，其走势同样呈现出了与占GDP比重相同的趋势，1993~2002年，其数值稳定在20%左右，这一数据同样在2003年开始呈现下降的趋势，2004~2012年，其均值稳定在9%左右。

从以上分析我们基本可以得出两个结论：其一，广东省交通运输、仓储和邮政业的发展历经了两个阶段，第一阶段为20世纪90年代初期至21世纪初期，在该阶段其迅猛发展；第二阶段为21世纪初期至今，其发展速度放缓，但发展水平稳定。其二，占比呈现出显著的倒U形走势，这说明在广东经济水平整体实力攀升的今天，交通运输、仓储和邮政业的发展对国民经济的贡献度在降低。而鉴于二者之间的相互融合关系，我们认为广东省交运仓储邮政业的发展基本滞后于经济社会发展的需要。

第二，我们从广东省交通运输、仓储和邮政业的固定资产投资来看。如表2-2所示，受统计制度所限，细分到交运仓储邮政业行业层面的固定资产投资数据我们只能收集到2003年以后的统计值。可以看出，2003年，交运仓储邮政业的总投资为464.97亿元，在该年，其占全社会固定资产总投资的比例为9.66%、占服务业总固定资产投资的比例为15.07%。2006年，这三个数据皆出现了明显的上浮趋势，在该年，交运仓储邮政业的固定资产投资为807.74亿元、占全社会总固定资产投资比为10.13%、占三产比为17.45%。接下来的一个高峰值出现在2009年，在该年三个数据分别为1596.22亿元、12.34%、19.20%。2010年，交运仓储邮政业的产值在达到了自2003年以来的历史最高峰1820亿元以后，呈现出明显的下降趋势，截至2012年，为1729.71亿元，同期占比也基本沿袭该走势，在该年，交运仓储邮政业占总投资和服务业总投资的比重分别为9.22%和14.01%。

第二章　广东省交通运输（仓储和邮政业）对外开放现状、问题与对策建议

表2-2　广东省交通运输、仓储和邮政业固定资产投资　　　单位：亿元

年份 指标	2003	2004	2005	2006	2007	2008	2009	2010	2011	2012
全社会固定资产投资	4813.2	5870.02	6977.93	7973.37	9294.26	10868.67	12933.12	15623.7	17069.2	18751.47
服务业总固定资产投资	3085.93	3550.48	3825.97	4628.59	5723.25	6834.03	8313.36	10150.1	11216.02	12347.97
交运、仓储邮政业总投资	464.97	581.83	635.01	807.74	862.48	1108.81	1596.22	1820	1677.16	1729.71
交运仓储邮占全社会总数比	0.0966	0.0991	0.0910	0.1013	0.0928	0.1020	0.1234	0.1165	0.0983	0.0922
交运仓储邮占三产总数比	0.1507	0.1639	0.1660	0.1745	0.1507	0.1622	0.1920	0.1793	0.1495	0.1401

资料来源：国家统计局。

第三，从广东省交通运输、仓储和邮政业的就业人数来看。如表2-3所示，从行业对比来看，2003年，就业人数最多的是公路运输业，其为114582人，排名第二的是电信和其他信息传输服务业，为93527人，排名第三的是水上运输业，为87837人。而相比之下，管道运输业的就业人数排名最低，为315人。这一排名趋势基本延续到2007年，在该年，就业人数排名前三甲的行业分别是：公路运输业、电信和其他信息传输服务业以及水上运输业。截至2012年，公路运输业就业人数以301012人排名第一，邮政业就业人数以83968人排名第二，水上运输业就业人数以67255人排名第三。而管道运输业继续排名倒数第一，其就业人数为251人。这说明两个问题：其一，在很大程度上，广东省内的交通运输业的主力仍然是公路和水路运输，实际上，从广东道路运输的省域特征来看，这也符合我们的经济直觉。其二，在涉及技术含量较高的管道运输行业，其劳动产出比会显著高于其他行业。

表2-3　广东省交通运输、仓储和邮政业的就业人数　　　单位：人

年份 指标	2003	2004	2005	2006	2007	2008	2009	2010	2011	2012
铁路运输业就业人员数	58822	57277	54457	53057	51012	46922	58741	60660	59636	64067
公路运输业就业人员数	114582	117358	124259	128693	136423	141857	158214	171423	186881	301012
城市公共交通业就业人员数	74754	81807	91116	87894	87408	88718	113147	128174	150678	NA

续表

年份 指标	2003	2004	2005	2006	2007	2008	2009	2010	2011	2012
水上运输业就业人员数	87837	80270	78696	78156	76179	73947	76755	72695	62566	67255
航空运输业就业人员数	21712	24508	28920	36760	37826	41470	41861	44182	41449	49202
管道运输业就业人员数	315	317	136	165	163	161	176	176	184	251
装卸搬运和其他运输服务业就业人数	15353	24646	26653	26239	26611	26586	27468	28095	36696	25672
邮政业就业人员数	37082	36977	36594	36132	36931	33242	36328	35608	58108	83968
电信和其他信息传输服务业就业人员	93527	95628	94445	94211	94375	101589	110581	108204	120795	NA

注：①受统计制度所限，该行业细分就业人数数据 2003 年前缺失较多，因此只提供了 2003 年以后的数据；②NA 表示当年该数据缺失。

资料来源：国家统计局。

三、广东省交通运输、仓储和邮政业对外开放现状

（一）广东省交运仓储邮政业发展中存在的问题

众所周知，作为国家的重要基础性产业，交通运输对国民经济的发展和区域产业结构的形成有着举足轻重的作用，同时经济社会的发展也会反过来促进对道路交通和邮政业的需求。广东省作为我国经济改革开放的前沿地区，在历经 30 余年的改革开放后，经济社会发展取得了巨大的成果。但是，随着珠江三角洲城市群的逐渐成形，从现有省域交运仓储邮政业的发展情况看，其已不能满足不断增长的城市群发展需求。主要表现在以下几个方面：

1. 交通运输建设滞后于经济社会发展需要

广东省省内运输线路总长度如表 2-4 所示。首先，从铁路营业里程来看，改革开放初期，广东省内铁路营业里程为 0.12 万公里，1985 年，其基本停留在改革开放初期的水平，仍旧为 0.12 万公里。在随后的 10 余年里，该数据基本未发生变化，甚至与前期相比有所下降。1990 年，为 0.1 万公里，1995 年，其仍旧

第二章 广东省交通运输（仓储和邮政业）对外开放现状、问题与对策建议

表 2-4 广东省省内运输线路总长度　　　　　　单位：万公里

年份 指标	1979	1985	1990	1995	1998	2000	2004	2008	2009	2010	2011	2012
铁路营业里程	0.12	0.12	0.1	0.1	0.2	0.07	0.22	0.22	0.25	0.27	0.28	0.28
内河航道里程	NA	1.11	1.09	1.08	1.08	1.37	1.18	1.18	1.18	1.18	1.19	1.21
公路里程	6.13	6.41	5.47	8.46	9.27	10.26	11.15	18.32	18.5	19.01	19.07	19.49
等级公路里程	3.4	3.9	3.71	7.04	8.28	9.37	10.17	15.49	16.02	17.01	17.24	17.72
高速等级公路里程	NA	NA	NA	0.04	0.08	0.12	0.25	0.38	0.4	0.48	0.5	0.55
一级等级公路里程	NA	NA	0.01	0.27	0.48	0.54	0.7	0.91	1	1.01	1.03	1.05
二级等级公路里程	0	0.05	0.19	0.63	1.09	1.34	1.66	1.83	1.88	1.91	1.9	1.9
等外公路公路里程	2.73	2.51	1.76	1.42	0.99	0.89	0.97	2.83	2.48	2	1.83	1.77

注：NA 表示当年该数据缺失。
资料来源：国家统计局网站。

停留在 5 年前的水平，在该年，广东省内的铁路营业里程为 0.1 万公里。从当时的省域划分来看，如果说 20 世纪 90 年代初期的下降是因为海南建省从总量上造成了广东省内铁路营业里程的下降，那么 2000 年广东省内铁路营业里程的下降则更能说明问题。2000 年，其仅为 0.07 万公里，甚至低于 1979 年的水平。这一趋势在 2004 年以后基本得到改观，但一直到 2009 年，其总数也仅仅增长至 0.25 万公里，与 2004 年相比，6 年里仅增长了 0.03 万公里。此外，2010~2012 年，其增长速度同样微乎其微。截至 2012 年，广东省内铁路营业里程为 0.28 万公里。

其次，从内河航道里程来看，1985 年，广东省内河航道里程为 1.11 万公里，远远超越同期铁路营业里程，而 10 年之后的 1995 年，其略有下降，为 1.08 万公里。在随后的近 10 年里，其基本维持不变，截至 1998 年，该数值为 1.08 万公里。从现有数据来看，历史高峰值出现在 2000 年，在该年其达到 1.37 万公里。但随后即出现了明显的下降趋势。2000~2010 年，其数值基本保持不变，截至 2012 年，广东省内河航道里程为 1.21 万公里。

最后，从高速等级公路里程来看，现有数据表明，广东省高速等级公路的发展历程经历了三个阶段。第一阶段是 1995~1999 年的起步时期，在此期间高速等级公路的里程从无到有，从 1995 年的 0.04 万公里缓缓上升至 1998 年的 0.08 万公里。第二阶段是 2000~2010 年的高速发展时期，在此期间，广东省高速等级公路的里程从 0.12 万公里上升至 0.48 万公里。第三阶段是 2011 年以后的增长放缓回落时

期。截至2012年，广东省内高速等级公路里程为0.55万公里。

不难发现，从铁路和水运来看，广东自改革开放以来的变化基本不大。而虽然高速公路运输自20世纪90年代中期以来持续增长，但从广东省内交通运输的压力来看，其对居民生产生活的满意度来说，仍然存在不小的提升空间。

2. 邮政业网点及邮递线路有待扩展

我们再从邮政业网点及邮递线路来看，如表2-5所示。其一，从邮政营业网点与快递营业网点来看。可以看出，2001年，邮政营业网点就已经达到了4601个，2004年，其却下降至4294个，这一下降趋势一直持续到2006年，在该年其为3683个。在随后的2007年，其开始企稳回升，并在随后的2008年上升至6380个。但这一数据在随后的2009年又出现了下降，在该年其为5245个。截至2012年，其在历经2010~2011年的下滑趋势后，达到历史最高值10910个。其二，从快递营业网点来看，2001~2010年，其统计数据基本为零。仅有的两个数据出现在2011年和2012年，分别为7979个和10015个。

而从航空、铁路和汽车邮路总长度来看。首先是航空邮路总长度，从现有数据来看，2001~2010年，其统计数据基本缺失。2011年，其为276967公里，而2012年为316352公里。其次是铁路邮路总长度，2001~2003年，其稳定在7733公里。2004年出现首次大幅度增长，为12792公里，并且在随后的两年里达到历史最高峰。截至2006年，其为16257公里。但遗憾的是，该数值在2007年随即出现了大幅度的下滑，降至12806公里。随后的两年里，其继续下降至2009年的10799公里。截至2012年，广东省铁路邮路总长度为24477公里。最后从汽车邮路总长度来看，2001年广东省汽车邮路总长度就达到了69179公里，并在随后的三年里持续增长，2004年，其首次突破10万公里大关，在该年，其为100053公里。但与其他方式的邮路总长度走势相同，自2005年开始，汽车邮路总长度同样出现了下浮的走势。截至2006年，其为98404公里。随后的几年里，广东省汽车邮路总长度的走势在小幅波动后，呈现出明显的增长态势。并在2011年达到历史最高峰408749公里。

从上述数字的分析我们基本可以得出如下结论。从邮政营业网点和快递营业网点来看，其发展基本滞后于经济社会发展的需要。而从航空、铁路和汽车邮路总长度来看，航空、铁路总长度在历经了20世纪90年代及21世纪初期的增长后，皆呈现出明显下滑的趋势。公里邮路总长度却一反常态，在经历短期下滑后迅猛增长。但这恰恰说明，在广东省内，公路交通仍然在很大程度上占据着交通运输的主导地位。

3. 电信通信服务水平有待提高

首先，从广东省电信通信服务水平取得的成就来看。广东省电信主要通信能力自2001年以来发展态势迅猛，以固定长途电话交换机容量为例，2001年，其

第二章 广东省交通运输（仓储和邮政业）对外开放现状、问题与对策建议

表 2-5 广东省邮政业网点及邮递线路概况

类别 年份	2001	2002	2003	2004	2005	2006	2007	2008	2009	2010	2011	2012
邮政营业网点（处）	4601	4694	4532	4294	3939	3683	5123	6380	5245	8526	6552	10910
快递营业网点（处）	NA	NA	NA	NA	NA	NA	NA	NA	NA	NA	7070	10015
信筒信箱数量（处）	19185	17160	16788	16783	15258	14573	13811	13552	12571	14288	9667	9344
农村投递线（公里）	187967	192590	196480	197650	206151	202102	229089	216619	222968	214877	214587	215842
城市投递路线（公里）	NA	NA	NA	NA	NA	NA	NA	NA	NA	NA	110601	123020
邮路总长度（公里）	202188	274510	301873	330783	369332	394990	445180	450015	464184	550662	710690	578539
航空邮路总长度（公里）	NA	NA	NA	NA	NA	NA	NA	NA	NA	NA	276967	316352
铁路邮路总长度（公里）	7733	7733	7733	12792	13575	16257	12806	10799	10799	15525	22675	24477
汽车邮路总长度（公里）	69179	84415	87804	100053	94928	98404	113103	118272	125439	174503	408749	237089

注：①NA 表示当年该数据缺失。②邮政营业网点 1998 年及以前为邮电局所，1999~2006 年为邮政局所，统计口径从 2002 年起为邮政局所和邮政代办点，2007 年起为规模以上邮政业法人企业办理业务的场所。③邮路总长度 1980 年及以前为邮路及农村投递路线总长度之和。

资料来源：作者根据历年《广东省统计年鉴》整理而得。

仅为 84.22 万路端，2003 年，其迅速突破 100 万关口，为 141.46 万路端。2005 年，其更是达到了 211.15 万路端。这一数据仍不断刷新，2009 年，其首次突破 300 万关口，达到了 309.14 万路端。再以电信通信服务水平为例，电话普及率（包括移动电话）在 2010 年为 132.74 部每百人，2011 年，该数字上升为 133.51，截至 2012 年，广东省电话普及率为 148.6 部每百人。此外，从互联网普及率和互联网上网人数与互联网宽带接入端的数据来看，自有统计数据以来，其皆呈现出明显的增长态势。

其次，从广东省电信通信能力和服务水平存在的问题来看，主要是增长乏力，且部分行业发展滞后。以固定长途电话交换机容量来看，2001~2006 年，其从 84.22 万路端上升至 236.08 万路端，截至 2009 年，其达到阶段性高峰值 309.14 万路端。而在随后的几年里，其却呈现出非常明显的下降趋势。2010 年，其下降至 269.11 万路端；截至 2012 年，其已降至 258.76 万路端。此外，从长途光纤线路长度来看，2001 年为 2.12 万公里，2003 年为 4.13 万公里，2007 年，其为 4.49 公里，仅仅增长了 0.36 万公里，2010 年为 4.63 万公里，截至 2012 年，广东省长途光纤线路长度为 4.91 万公里。可以看出，其线路长度虽然在增长，但增长势头微乎其微。而从广东省经济社会发展的实情来看，这一增长速度显然跟不上居民对电信服务不断增长的需求（见表 2-6、表 2-7 和表 2-8）。

（二）缺少建设资金是广东省交运仓储邮政业对外开放的内在要求

首先，从交通运输、仓储和邮政业的固定资产投资来看。广东省 2003 年的投资为 464.97 亿元，这一数字在随后的几年里不断攀升，2008 年首次突破 1000 亿元大关，为 1108.81 亿元。并且在随后的 2010 年达到历史最高峰，为 1820 亿元。而从相同年份的横向对比来看，相比之下，北京市 2003 年的数据仅仅为 141.11 亿元，上海市为 268.47 亿元。2010 年，北京市为 694.4 亿元，上海市为 655.2 亿元。从数据的绝对值来看，广东确实走在北京和上海的前面。

但事实并非如此。实际上，广东省交运仓储邮政业固定资产投资占本省总固定资产投资的相对数值在全国排名并不理想。换言之，交运仓储邮政业的投资与本省其他行业相比，吸引的投资资金有限。以 2003 年为例，广东省交运仓储邮政业投资占比为 9.66%，同期全国占比却高达 11.32%，上海市同期占比为 10.74%。2007 年，广东省的数据为 9.28%，同期北京市的数据为 13.74%、上海市为 18.95%、全国平均为 10.31%，可以看出，广东省的数据不仅低于全国，而且也远远低于北京和上海。这一趋势持续到了 2010 年，在该年，广东省的数据为 11.65%，全国为 11.95%，而同期上海的数据为 12.82%、北京市为 12.85%。截至 2012 年，广东省的数据为 9.22%，仍然低于北京市 11.39% 的水平（见表 2-9）。

表 2-6 电信主要通信能力

年份 类别	2001	2002	2003	2004	2005	2006	2007	2008	2009	2010	2011	2012
固定长途电话交换机容量（万路端）	84.22	92.72	141.46	186.83	211.15	236.08	276.72	283.06	309.14	269.11	264.43	258.76
局用交换机容量（万门）	1752.35	2617.1	3356.5	4593.3	4778	4953.5	5362.5	5405.3	5426.1	5334.4	4781.5	4360.6
移动电话交换机容量（万户）	2790.8	3682.7	5328.1	5870.8	7924.77	7741.8	11365.8	12833.9	16623.9	14766.9	19076.7	20393
光缆线路长度（公里）	NA	NA	NA	NA	NA	NA	NA	NA	NA	NA	888782.6	1054583.47
长途光缆线路长度（万公里）	2.12	2.95	4.13	4.58	4.26	4.29	4.49	4.55	4.57	4.63	4.68	4.91

注：①电话交换机容量不包括用户交换机容量；②NA 表示当年该数据缺失。

表 2-7 电信通信服务水平

指标\年份	2010	2011	2012
电话普及率（包括移动电话）（部/百人）	132.74	133.51	148.6
移动电话普及率（部/百人）	99.86	103.37	118.7
每千人拥有公用电话数（部）	39.1	35.67	34.5
开通互联网宽带业务的行政村比重（%）	100	100	100
互联网普及率（%）	55.3	60.4	63.1

资料来源：作者根据历年《广东省统计年鉴》整理而得。

表 2-8 广东省互联网主要指标发展情况

单位：万人、万个、万户

指标\年份	2006	2007	2008	2009	2010	2011	2012
互联网上网人数	1831	3344	4554	4860	5324	6300	6627
域名数	NA	NA	NA	NA	NA	140.2	281.58
网站数	NA	NA	NA	NA	NA	38.39	43.59
网页数	NA	NA	NA	NA	NA	880168.86	1787385
互联网宽带接入端	725.9	1029.8	1442.3	1733.4	2185.8	2519.4	3158.1
互联网拨号用户	NA	NA	NA	NA	NA	72.4	71.8
互联网宽带接入户	NA	NA	NA	NA	NA	1643.9	1903.6
城市宽带接入用户	NA	NA	NA	NA	NA	1225	1419.9
农村宽带接入用户	NA	NA	NA	NA	NA	418.9	483.6

注：NA 表示当年该数据缺失。
资料来源：作者根据历年《广东省统计年鉴》整理而得。

表 2-9 广东、北京和上海交通运输、仓储和邮政业固定资产投资的横向比较

单位：亿元

地区	全国		广东省		北京市		上海市	
指标\年份	总值	占比	总值	占比	总值	占比	总值	占比
2003	6289.38	0.1132	464.97	0.0966	141.11	0.0650	268.47	0.1074
2004	7646.23	0.1085	581.83	0.0991	159.4	0.0630	303.4	0.0995
2005	9614.03	0.1083	635.01	0.0910	240.93	0.0852	416.21	0.1186
2006	12138.12	0.1103	807.74	0.1013	409.23	0.1241	600.84	0.1541
2007	14154.01	0.1031	862.48	0.0928	536.8	0.1374	837.59	0.1895
2008	17024.36	0.0985	1108.81	0.1020	615.18	0.1613	783.33	0.1624
2009	24974.67	0.1112	1596.22	0.1234	662.5	0.1435	882.82	0.1750

第二章 广东省交通运输（仓储和邮政业）对外开放现状、问题与对策建议

续表

年份	地区 指标	全国		广东省		北京市		上海市	
		总值	占比	总值	占比	总值	占比	总值	占比
2010		30074.48	0.1195	1820	0.1165	694.4	0.1285	655.2	0.1282
2011		28291.66	0.0908	1677.16	0.0983	505.99	0.0907	519.79	0.1048
2012		31444.9	0.0839	1729.71	0.0922	696.43	0.1139	460.84	0.0900

资料来源：2004~2013年《广东省统计年鉴》、《北京市统计年鉴》、《上海市统计年鉴》。

通过以上分析我们基本可以得出一个经济直觉，即广东省的交通运输、仓储和邮政业吸引的固定资产投资数额有限。从其发展来看，缺乏资金的"瓶颈"仍未打破。

而从外商直接投资的数据来看，如表2-10所示。2005年，广东省交通运输、仓储和邮政业的总固定资产投资为635.01亿元，而同期的广东省交运仓储邮政业吸引的外商直接投资实际利用额为3066.89亿元，FDI投资占行业总固定资产投资的倍数为4.83。这一趋势在以后的几年里得到了延续。2008年，广东省交运仓储邮政业的总固定资产投资达到了1108.81亿元，同期的外资直接投资利用额为4877.96亿元，外商直接投资占行业总固定资产投资的倍数为4.40。实际上，4.4倍也是自2005年以来的最低值。在随后的几年里，广东省交运仓储邮政业的总固定资产投资数据呈现出明显的下降走势，而同期的外商直接投资数据却仍在明显增加，再从同期的FDI占行业总固定资产投资的倍数来看，其虽在2009年出现大幅下滑，但随即再次呈现出缓慢的增长趋势。

表2-10 广东交通运输、仓储和邮政业FDI与总固定资产投资概况

单位：亿元

年份	指标 总固定资产投资	外资直接投资（FDI）	FDI占行业总固定资产投资的倍数
2005	635.01	3066.89	4.83
2006	807.74	3980.72	4.93
2007	862.48	4003.81	4.64
2008	1108.81	4877.96	4.40
2009	1596.22	2922.78	1.83
2010	1820	3812.45	2.09
2011	1677.16	4744.31	2.83
2012	1729.71	4961.31	2.87

资料来源：国家统计局网站和2006~2013年《广东省统计年鉴》。

据此，我们基本可以得出如下结论，即在广东省交通运输、仓储和邮政业的对外开放过程中，与内资而言，外资占据着绝对的主导地位。这一方面是由于该

行业的内涵特征决定了其发展需要大量的资金支持；另一方面也说明了内资的相对缺乏对于行业发展的制约作用，这也是外资占据主导地位的主要原因之一。换言之，交通运输、仓储和邮政业发展资金的缺乏是广东省交运仓储邮政业对外开放的主观需求。

（三）我国加入世界贸易组织的"入世"承诺对广东省开放交运仓储邮政业提出了客观要求

从世界经济的发展历程来看，对外开放、融入国际市场是任何一个国家或地区发展壮大的必备条件之一。对于我国来说，2001年中国正式加入世界贸易组织，成为其第143个成员国。作为与IMF以及世界银行并称世界三大经济合作组织的组织，世界贸易组织的主要职责和设立宗旨即是促进全球范围内的货物和服务贸易的自由化。

在我国加入世界贸易组织之前，国内交通运输、仓储和邮政业基本上处于封闭半封闭的状态。国外企业要想进入中国市场，在市场准入方面受到许多方面的监管措施。从我国交运仓储的对外开放历程来看，在此期间，只有少数取得"A级许可证"的企业才能通过其在我国国内设立的全资子公司开展业务，而其他企业只能采取与中方合资的方式进行业务合作。

但加入世界贸易组织时，依据"入世"谈判协议，我国对交通运输、仓储和邮政业的对外开放做出了具体的承诺，具体条款和开放时间如表2-11所示。可以看出，随着"入世"承诺的逐步兑现，广东省交运仓储邮政业即将面临一个全面来临的开放时代。因此，对于我们来说，"入世"承诺对广东省交运仓储邮政业对外开放提出了客观要求。

表2-11 中国政府对于交通运输、仓储和邮政业的"入世"承诺

行业	"入世"承诺
运输服务，海运服务，包括国际运输（货运和客运），不包括沿海和内水运输服务	允许外商设立合资船运公司经营悬挂中国国旗的船队，外资不得超过合资企业注册资本的49%；合资企业的董事会主席和总经理应由中方任命。对于提供国际海运服务的其他商业存在形式不作承诺 国际海运提供商可获得以下港口服务：领航、拖带和牵引辅助、物资供应、供油和供水、垃圾收集和压舱废物处理、驻港船长服务、助航设备、船舶运营所必需的岸基运营服务（包括通信、水、电供应）、紧急修理设施、锚地、泊位和靠泊服务 辅助服务，包括海运理货服务、海运报关服务、集装箱堆场服务和海运代理服务。除海运代理服务的跨境交付没有限制外，中国对其他服务的跨境交付不作承诺 外商在中国境内只能设立合资企业，允许外资拥有多数股权。但海运代理合资企业的外资持股比例不超过49%
内水运输（货运）	内水运输（货运）服务的跨境交付只限于在对外国船舶开放的港口从事的国际运输服务。中国对于外商在中国境内设立企业或机构不作承诺

续表

行业	"入世"承诺
航空运输服务（航空器的维修服务）	中国对于航空器维修服务的跨境交付不作承诺。允许外商在中国设立合资航空器维修企业，且中方应控股或处于支配地位。设立合资企业的营业许可需进行经营需求测试
铁路运输服务（铁路货运）、公路运输服务（卡车和汽车货运）	外商在中国只能设立合资企业，外资持股比例不超过49% 对于公路运输，中国加入后1年内，允许外资拥有多数股权；加入后3年内，允许设立外资独资子公司 对于铁路运输，加入后3年内允许外资拥有多数股权；加入后6年内，允许设立外资独资子公司
仓储服务	中国对于仓储服务的跨境交付不作承诺 外商在中国只能设立合资企业，外资持股比例不超过49%。中国加入后1年内，允许外资拥有多数股权；加入后3年内，允许设立外资独资子公司
货物运输代理服务（不包括货检服务）	自加入时起，允许有至少连续3年经验的外国货运代理在中国设立合资货运代理企业，外资股比不超过50%；加入后1年内，允许外资拥有多数股权；加入后4年内，允许设立外资独资子公司 外国货运代理在其第一家合资企业经营5年后，可设立第二家合资企业，加入后2年内，这一要求将减至2年 合资企业的最低注册资本不少于100万美元。加入后4年内，在这方面将给予国民待遇。在中国经营1年以后，合资企业在双方注册资本均已到位后，可设立分支机构。每设立一分支机构，合资企业原注册资本应增加12万美元。中国加入后2年内，这一额外注册资本要求将在国民待遇基础上实施 合资企业的经营期限不得超过20年

资料来源：作者根据商务部网站稿件库《中国"入世"承诺》文字资料整理制作而得。

四、广东省交通运输、仓储和邮政业对外开放与经济增长关系的实证分析

在前文的研究中我们已经指出，作为一国或一地区的基础设施和公共服务的提供商，交运仓储邮政业对一国或一地区的经济社会发展具有重要的促进作用。而经济社会的发展反过来又对其发展产生了内在的需求。从现有文献来看，尚未有学者对该行业对外开放与经济发展的互动关系展开研究。因此下面即从此角度出发，试图准确量化二者可能存在的数量关系。

（一）广东交运仓储邮政业对外开放度的测算

与总报告中测算对外开放度的思路一致，我们将广东省交通运输、仓储和邮政业分行业的外商直接投资实际利用额与当年广东省生产总值的比重作为衡量交运仓储邮政业的量化指标。在具体的测算过程中，我们按照1990~2012年人民币兑美元的平均汇率进行了折算，具体如表2-12所示。

表 2-12 广东省交运仓储邮政业对外开放度的测算

年份	服务业 FDI（亿元）	GDP（亿元）	对外开放度
1990	88.68	500.21	0.1773
1991	180.14	774.08	0.2327
1992	142.06	1040.34	0.1365
1993	1223.10	3469.28	0.3526
1994	2198.89	4619.02	0.4761
1995	3793.02	5933.05	0.6393
1996	2081.63	6834.97	0.3046
1997	6748.06	7774.53	0.8680
1998	5532.51	8530.88	0.6485
1999	5282.96	9250.68	0.5711
2000	2216.54	10741.25	0.2064
2001	2839.09	12039.25	0.2358
2002	3922.14	13502.42	0.2905
2003	5756.98	15844.64	0.3633
2004	2098.17	18864.62	0.1112
2005	3066.89	22557.37	0.1360
2006	3980.72	26587.76	0.1497
2007	4003.81	31777.01	0.1260
2008	4877.96	36796.71	0.1326
2009	2922.78	39482.56	0.0740
2010	3812.45	46013.06	0.0829
2011	4744.31	53210.28	0.0892
2012	4961.31	57067.92	0.0869

资料来源：作者根据 1991~2013 年《广东省统计年鉴》相关数据计算而得。

可以看出，广东省交通运输、仓储和邮政业的对外开放度在 1990~2012 年基本呈现出一个显著的倒"U"形结构，如图 2-1 所示。1990 年，对外开放度为 0.1773，除受 1994 年我国汇率制度改革的影响以外，这一数据在后续的几年内呈现出明显的增长态势，并且在 1997 年达到历史最高峰，在该年，广东省交运仓储邮政业的对外开放度为 0.8680。而在此后，这一数据呈现出明显的下降趋势，2000 年，其下降至 0.2064。截至 2008 年，其数值降至自 1990 年以来的最低点，为 0.1326。这在很大程度上可以说明对外开放度与国际金融市场宏观环境的精密关系。自此，这一数据继续下降，在随后的 2009 年，再次创出新低，为 0.0740。截至 2012 年，广东省交运仓储邮政业的对外开放度为 0.0869。

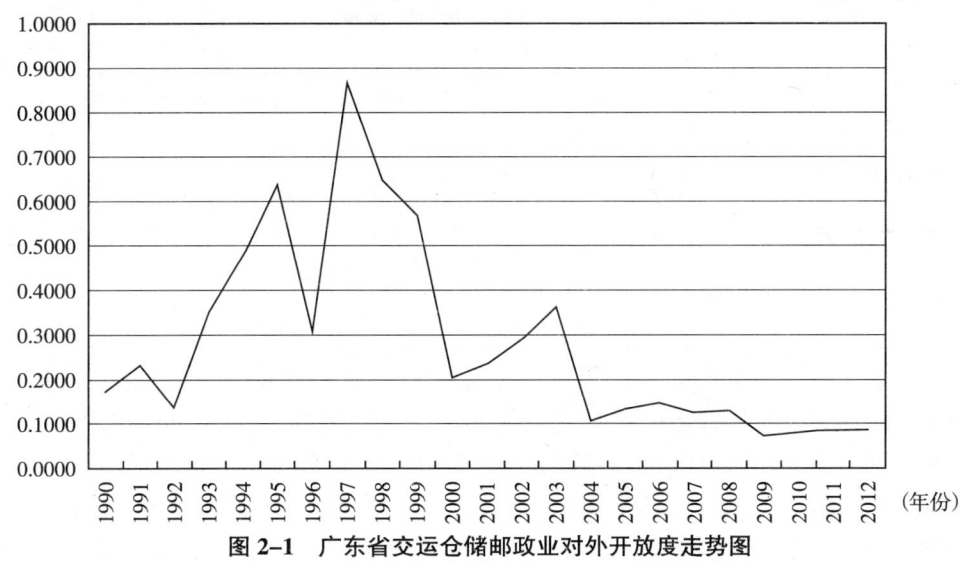

图 2-1　广东省交运仓储邮政业对外开放度走势图

(二) 计量模型的构建

在具体计量模型的处理上，我们参照穆献中、龚飞鸿 (2003)，徐巍、黄民生 (2007) 的做法，在结合数据的可得性之后，将广东省交运仓储邮政业对外开放度指标纳入模型来考察对外开放与经济增长之间可能存在的数量关系。同时，为全面考虑交运仓储邮政业对外开放对经济增长的促进作用，在模型自变量中，我们还加入了货物周转量和旅客周转量两个指标。而邮电业务量和电信服务水平等指标由于受统计制度所限，已有的统计数据年份较短，考虑到时间序列模型的稳健性特征，故不予以考虑。最后的模型确定如下：

$$GDGDP = \alpha + OPEN + TRAVELER + GOODS + \varepsilon \tag{2-1}$$

式中，GDGDP 为衡量广东省经济增长的指标，即广东省 GDP；α 为常数项；OPEN 为衡量广东省交运仓储邮政业对外开放度的指标，本研究中为该行业 FDI 占 GDP 的比例；而 TRAVELER 为衡量货物的跨时空流动对经济增长的影响，即货物周转量；GOODS 则为衡量人员的跨时空流动对经济增长的影响，即人员周转量；ε 为随机误差项。

(三) 实证分析

本模型回归数据皆来自国家统计局网站历年《中国统计年鉴》和中国社会发展统计数据库历年《广东省统计年鉴》。为保证时间序列模型的稳健性，我们选取了 1990~2012 年模型变量所需的数据。其描述性统计指标如表 2-13 所示。不难发现，各变量数值皆在一定的统计区间内，基本符合进行时间序列回归的要求。

表 2-13 变量的描述性统计

变量	观察值个数	均值	标准差	最小值	最大值
GDGDP	23	9.26149	1.318557	6.215028	10.952
OPEN	23	−1.527959	0.7343859	−2.603324	−0.1415975
TRAVELER	23	6.996498	0.550366	6.002405	8.005777
GOODS	23	7.683147	0.8881199	6.45126	9.165996

资料来源：1991~2012 年《广东省统计年鉴》和 2013 年《中国统计年鉴》。

我们将模型（2-1）数据代入 Stata10.0 软件，得出如下回归结果。如表 2-14 所示。可以看出，在将广东省经济增长指标、广东省 GDP 作为被解释变量后，交通运输、仓储和邮政业的对外开放度指标与经济增长的系数为 0.45，并且在 1% 的水平上显著。这说明，对外开放度每提高一个百分点，广东 GDP 将增长 44 个百分点。而人员周转量系数为 0.23，并且同样在 1% 的水平上显著，这说明人员周转量每提高一个百分点，将使广东经济增长 23 个百分点。此外，货物周转量系数为 0.28，并且同样在 1% 的水平上显著。

表 2-14 模型（2-1）回归结果汇总表

变量	系数	标准误	T 值	P 值
常数项	−7.790633***	1.068842	−7.29	0.000
OPEN	0.4470049***	0.125682	3.56	0.002
TRAVELER	0.232271***	0.3305611	6.75	0.000
GOODS	0.2755445***	0.22226	1.24	0.230

观察值：23　F 值：$F(3, 19) = 117.95$　Adj R-squared = 0.9410

注：***、**、* 分别表示在 1%、5%、10% 的水平上显著。

外生经济增长模型认为，经济增长源于技术进步和人口增长。模型（2-1）的回归结果从侧面证明，在一国或一地区的经济增长过程中，人员和货物的流动是促进经济增长的重要变量。同时，经济增长反过来也促进了人员和货物的流动。

此外，一个值得我们关注的逻辑关系是经济增长与对外开放度的互动关系。经济直觉告诉我们，对外开放能够促进经济增长，反过来，经济增长的过程也是一个对外开放水平不断提升的过程。广东作为我国的经济大省和改革开放的前沿地区，得益于得天独厚的地理区位条件和国家政策的扶持，其在改革开放方面一直走在全国的前列。因此，接下来，我们专门对广东省交运仓储邮政业的对外开放与经济增长的内在逻辑关系展开分析，如图 2-2 所示。可以看出，开放与经济增长之间存在着明显的正向线性关系。而反之，经济发展的过程，同样也是资金、技术的积累提高过程。而在此过程中，交运仓储邮政业的发展需要的资金、技术"瓶颈"会逐步得到解决。因此，二者存在明显的互动作用关系。

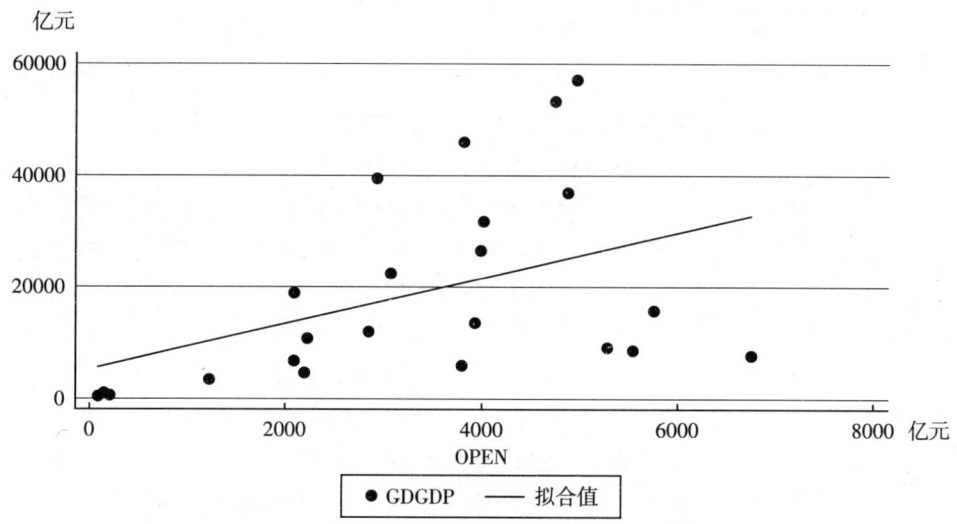

图 2-2　交通运输、仓储和邮政业对外开放与经济增长的趋势

注：①本图像绘制软件为 Stata10.0；②考虑到绝对值的数值相对较小，为使数据走势更加明显，本图的对外开放数据为 FDI 绝对值。

（四）小结

通过上面的分析我们不难发现，交通运输、仓储和邮政业的行业特性决定了其在经济社会发展中的重要作用，其发展促进了经济社会的发展，而经济社会的发展反过来又促进了其发展。展望未来，随着全球经济一体化步伐的日益加快，中国经济融入世界市场的程度势必也会越来越高。因此，继续扩大广东省交运仓储邮政业的对外开放，寻找一条适合广东省情的扩大开放之路，成为摆在我们面前的重要问题。

五、扩大广东省交通运输、仓储和邮政业对外开放的对策建议

实际上，经历 2008 年金融危机的阵痛后，大力发展服务业成为广东上下的普遍共识。时年，广东省出台了《关于加快建设现代产业体系的决定》，并且在 2009 年的工作报告中明确指出，要将物流等生产性服务业作为未来广东大力发

展的对象。我们认为，在未来一段时间内，继续扩大广东省交运仓储邮政业的对外开放，需要做好以下几个方面的工作。

（一）加强规划指导、统筹区域发展

在广东省政府关于吸引外商投资的报告中，对现代流通业做出了如下承诺：大力推进综合交通运输体系建设，以完善网络为重点，加强高速公路及县乡公路网、轨道交通网、高等级航道网和集装箱运输系统、能源运输系统、民用航空运输系统"三大网络、三大系统"的建设，形成便捷、通畅、高效、安全的综合交通运输体系。同时，以交通枢纽、中心城市和大型商品集散地为依托，规划建设一批辐射全国、连接国际市场的物流平台和区域性物流中心。按照规划，到2020年，广东铁路出省通道由目前的京广、京九、广深铁路、黎湛、粤海和梅坎增至12条，形成以广州为中心，"三纵二横"的主干线。加强规划的主要作用在于避免不同地区的规划在发展过程中可能存在的冲突，避免低水平的重复建设。因此，未来广东交通运输、仓储和邮政业的对外开放的重点，一是继续大力引进外资，求得自身发展；二是合理引导外资流向，向省内经济社会发展水平相对滞后的东翼、西翼和山区倾斜。

（二）利用区位优势、寻找自身定位

从广东省所处的地理区位来看，其位于南岭以南，南中国海之滨，与香港、澳门、广西、湖南、江西和福建毗邻，与海南隔琼州海峡相望。境内港口众多，如广州港、潮州港、湛江港、深圳港等。而在北部山区，京九铁路与京广铁路穿境而过。因此，对于沿海地区和山区地区来说，其对外发展的战略应该有所不同。首先，对于沿海来说，应该在大力引进国外资金和技术、发展港口经济的同时，积极扶持本土航运企业实施"走出去"战略。提升自身实力，参与全球经济竞争。其次，对于北部山区来说，应该利用靠近铁路枢纽的优势，积极引进国外先进物流运输企业的进驻，大力发展铁路运输业。最后，对于珠江三角洲城市群来说，在扩大对外开放的过程中，除了发展铁路、港口经济外，还应该利用航空区位优势，在对外开放的过程中，坚持"引进来"与"走出去"相结合。大力发展临空经济带，构建机场经济发展区。唯有如此，才能将广东省交运仓储邮政业的对外开放水平提升至新的水平。

（三）"引进来"战略，引进资金、技术，为行业内跨国公司进驻提供便利条件

科学技术是第一生产力。从宏观战略角度来说，扩大开放的主要步骤之一，即是对国外资金和技术的大量引入。现有经济学理论研究发现，外资的"技术溢

出"效应,对于被引入地区的经济社会发展具有重要的促进作用。而按照广东省政府对于现代物流业开放的规划,广东在未来一段时间的主要任务是推广现代物流和供应链管理技术,推动"第三方物流"的发展。实施"科技兴贸"工程,推动信息技术、自动化技术、现代营销和管理技术在流通领域的广泛应用。因此,在未来一段时间内,广东省交运仓储邮政业实施"引进来"战略的重点,除了大力引入国外资金,弥补本身发展资金不足的短板外,还应该注重国际先进技术的引入,并将之本土化,提升本土行业整体科技水平。全面提升本土企业的国际竞争力,为其实施"走出去"战略奠定坚实的基础。

(四)"走出去"战略,出台微观层面财税金融支持政策、扶持行业内龙头企业国际化

广东省对于交通运输、仓储和邮政业企业实施"走出去"战略的具体目标是,促进流通企业与跨国企业的合资合作,支持有条件的流通企业开拓国外市场。到2010年,初步形成方式先进、结构合理、发展协调、组织化程度较高的现代流通体系,培育10家拥有品牌和自主知识产权、主业突出、核心竞争能力强、初具国际竞争力的大型流通企业。而从方式来看,与实施"引进来"战略相同,"走出去"战略无外乎有以下几种方法:成立中外合资企业、成立独资公司、跨国并购、直接投资、在航权谈判的基础上进行航线权购买。对于广东交运仓储邮政业实施"走出去"战略来说,微观层面的主要措施应该集中在对本土企业实施跨国发展战略提供明确的金融支持,并且辅之以具体的税收优惠措施。在微观层面,为行业龙头企业的跨国发展提供足够的扶持。

(五)注重行业专业人才的培养,提升发展水平

众所周知,现代经济学理论研究发现,科学技术和人力资本都是经济发展的必要条件。对于广东省交通运输、仓储和邮政业的对外开放来说,广东省在宏观规划方面对于引进资金和技术方面都做了非常详细的规划,实际执行也非常到位。但对于中国来说,人力资本的质量不高一直是经济发展的一个重要短板。尤其对于交运仓储邮政业来说,从目前中国的教育制度来看,中等层面乃至高级职业技能的培训,在行业定位和社会认可度方面的提升空间较大。因此,对于广东省来说,下一步发展的重点,是加大对行业职业技能培训学校的教育投入,实施行业从业人员持证上岗制度。同时,加大从业人员职业技能培训与再教育,从人才储备角度给广东省扩大交运仓储邮政业的对外开放提供足够的智力支撑。

参考文献：

[1] 徐巍、黄民生：《福建省交通运输与经济发展关系的定量分析》，《福建师范大学学报（哲学社会科学版）》，2007年第6期，第115-119、125页。

[2] 凌起：《福建交通运输与区域经济发展的关系》，《福建师范大学学报（哲学社会科学版）》，2001年第2期，第20-26页。

[3] 关辉国、王娟娟：《交通运输与民族地区经济增长的相关性分析——以临夏为例》，《西北民族研究》，2012年第1期，第201-207页。

[4] 宋国娟：《西江流域经济开发对策分析》，《中国商贸》，2012年第18期，第236-237页。

[5] 穆献中、龚飞鸿：《交通运输对国民经济的需求影响研究》，《数量经济技术经济研究》，2003年第9期，第122-126页。

第三章 广东省现代信息服务业对外开放现状、问题与对策建议

孙盼盼 肖 宇 李勇坚[*]

【摘要】 在信息化日益发展壮大的今天,信息服务业作为经济社会发展中的重要基础性行业,其地位和重要性逐渐引起人们的重视。本章构建了静态和动态计量模型,以广东省为例,对影响信息服务业的产出能力的因素进行了实证分析。研究发现:在将开放度作为解释变量的模型中,开放度、劳动生产率、固定资产投资都对广东省信息服务业的产值具有正向的促进作用。值得注意的是,开放度和劳动生产率的系数都显著为正,而固定资产投资的系数虽然为正,但不显著。这从侧面提示我们,在某些需要高资本投入、高技术含量的行业,传统的依靠投资拉动的经济增长模式已越来越缺乏作用力。为进一步提升广东省信息服务业的开放度以促进其产出能力,本章建议应从市场规律、区域合作、措施配套以及新兴业态等方面着手。

一、文献综述

21世纪最显著的时代特征,是伴随信息借助电子媒介的高速传播,传统媒介逐渐没落,现代信息服务业迅猛发展。从产业链构成来看,信息服务业是一个涉及信息生产、传输、分发与供给等众多领域的综合性行业。其价值链包括用户、运营商、设备制造商、软件开发商和信息提供者等多个生产、再生产和消费环节,基本上涵盖了现代信息设备制造和信息服务提供两大领域。信息服务业的

---

[*] 孙盼盼,中国社会科学院研究生院博士生,主要研究方向为服务经济与旅游管理。肖宇,中国建设银行广东省分行广州经济开发区支行,主要研究方向为金融服务业。李勇坚,中国社会科学院财经战略研究院电子商务研究室副主任、副研究员,主要研究方向为电子商务与经济增长。

服务能力是其他行业快速发展的重要保证，对于国民经济发展具有显著的促进作用，是现代经济发展的重要基础性行业（郭韧，2012）。上海市信息服务业以及三大产业10年来的发展也表明，信息服务业与第二产业、第三产业存在着显著的正相关，它的发展将直接带动产业结构软化，提升服务业和工业化水平，推动产业结构的调整（曹顺良、王立庆等，2010）。

然而，信息服务业的生产率水平受诸多因素的制约。徐盈之、赵玥（2009）利用非参数的Malmquist生产率指数方法测算1997~2006年中国信息服务业全要素生产率（TFP）的变动，比较分析TFP变动的区域差异，并深入分析差异的演变规律和内在机制，寻求到人力资本、信息化水平、R&D投入、政府行为和城市化等是造成中国信息服务业TFP增长区域差异的主要影响因素。吉亚辉、杨应德（2012）采用空间统计和空间计量经济学原理和方法对2005~2010年中国191个城市信息服务业发展的影响因素进行了实证研究，结果发现城市信息化水平、人力资本以及城市间的信息流动和知识溢出对信息服务业的发展具有显著的促进作用，而对外开放水平以及城市间的产业关联对信息服务业的发展影响不明显。随后，任英华、樊帆、吴宏丹（2013）利用随机前沿生产函数法（SFA）、数据包络法（DEA）和Malmquist指数法对中国31个省市信息服务业技术效率进行测算和比较后指出，人力资本、产业集聚度、全员劳动生产率和对外开放度对信息服务业技术效率有显著的促进作用，科技创新的影响不显著。可见，受多种因素影响，信息服务业生产率水平的提高也受限，那么其对国民经济的促进作用也不能充分发挥。

国内学术界对于信息服务业在国民经济中的重要地位及作用已经达成普遍共识，也已经注意到信息服务业的生产率受制于多种影响因素，并对这些因素对信息服务业的影响机制进行了相关探讨。然而，在全球经济日益一体化的今天，信息服务业作为全球化的一个重要实现载体，其行业内部存在着显著的对外开放特征。如何结合这一特征，并在将其量化的背景下衡量开放对该行业产出的可能影响，具有一定的理论和现实意义。

而对于开放对一国或一地区的影响效应，较多的学者认为，开放是促进落后地区或国家经济增长的积极因素。Lucas（1988）将人力资本和研究开发投资与生产率增长联系起来，认为知识的传播和扩散能提高其他要素所有者的技术水平和促进全社会的技术进步。Grossman和Helpman（1991）以FDI为例，强调通过服务产品的进口所带来的技术溢出效应和传统产品的出口具有同样的积极作用。而Frankel和Romer（1999）的研究表明，服务贸易对一国或一地区的收入存在积极的促进作用。

但就我国信息服务业来说，其对外开放程度如何？其对外开放程度是否影响其对国民经济增长的作用？既有研究关注较少，尚未给出明晰的答案。本研究拟

第三章　广东省现代信息服务业对外开放现状、问题与对策建议

从这一角度出发,在分析广东省现代信息服务业发展现状的基础上,测算其对外开放度,然后将其分别纳入静态和动态计量经济模型,试图全面量化现代信息服务业对外开放度对其产出能力的贡献度。与前人的研究相比,本章的创新之处是首次提出了一个信息服务业对外开放的指标——对外开放度,并将其纳入信息服务业对国民经济增长的模型中,研究它们之间可能存在的数量关系。

本章接下来的安排如下:第二部分是从样本选择、模型构建以及数据来源和统计描述等方面对研究设计进行逐一分析;第三部分是对广东省现代信息服务业对开放与信息服务业产业对经济贡献度的实证分析;第四部分是结论和针对广东进一步扩大信息服务业对外开放的政策建议。

二、广东省信息服务业对外开放的实证分析

(一) 样本选择

本研究之所以选择广东省作为研究样本,主要基于以下几点原因:

首先,广东省信息服务业在近年的发展中取得了非常大的成就,能体现出现代信息服务业与国民经济发展之间的关系。第一,从广东省电子信息产品制造业和软件行业的基本情况来看,2009年以来,广东省电子信息产品制造业的主营业务收入、出口交货值、销售产值、利润总额和税金总额都呈现出明显的增长态势;同时,软件行业的业务收入、行业增加值和利润总额也呈现出显著的增长势头。第二,广东省信息服务业的固定资产投资占服务业总固定资产投资的比重明显高于全国同期水平,也从侧面说明了广东省信息服务业的发展水平在某种程度上要高于全国水准。此外,2008年以来,广东省信息服务行业的就业人数在总量和同期占比上呈现走高态势;同期,行业就业人员平均工资持续攀升,高于同期服务业平均工资和同期城镇单位就业人员平均工资,充分说明广东省现代信息服务业的劳动生产率一直在明显提高。

其次,从我国经济发展的宏观国际环境来看,广东省信息服务业大发展的这几年,恰好是我国加入世界贸易组织、全面融入世界市场的几年。伴随我国加入世界贸易组织后国外服务提供商的大量涌入,以及随着"入世"承诺的逐步兑现,广东现代服务业的开放广度和深度逐渐增加(见表3-1)。这一方面是广东信息服务业对外开放的外在压力,另一方面也是促使广东信息服务业对外开放的内在动力。而对外开放对广东省信息服务业发展所造成的外在压力和动力,使得本研究选取广东作为研究样本,更有助于本研究定量分析进而发现符合实际情况的研究结论。

表 3–1　中国关于信息传输、计算机服务和软件业"入世"承诺概况

类型	"入世"开放承诺
服务种类	该项服务包括三种，分别是：A.与计算机硬件安装有关的咨询服务；B.软件实施服务；C.数据处理服务。其中，软件实施服务包括：系统和软件咨询服务、系统分析服务、编程服务、系统维护服务。数据处理服务包括：输入准备服务、数据处理和制表服务、分时服务
股权限制	对于软件实施服务、数据处理服务的输入准备服务，外商在中国只能设立合资企业，但允许外资拥有多数股权。其他服务无此限制
自然人流动	关于外国个人到中国境内从事服务（自然人流动），除服务贸易水平承诺规定的条件外，个人必须为注册工程师，或具有学士（或以上）学位并在该领域有3年工作经验
通信服务（不包括现由中国邮政部门专营的服务）	速递服务：加入时，允许外商在中国设立合资企业，但外资持股比例不超过49%。加入后1年内，将允许外资拥有多数股权。加入后4年内，允许设立外商独资子公司 增值电信服务：该项服务包括如下类别：电子邮件、语音邮件、在线信息和数据检索、电子数据交换、增值传真服务（包括储存和发送、储存和检索）编码和规程转换、在线信息和/或数据处理（包括交易处理）。允许外商在上海、广州和北京设立合资增值电信企业，并在这些城市内提供服务，无数量限制。合资企业中的外资不得超过30%。在"入世"后1年内，地域扩大至包括成都、重庆、大连、福州、杭州、南京、宁波、青岛、沈阳、深圳、厦门、西安、太原和武汉，但外资持股比例不得超过49%。"入世"后2年内，将取消地域限制，但外资持股不得超过50% 基础电信服务（传呼服务）："入世"时允许外商在上海、广州和北京设立合资企业，并在这些城市内及其之间提供服务，无数量限制，但合资企业中的外资不得超过30%。于"入世"后1年内，地域扩大至包括成都、重庆、大连、福州、杭州、南京、宁波、青岛、沈阳、深圳、厦门、西安、太原和武汉市内及这些城市之间的服务，但外资持股比例不得超过49%。于"入世"后2年内，将取消地域限制，外资持股不得超过50%
移动语音及数据服务	加入时，允许外商在上海、广州、北京设立外方持股比例不超过25%的合资企业，在这些城市内及三者之间提供服务，无数量限制 于"入世"后1年内，扩展至成都、重庆、大连、福州、杭州、南京、宁波、青岛、沈阳、深圳、厦门、西安、太原和武汉市内及这些城市之间的服务。外资持股可增至35% 于"入世"后3年内，外资持股可增至49% 于"入世"后5年内，取消地域限制
国内及国际服务	国内业务包括：语音服务、分组交换数据传输业务、电路交换数据传输业务、传真服务、国内专线电路租用服务 国际业务包括：语音服务、分组交换数据传输业务、电路交换数据传输业务、传真服务、国际闭合用户群话语音和数据服务（允许使用专线电路租用服务） 于"入世"后3年内，允许外商在上海、广州、北京设立外方持股比例不超过25%的合资企业，并在这些城市内和三者之间提供服务 于"入世"后5年内，地域扩展至成都、重庆、大连、福州、杭州、南京、宁波、青岛、沈阳、深圳、厦门、西安、太原和武汉市内及这些城市之间，外资持股比例可增至35% 于"入世"后6年内，取消地域限制，外资持股比例可增至49%
视听服务的承诺	电影：自加入时起，允许以利润分成的形式每年进口20部外国电影用于影院放映 音像制品：在不损害中国审查音像制品内容的权利的情况下，允许外商在中国设立合作企业，从事音像制品的分销（不包括电影） 电影院：加入时起，允许外商建设和/或改造电影院，但外资持股比例不得超过49%

资料来源：作者根据商务部网站稿件库《中国"入世"承诺》文字资料整理归纳而得。

(二) 模型构建

在回归模型的设定上,我们借鉴郭韧(2013)的方法,在综合了数据的可得性之后,将模型设定如下:

$$\ln Product = \alpha_0 + \alpha_1 \ln Technology + \alpha_2 \ln Fixinvestment + \alpha_3 \ln Open + \varepsilon \quad (3-1)$$

式中,lnProduct 是衡量信息服务业的服务能力,与郭韧(2013)的做法不同,我们在此采用信息服务业的历年产值作为衡量广东信息服务业对国民经济服务能力的量化指标。lnTechnology 指的是衡量信息服务业的劳动生产率的指标,鉴于数据的可获得性,在此我们采用广东省信息服务业的城镇就业人员工资水平来表示。从经济直觉我们可知,生产率水平较高的部门具有较高的工资,而较低的工资水平常常与较低的劳动生产率相匹配,因此,将城镇就业人员的平均工资作为衡量某一行业的劳动生产率具有一定的合理性。此外,鉴于我国经济发展中大量依靠投资驱动的典型事实,本模型同样将广东省信息服务业固定资产投资数据纳入解释变量 lnFixinvestment,试图厘清其对广东省信息服务业的经济贡献度的可能作用。lnOpen 是衡量广东信息服务业对外开放的指标——对外开放度,其计算方式将在数据来源和统计描述部分作详细说明,这也是我们在该回归模型中所重点关注的变量。

此外,考虑到我们研究的主体是信息服务业对外开放度与产出能力的关系。从其内涵特征来看,其变量存在着典型的动态特征,即本期的对外开放度和产出能力显著受前期对外开放度和产出能力的影响。换句话说,在这种动态变化中,内生变量可能出现在模型的左右两端,使得估计和推断变得复杂(刘巍、陈昭,2011)。因此,Sims(1980)提出了一个非结构化的多方程模型,即向量自回归模型(VAR)来处理此问题。

基于此,为专门研究对外开放度与产出能力的关系,我们构建如下 VAR 模型:

$$\begin{cases} Product_t = \beta_0 + \beta_1 Product_{t-1} + \beta_2 Product_{t-2} + \cdots + \beta_m Product_{t-m} + \lambda_1 Open_{t-1} + \lambda_2 Open_{t-2} \\ \qquad\qquad + \cdots + \lambda_n Open_{t-n} + \varepsilon_t \\ Open_t = \beta_0 + \beta_1 Open_{t-1} + \beta_2 Open_{t-2} + \cdots + \beta_m Open_{t-m} + \lambda_1 Product_{t-1} + \lambda_2 Produc_{t-2} \\ \qquad\qquad + \cdots + \lambda_n Product_{t-n} + \delta_t \end{cases}$$

$$(3-2)$$

(三) 数据来源和描述性统计

本章数据皆来自国家统计局网站和相关年份《广东省统计年鉴》。其中,对外开放度数据是通过计算所得。现有文献中,衡量一国或一地区某一产业开放度的指标主要是从服务贸易和外资进入两个角度展开。而受制于我国目前的统计制度,信息服务业的贸易数据较难获得。为此,本章利用广东省信息服务业外商直接投资实际利用额来计算对广东省信息服务业的对外开放度。具体测算方法如下：首先，将广东省信息服务业实际利用外资额按照当年平均汇率折算为人民币单位；其次，将折算后的数据与当年广东省国民生产总值进行比较，得出的比值即为当年广东省信息服务业的对外开放度（见表3-2）。其余数据方面，受我国统计制度所限，部分年份的省级分行业数据较难获得，在处理上我们采用了相应的外推方法。具体为：劳动生产率的省级统计数据只有2006~2012年的数据，我们算出了其每年的增长率和平均增长率，2005年之前的数据分别以平均增长率外推而得。同时，固定资产投资省级层面只有2003年以后的数据，我们同样计算出了其年均增长率，并相应外推而得到其他年份的数据。

表3-2 广东省信息服务业对外开放度[①]

年份 指标	GDP（亿元）	FDI（亿元）	对外开放度
1990	1559.03	19.61	0.0126
1991	1893.30	17.66	0.0093
1992	2447.54	146.58	0.0599
1993	3469.28	654.56	0.1887
1994	4619.02	1291.51	0.2796
1995	5933.05	638.52	0.1076
1996	6834.97	666.05	0.0974
1997	7774.53	585.93	0.0754
1998	8530.88	396.13	0.0464
1999	9250.68	206.78	0.0224
2000	10741.25	298.57	0.0278
2001	12039.25	368.78	0.0306
2002	13502.42	313.15	0.0232
2003	15844.64	873.62	0.0551
2004	18864.62	1480.55	0.0785
2005	22557.37	1726.65	0.0765
2006	26587.76	1666.03	0.0627
2007	31777.01	1612.58	0.0507

① 1990年，广东信息服务业的对外开放度数据为1.26%，随后迅猛增长，1992年达到5.99%，1993年和1994年迅速攀升至18.87%和27.96%，原因在于1992年，我国做出《关于加快发展第三产业的决定》，政策利好使得短期内前期积累的开放需求迅速爆发，促进了信息服务业对外开放度的爆发式增长。历经1993~1994年的爆发式增长后，其走势呈明显下降趋势。1999年降至自1992年以来的历史最低点，为2.24%，反映出1997年亚洲金融危机导致国外资金流出的影响。在随后的几年里，其走势再次呈现出明显的增长势头，2004年，其数值达到了7.85%。2009年，下降至4.08%。这再次说明了，以外向型经济为主的广东省，在外部环境发生变化的情况下对自身经济的冲击和影响力。

续表

年份 指标	GDP（亿元）	FDI（亿元）	对外开放度
2008	36796.71	1928.45	0.0524
2009	39482.56	1610.89	0.0408
2010	46013.06	2857.14	0.0621
2011	53210.28	3304.71	0.0621
2012	57067.92	1641.57	0.0288

注：FDI折算以1990~2012年人民币兑美元平均汇率为准。
资料来源：国家统计局网站与1991~2013年《广东省统计年鉴》。

在进行计量模型的回归分析时，为了避免可能存在的内生性的影响，我们将每个变量做了对数处理。模型各变量的定义和数据的描述性统计如表3-3所示。不难看出，其分布都在一定的区间内，符合进行时间序列数据回归的基本要求。

表3-3 变量的定义与数据的描述性统计

变量	定义	观测值	均值	标准差	最小值	最大值
lnProduct	信息服务业产出能力	20	7.421589	2.307579	3.830813	10.18564
lnTechnology	劳动生产率	20	10.61528	0.4171054	9.939399	11.29719
lnFixinvestment	固定资产投资	20	23.84587	0.1727244	23.54404	24.25403
lnOpen	对外开放度	20	-2.840304	0.6554181	-3.800796	-1.274368

资料来源：国家统计局网站和相关年份《广东省统计年鉴》。

三、实证结果分析

（一）静态模型回归结果分析

表3-4 回归结果一览表

变量	系数	标准误差	T值	P值	95%置信区间	
开放度	0.5435296	0.2450154	2.22	0.041	0.0241	1.0629
劳动生产率	0.448693	0.5203748	10.47	0.000	0.3455	0.5518
固定资产投资	0.915912	1.432441	0.64	0.532	-2.120726	3.95255
常数项	-70.71474	29.78152	-2.37	0.030	-133.8487	-7.5807
Obs 20	F(3, 16) = 110.41		Prob > F = 0.0000		Adj R-squared = 0.9453	

注：所用软件为Stata10.0。

回归结果如表3-4所示。可以看出，与预期结果基本一致，开放度、劳动生产率和固定资产投资对信息服务业、对经济的贡献能力皆呈现出显著的正向关系。

首先，从开放度来看，其系数为0.5435，且在5%的置信区间显著。也就是说，开放度每提高一个百分点，将使信息服务业的产值增加54个百分点。在前文的分析中我们也曾指出，鉴于信息服务业的内涵特征，其对资金和技术都有着非常高的要求。因此，鉴于外资在资金和技术方面与国内的代差，提高信息服务业的对外开放度能显著促进资金和技术的引入方的自身发展。

其次，从劳动生产率指标来看，其为0.4487，且在1%的置信区间显著。在将开放度纳入解释变量的模型中，劳动生产率每提高一个百分点，将使信息服务业的产值增加44个百分点。这也从侧面印证了前文的分析，即信息服务业作为具有较高人力资源资本和技术含量的服务产业，其对于经济增长和技术进步都有着其他产业无法替代的重要作用。劳动生产率的提高，必定能够促进信息服务业的发展。

最后，从固定资产投资来看，其系数为0.9159，但从P值来看，其并不显著。实际上，在未将开放度指标取对数之前，此回归结果为负数。在我们避免模型内生性的一系列计量处理后，其虽然为正，但系数不显著。这基本上可以告诉我们一个事实，即以投资驱动经济增长的发展模式对某些需要高科技、高智力资本投入的行业，所起的效果并不明显。在经济发展方式从粗放型向集约型转变的今天，这再次警示我们，依靠投资拉动经济增长的发展模式值得我们反思。

（二）稳健性检验

1. 单位根检验

从计量经济学理论我们可知，在对较长时间的大样本检验过程中，随着样本数量的增加，原本相互独立的两个变量之间也有可能会呈现出某种相关关系，而且其结论必定是显著的。因此，在对变量进行回归之前，进行数据的单位根检验是至关重要的。

单位根检验结果如表3-5所示。可以看出，模型（3-1）的各个变量的ADF单位根分别在各自进行差分后平稳。换言之，可以进行回归分析。

表3-5 变量的单位根检验结果

变量	差分次数	(C, T, K)	DW值	ADF值	5%临界值	1%临界值	结论
lnProduct	1	(C, 0, 1)	1.8995	-1.7179	-3.6736	-4.5326	I(1)*
lnTechnology	1	(C, 0, 3)	2.0722	-4.4258	-3.7912	-4.8001	I(3)*
lnFixinvestment	1	(C, 0, 2)	1.6637	-3.4225	-3.7105	-4.6162	I(2)*
lnOpen	1	(C, 0, 1)	1.4373	-4.1081	-3.6908	-4.5716	I(1)*

注：① (C, T, K) 分别表示ADF单位根检验是否包含常数项、时间趋势项和滞后期数；② * 表示将变量经过差分后，其是否在1%的水平上通过ADF单位根平稳性检验。

第三章 广东省现代信息服务业对外开放现状、问题与对策建议

2. 协整检验

根据前文的时间序列变量的单位根检验结果我们可知,被解释变量的单整阶数小于解释变量的单整阶数。这说明,对单整变量可以进行协整关系检验。

如表3-6所示,Hypothesized No. of CE(s)是指没有协整关系的原假设;Eigenvalue是指特征根;Trace Statistic是迹统计量;0.05 Critical Value是5%显著水平临界值;Max-Eigen Statistic是λ-max统计量。

可以看出,迹统计量和λ-max统计量的值分别为67.6206和27.8276,且其对应的P值分别为0.0000和0.0153。这说明,三个变量之间存在协整关系。换言之,我们的回归结果具有可信性,不是伪回归。

表3-6 变量的协整关系检验

(a)

Unrestricted Cointegration Rank Test (Trace)				
Hypothesized No. of CE(s)	Eigenvalue	Trace Statistic	0.05 Critical Value	Prob.**
None *	0.786897	67.62061	40.17493	0.0000
At most 1 *	0.698896	39.79300	24.27596	0.0003
At most 2 *	0.568472	18.18760	12.32090	0.0047
At most 3	0.156335	3.060000	4.129906	0.0950

(b)

Unrestricted Cointegration Rank Test (Maximum Eigenvalue)				
Hypothesized No. of CE(s)	Eigenvalue	Max-Eigen Statistic	0.05 Critical Value	Prob.**
None *	0.786897	27.82761	24.15921	0.0153
At most 1 *	0.698896	21.60539	17.79730	0.0127
At most 2 *	0.568472	15.12760	11.22480	0.0098
At most 3	0.156335	3.060000	4.129906	0.0950

3. 格兰杰因果关系检验

最后,我们从格兰杰因果关系来看。由计量经济学的理论研究我们可知,对于时间序列的模型回归结果来说,格兰杰因果关系检验有助于检验某个变量的前期值对当期值的影响。且如果变量之间存在协整关系,那么其变量至少存在一个方向上的格兰杰因果关系。

如表3-7所示,产出是劳动生产率提高的格兰杰原因,而劳动生产率不是产出提高的格兰杰因果原因。投资是产出的格兰杰原因,产出不是投资的格兰杰原因。此外,对外开放度不是产出的格兰杰原因,产出是开放度的格兰杰原因。投资是劳动生产率的格兰杰原因,劳动生产率不是产出的格兰杰原因。开放度是劳

动生产率的格兰杰原因，劳动生产率不是开放度的格兰杰原因。开放度不是投资的格兰杰原因，投资是开放度的格兰杰原因。

表3-7 模型（3-1）格兰杰因果检验

Lags: 1			
Null Hypothesis:	Obs	F-Statistic	Prob.
TECHNOLOGY does not Granger Cause PRODUCT	19	2.70456	0.0961
PRODUCT does not Granger Cause TECHNOLOGY		0.00174	0.1672
INVESTMENT does not Granger Cause PRODUCT	19	2.29994	0.1189
PRODUCT does not Granger Cause INVESTMENT		1.46444	0.0438
OPEN does not Granger Cause PRODUCT	19	2.40137	0.0408
PRODUCT does not Granger Cause OPEN		0.01737	0.8968
INVESTMENT does not Granger Cause TECHNOLOGY	19	0.34616	0.5645
TECHNOLOGY does not Granger Cause INVESTMENT		4.49416	0.0500
OPEN does not Granger Cause TECHNOLOGY	19	6.2E-05	0.9938
TECHNOLOGY does not Granger Cause OPEN		0.14884	0.0047
OPEN does not Granger Cause INVESTMENT	19	0.92456	0.0506
INVESTMENT does not Granger Cause OPEN		0.16436	0.6905

（三）动态模型回归结果分析

通过前文对静态回归模型（3-1）的分析，我们得知，开放度、劳动生产率和固定资产投资对信息服务业、对经济的贡献能力皆呈现出显著的正向关系。但从VAR模型设定的初衷以及各个变量之间的内涵关系来看，我们不难发现，通过对变量滞后期数或者说过往数据的回归分析，更能在动态变化中寻找其可能存在的经济规律。

在研究开放与信息服务业产出能力的关系中，VAR模型能从纵向时间序列的角度对二者之间存在的可能关系给出一个合理可行的解释。其回归模型为上文模型（3-2），为确定其滞后的最优阶数，我们给出了滞后一期到四期的AIC和SC信息准则，如表3-8所示。

表3-8 模型（3-2）确定最优滞后期的信息准则比较

	滞后一期	滞后二期	滞后三期	滞后四期
AIC	2.712557	2.587455	2.918191	2.372276
SC	3.010801	3.082106	3.604367	3.241438

注：所用软件为EViews6.0。

从表 3-8 可以看出，AIC 和 SC 两个数据基本遵循"大—小—大"的规律，根据最优滞后期的判断方法，我们可以得出，模型（3-2）的最优滞后期数为 2 期。由此，将回归数据代入模型（3-2），我们可以得出如下 VAR 模型：

$Product_t = 0.727894 Product_{t-1} + 0.179507 Product_{t-2} - 0.164105 Open_{t-1}$
$\quad - 0.178760 Open_{t-2} + 0.114298$

Adj. R-squared = 0.928897　　F-statistic = 56.52286　　AIC = 1.913795
　　SC = 2.161121

$Open_t = 0.464443 Open_{t-1} + 0.097561 Open_{t-2} + 0.246876 Product_{t-1}$
$\quad - 0.216573 Product_{t-2} - 1.689304$

Adj. R-squared = 0.383048　　F-statistic = 3.638700　　AIC = 1.117460
　　SC = 1.364786

可以看出，在以产出能力为被解释变量的回归模型中，滞后一期的产出能力对当期的产出影响最大，滞后二期对当期的产出能力影响不如滞后一期，二者系数为正。值得注意的是开放度对产出的影响，其系数为负，该结果与模型（3-1）的回归结论有区别，这说明在缺失其他控制变量后，开放对产出的正向促进作用有待商榷。换言之，开放带来的经济效益并不都是显著为正的，在世界经济日益一体化的今天，在处理对外开放的问题上，我们需要准备把握市场规律，准确拿捏开放的深度和广度，唯有如此才能充分利用对外开放的正向溢出作用，抑制其负向效应。

此外，在以对外开放度为被解释变量的回归模型中，滞后一期和滞后二期的对外开放度对当期的对外开放度皆呈现出正相关关系，并且滞后一期的系数显著大于滞后二期。这说明，与前文对产出能力的分析相同，对外开放度也存在显著的时间趋势效应，即前期的对外开放情况会对当前的对外开放产生显著的影响。值得指出的是，滞后一期的产出能力对对外开放的影响效应为正，滞后二期的产出能力对对外开放的影响效应为负。这一发现基本可以说明两个问题：一方面，前期的产出能力会显著促进当期的对外开放度的提升；另一方面，产出能力对对外开放的影响效应会随着时间的推移而削弱。对于我们的政策启示即是，产出与对外开放之间存在着密切的线性关系，对开放程度、开放水平、开放时间的政策取向和产出能力都可能随着时间的变化而呈现出截然不同的政策效果。这也从侧面说明了对于二者关系研究的重要性。

接下来，为更加准确地对二者之间的走势关系进行研究，我们构建了二者的脉冲响应走势图，如图 3-1 所示。

首先，可以看出，开放度的变化对产出能力的冲击，在刚开始的一段时间内，其为负向作用。但随着时间的推移，其呈现出逐渐增加的正向趋势。这一发现基本符合我们的经济直觉，即在我国市场经济体系并不完备、市场整体发展水

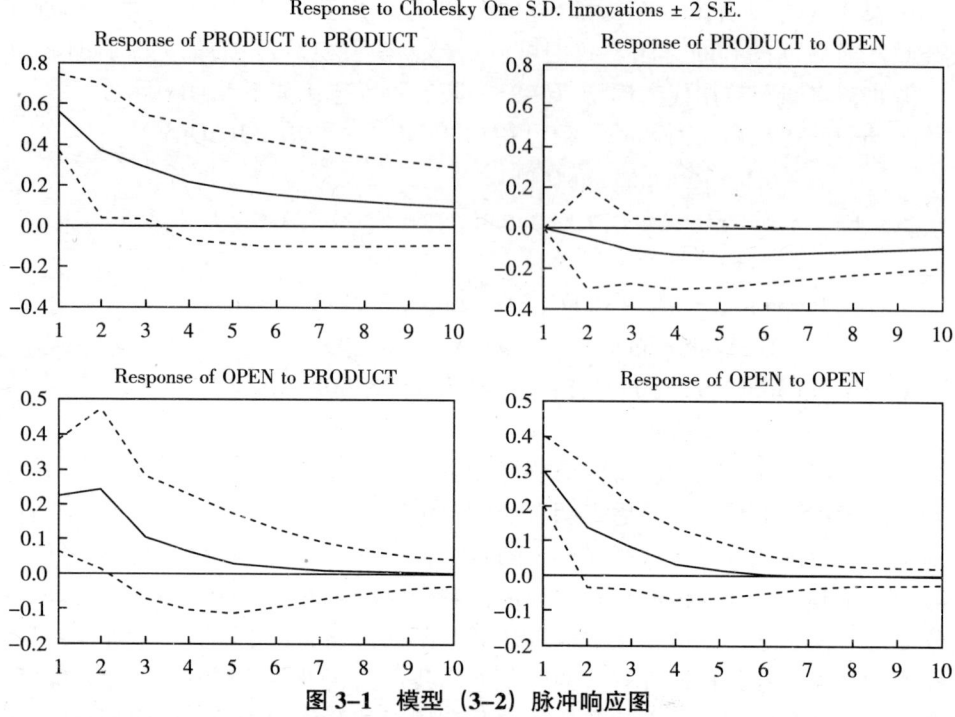

图 3-1 模型（3-2）脉冲响应图

注：所用软件为 EViews6.0。

平还相对比较低的情况下，开放带来的冲击在短期内是"致命的"。就信息服务业而言，在开放初期，在大量国外同行的涌入下，其产出能力在短期内所受到的冲击非常严重。但随着时间的推移，行业"技术溢出效应"逐渐涌现，本土企业的国际竞争力在接受世界市场的竞争中得到了提升。所以，其走势图呈现出了明显的先负向后正向的发展态势。

其次，从产出能力的变化对对外开放度的冲击效应来看。在短期内，产出能力的变化显著刺激了对外开放度的提升，但随着时间的推移，其走势呈现出较为明显的下降趋势。这说明，产出能力的提升在短期内会促进行业的对外开放，对于这一发现，我们可以从产品寻找国际市场的角度轻松理解。但随着时间的推移，二者走势虽然在趋势上呈现出明显的趋同性，但下降趋势明显。这说明，仅靠产出能力的提升，并不能显著促进行业的对外开放水平。就信息服务业来说，从国际贸易的角度来看，一国产出能力的增加，国内产品不仅占据国内市场，还在国外市场攻城略地且成绩斐然的情况下，就该行业来说，国外产品进行本国市场的可能性在降低，这造成了该行业对外开放程度不高的典型事实。

第三章　广东省现代信息服务业对外开放现状、问题与对策建议

四、扩大广东省信息服务业对外开放的对策建议

经过模型的回归分析和稳健性检验，不难发现，本章模型回归结果是稳健有效的。研究发现，开放度和劳动生产率对提高广东省信息服务业的产出能力具有重要的促进作用，固定资产投资的促进作用虽然也为正，但其结果并不显著。这一发现对于我们深刻认识信息服务业的行业内涵特征，有针对性地制定出合理可行的行业发展促进政策，具有一定的参考价值。本章认为加强广东信息服务业的对外开放度，进而提高其产出能力，应从以下几个方面着手。

（一）注重市场规律、加强规划引导

中共十八届中央委员会第三次全体会议通过的《中共中央关于全面深化改革若干重大问题的决定》中指出：经济体制改革的核心问题是处理好政府和市场的关系，使市场在资源配置中起决定性作用和更好发挥政府作用。市场决定资源配置是市场经济的一般规律，健全社会主义市场经济体制必须遵循这条规律，着力解决市场体系不完善、政府干预过多和监管不到位问题。必须积极稳妥地从广度和深度上推进市场化改革，大幅度减少政府对资源的直接配置，推动资源配置依据市场规则、市场价格、市场竞争实现效益最大化和效率最优化。政府的职责和作用主要是保持宏观经济稳定，加强和优化公共服务，保障公平竞争，加强市场监管，维护市场秩序，推动可持续发展，促进共同富裕，弥补市场失灵。

对于广东省扩大信息服务业对外开放的具体政策来说，首先，是要加强对行业市场规律的研究，在准确把握行业规律的同时，结合国际国内经济环境和广东省该行业发展的优劣势，在尊重经济规律和行业事实的基础上，制定正确的发展方针和中长期发展战略。其次，在行业内部的具体发展政策方面，要有主次之分，对广东信息服务业来说，既要加强在行业宏观层面的战略部署，也要在中观层面针对不同行业制定不同的发展规划。发展优势行业，突出优势，重点关注落后产业，对其发展中存在的问题进行精准定位。及时出台相关扶持政策，平衡行业内不同细分行业的发展落差。同时，要在微观层面加强对行业内本土企业的发展战略给予宏观方面的政策扶持，同时，辅之以完善的财政、金融配套措施。最后，在行业协同发展方面，要在产业链构成环节给予充足的重视，加强宏观层面的行业协同，走产业链发展道路。

(二) 重视区域合作、增强优势互补

不同区域之间的资源优势、产业分工以及发展阶段的落差是区域经济合作产生的基础。区域经济理论认为，不同区域之间的合作可以在发挥各地区优势的基础上实现资源优化配置和提高区域整体经济效益。对于广东省来说，其虽然在经济总量上一直稳居全国前列，但从其地理区位来看，其同样存在着开展区域经济合作的背景。

首先，从其地理区位中其他地区的经济发展状态来看。在广东省内，其中部、西部和北部山区与珠江三角洲地区的经济发展存在着非常明显的落差。对于信息服务业来说，其作为一个横跨现代制造业、原材料加工业和信息传输与服务业的大产业链，广东省省内的不同区域完全可以发挥各自的主导优势。如珠江三角洲地区大力发展产品附加值较高的信息加工与传播服务业，而东部、西部和北部地区可以发展产品附加值较低的信息服务业硬件设施制造业。

其次，从跨省市合作来看，以泛珠三角洲的合作为例。而关于该区域信息服务业的区域合作问题，早在2004年，泛珠三角洲区域省市区即在海南召开了第三次泛珠三角区域合作信息产业厅（局）长联席会议，并编制了《泛珠三角区域信息化合作专项规划（2006~2010）》，并在随后的2005年，将该规划正式列入了2006~2010年泛珠三角洲区域合作专项规划。实际上，从泛珠三角洲的成员构成来看，广东省无论是在经济总量、区域面积，还是在产业结构、社会发展水平方面，都走在区域内同类省市区的前列。但就信息服务业的发展状况来看，广东省的行业优势在于信息服务业硬件制造，相比之下，香港地区和澳门地区的优势则体现在信息服务业的软件优势上。因此，加强泛珠三角洲的区域合作，实现互利共赢，是未来广东省信息服务业扩大对外开放的重要政策取向之一。

最后，从全球产业链分工来看，信息服务业属于产品附加值较高的高端服务业。马鹏、李文秀（2014）的研究发现，高端服务业在产业链控制力方面相对于其他服务业具有得天独厚的绝对优势。而从国际范围的横向对比来看，广东省信息服务业的国际竞争力仍然有待加强。因此，在国际经济合作不断加深的大背景下，广东信息服务业未来进一步开放的重点应该是加快本土企业的国际化步伐。实施"引进来"与"走出去"相结合的发展道路，努力参与国际竞争，提升广东信息服务业的国际竞争力。

(三) 完善配套措施，大力实施"引进来"和"走出去"协调发展的战略

就信息服务业本身来说，其在"入世"前发展水平低且发展速度缓慢，而"入世"后，面临国外服务提供商的强势竞争，中国信息服务业也迅速利用国外

先进的资金和技术,完成了利用"后发优势"的赶超。在前文的分析中我们已经指出,信息服务业的内涵特征决定了其具有高资本、高技术投入和高行业溢出等典型特征。鉴于目前我国信息服务业发展中的现实制约问题,如资本、技术的相对缺乏,加强国外先进资金和技术的引入就显得尤为重要。换言之,在扩大信息服务业对外开放的过程中,要注重"引进来"战略的制定和落实。

对于广东省来说,就是要在遵循行业发展规律的基础上,从宏观层面制定"引进来"的中长期规划。同时,加强对国外资金和技术的引导措施。积极对本省行业特征的现状和存在的问题进行深入的调查研究,优先引进本省急需的先进技术,对于市场竞争力弱的新业态要出台详细的鉴定和扶持措施。利用外资和国外先进技术促进本省的现代信息服务业发展。

与此同时,还要加强"走出去"战略的制定与实施。"引进来"与"走出去"是任何一个行业、一个地区在对外开放中都必须重视的两条发展路径,缺一不可。实际上,从参与全球分工,在全球竞争中提升自身的国际市场竞争力的角度来看,"引进来"的最终目的是为了更好地"走出去"。

对于广东省来说,广东省境内存在着大量的现代信息服务业硬件制造商,典型的如华为公司。从政府的层面来看,实施"走出去"战略的主要施力空间,应该在扶持企业走国际化发展的层面。具体来说,要在财政、税收、金融和海关等方面给予广东企业实施"走出去"战略足够的政策扶持。

(四)加强市场规律研究,培育市场新业态

世界经济发展的规律告诉我们,随着科学技术的发展,传统业态的丧失与新兴业态的兴起是相辅相成的。从世界信息产业的发展历程来看,借助于现代计算机技术和通信技术的飞速发展,信息服务业的市场也发生许多新变化,呈现出了许多新业态。比如,印度的班加罗尔,承担着全球电信呼叫服务外包市场的大部分份额。实际上,这一现象从全球产业链分工中可见一斑,发达国家占据着产业链中附加值较高的环节,而发展中国家却长期处于产业链的低端环节。但是,对于缺乏资金和技术的发展中国家来说,除了积极吸引国外资金和技术寻求自身的提升外,积极参与国际合作和竞争也显得尤为重要,尤其对于当今信息服务业市场最为常见的新业态——服务外包来说,积极利用自身优势承接服务外包,使本国信息服务业融入国际市场,在国际竞争中提高自己的发展水平。

对于广东省来说,作为全国改革开放的先进试点地区,广东省的对外开放一直走在全国的前列。以现代信息服务业的发展要素来看,广东省都有着比其他内陆省市更为优越的条件。尤其在信息服务业的硬件制造方面,广东省更是全国的计算机、通信制造业重镇。此外,在长期的对外开放过程中,广东省在人才储备、人们的思想观念等方面都有着良好的基础。因此,下一阶段的开放重点应该

是对信息服务业发展的最新动态进行准确的把握。以发展服务外包为切入点,找准优势,利用自身优势,参与国际分工,求得自身发展的新局面。

参考文献:

[1] 郭韧:《我国信息服务业服务能力的计量分析》,《科技管理研究》,2013年第15期,第52-54、63页。

[2] 曹顺良、王立庆、王建会、李宁、刘杰:《信息服务业对上海市三大产业贡献的实证研究》,《情报杂志》,2010年第8期,第98-100、86页。

[3] 徐盈之、赵玥:《中国信息服务业全要素生产率变动的区域差异与趋同分析》,《数量经济技术经济研究》,2009年第10期,第49-60、86页。

[4] 吉亚辉、杨应德:《中国城市信息服务业发展影响因素研究——基于中国191个城市的空间横截面数据分析》,《人文地理》,2012年第6期,第71-75页。

[5] 任英华、樊帆、吴宏丹:《信息服务业技术效率影响因素的空间计量分析》,《统计与决策》,2013年第2期,第93-97页。

[6] 刘巍、陈昭:《计量经济学软件EViews6.0建模方法与操作技巧》,机械工业出版社,第15-16页。

[7] 马鹏、李文秀:《高端服务业视角的中国产业控制力提升理论与实证研究》,《产经评论》,2014年第2期,第5-14页。

[8] Lucas R. E., "On the Mechanics of Economics Development", Journal of Monetary Economics, 1988, 22: 3-42.

[9] Grossman G. M., Helpman E., "Quality Ladders in the Theory of Growth", Review of Economic Studies, 1991, 58 (1): 43-61.

[10] Frankel J. A., Romer D., "Does trade cause growth?", American Economic Review, 1999, 89: 379-399.

[11] Sims, "Macroeconomics and Reality", Econometrica, 1980, 48: 1-48.

第四章 广东省批发和零售业对外开放现状、问题与对策建议

武 岩 朱福林*

【摘要】从批发和零售业的行业内涵特征来看,其作为最接近社会化大生产的最后一道环节——消费的服务性行业,有着促进生产、实现产品生产价值的重要作用。在我国逐步实现改革开放的过程中,批发和零售业的开放度要显著高于其他国际竞争力相对较弱的服务性行业。本章的研究从我国"入世"承诺对批发和零售业的对外开放承诺出发,围绕"引进来"和"走出去"两个战略,分析了广东省批发和零售业对外开放的现状,从产值、投资和就业三个角度就批发和零售业的对外开放对广东省经济社会的影响,从合作方式、外资来源地、外资进入方式三个角度,总结了广东省批发和零售业对外开放中存在的问题,提出了进一步扩大批发和零售业对外开放的政策建议。

一、引言

在我国国民经济分类中,批发业是指批发商向批发、零售单位及其他企业、事业、机关批量销售生活用品和生产资料的活动,以及从事进出口贸易和贸易经纪与代理的活动。而相比之下,零售业则是指从工农业生产者、批发贸易业或居民购进商品,转卖给城乡居民作为生活消费和售给社会集团作为公共消费的商品流通活动。

从其行业特点来看,其具有服务再生产和服务直接消费等明显的行业特征。在我国波澜壮阔的对外开放历程中,围绕开放、如何开放、开放的速度和行业选

---

* 武岩,北京师范大学经济与资源管理研究院博士生,主要研究方向为人口经济学。朱福林,北京联合大学管理学院讲师,主要研究方向为服务贸易。

择的争论一直未曾断绝。但就批发和零售业来说，这一争论明显要少很多。换句话说，国内无论是在学术界还是在业界，乃至在政策制定者眼中，批发和零售业由于较少涉及关系国家经济安全和产业链控制力等关乎国际竞争力的问题，所以该行业的对外开放一直走在全国服务业细分行业对外开放的前列。

从我国"入世"谈判中对批发和零售业的对外开放历程来看，我国对批发和零售业的对外开放的宽度和广度都要明显优于其他行业。其具体开放承诺如表4-1所示。

表4-1 批发和零售业对外开放承诺

类别	承诺内容
分销服务领域，主要包括佣金代理服务、批发服务（不包括盐和烟草）	"入世"后1年内，外商在中国可设立合资企业，从事所有的进口和国内产品的佣金代理和批发服务，但下列产品除外：图书、报纸、杂志、药品、农药和农膜、化肥、成品油和原油；在"入世"后3年内可分销图书、报纸、杂志、药品、农药和农膜；在"入世"后5年内，可从事化肥、成品油和原油的分销 "入世"后2年内，允许外资拥有多数股权，取消地域限制和数量限制 "入世"后3年内，取消所有地域限制、数量限制和股比限制，但对于化肥、成品油和原油在加入后5年内取消限制 外商投资企业可分销其在中国制造的产品及提供全面的相关附属服务，包括售后服务
零售服务（不包括烟草）	允许外商在5个经济特区（深圳、珠海、汕头、厦门和海南）和6个城市（北京、上海、天津、广州、大连和青岛）设立合资企业提供服务。在北京、上海允许各设立不超过4家合资企业；在其他城市，允许各设立不超过2家合资企业。在北京设立的4家合资企业中的2家可在市内开设分店 自"入世"时起，郑州、武汉立即向合资零售企业开放 于"入世"后2年内，允许外资持有多数股权。将向合资企业开放所有省会城市及重庆和宁波 允许外国服务商从事除下列产品以外的所有产品的零售："入世"后1年内，可零售图书、报纸、杂志；"入世"后3年内，可零售药品、农药、农膜和成品油；"入世"后5年内，可零售化肥 在加入后3年内取消所有地域、数量、股比限制，以下除外： （A）化肥的零售在加入后5年内取消限制；（B）分店在30家以上，并销售来自多供应商的同种类和品牌商品的连锁店，如销售任何上述产品和中国保留由国营贸易企业进出口的产品，则不允许外资拥有多数股权，销售汽车则在"入世"5年后取消股比限制 特许经营、无固定地点的批发或零售服务，于"入世"后3年内，取消设立企业或机构的限制 中国将与WTO成员进行磋商并制定关于无固定地点销售的法规

资料来源：商务部网站文件资料库《我国"入世"承诺》文字资料整理而得。

可以看出，在批发和零售业的对外开放中，我们对外资设限的仅仅是烟草业。从时间来看，"入世"后的5年后，批发和零售业基本全部对外开放。从地域来看，由最初个别经济特区到最后全国市场开放。从合作方式来看，从合资、合作到外资的全面进入。我国批发和零售业的对外开放市场广度和深度以及该行业的市场化程度已经越来越大。

截至目前,我国已经基本履行了当初"入世"谈判时承诺开放的所有行业和领域。对于广东省来说,作为处于我国改革开放前沿地区的"排头兵",其在市场化改革和对外开放中扮演的角色不容小觑。在改革开放初期,广东曾一度作为全国的商品集散地和批发零售业中心。因此,在对广东省服务业的对外开放中,批发和零售业占有极为重要的地位,值得我们研究与借鉴。

二、广东省批发和零售业对外开放现状

广东的批发和零售业有着极为悠久的历史。作为千年商都,自1757年清政府关闭其他港口,独留广州一口通商,到清朝末期广州通商口岸的开放,再到民国初期的广州海上贸易和1978年新中国的改革开放,广东的商品贸易,尤其是批发和零售业一直走在全国的前列。接下来,我们拟从广东省批发和零售业企业发展与开放的现状、广东省批发和零售业实施"引进来"与"走出去"战略三个角度对广东批发和零售业的对外开放现状展开分析。

(一)广东省批发和零售业企业发展与开放概况

第一,从批发业来看。如表4-2所示,首先,是批发业的发展情况。以法人单位数为例,2008年,广东省批发业的法人单位数为6193个,而2009年却下降至5991个,2010年再次回升至6730个。在随后的两年里,其每年以均值1000个左右的速度增长。截至2012年,其数据为8697个。再以就业人数来看,2008年,广东省批发业总就业人数为334218人,2009年,其小幅增长至358792人,这一数据在2010年呈现出了一个爆发性的增长,在该年,广东批发业总就业人数比上年增长47307人,达到了406099人。而在随后的2011年和2012年,其更是分别以年均近6万人次和近10万人次的速度高速增长。而从批发业的商品购进总额来看,其在2008年仅为17124.5亿元,2009年增长至17888.3亿元。截至2012年,其数值继续增长至35186.9亿元。在短短的五年里,其数值增长了18062.4亿元。

表4-2 限额以上批发业企业基本情况和商品购销存情况

指标 \ 年份	2008	2009	2010	2011	2012
批发业法人企业单位数(个)	6193	5991	6730	7687	8697
批发业年末从业人数(人)	334218	358792	406099	464058	560155
批发业商品购进总额(亿元)	17124.5	17888.3	23585.3	30339.9	35186.9

续表

指标 \ 年份	2008	2009	2010	2011	2012
批发业进口额（亿元）	NA	1663.9	2407.6	2756.3	3081.4
批发业商品销售总额（亿元）	18084.2	18599.1	25660	32013.3	37387.8
批发业出口额（亿元）	NA	1842.8	2763.6	3430.9	3958
净出口（亿元）	NA	178.9	356	674.6	876.6
批发业商品库存总额（亿元）	1113.7	1089.6	1394.7	1782.6	2253.4

注：①2008年及以后的统计范围为限额以上法人企业；②2008年及以后的统计限额划分指标为"年主营业务收入"；③NA表示当年该数据缺失。

资料来源：国家统计局网站。

其次，从批发业的对外开放情况来看，主要是商品的进出口额。从批发业的进口额来看，2009年为1663.9亿元，在随后的几年里该数据持续增加，2010年首次突破2000亿元大关，2011年攀升至2756.3亿元。截至2012年，广东省批发业的进口额首次突破3000亿元大关，为3081.4亿元。再从出口额来看，2009年，广东省批发业的出口额为1842.8亿元，与进口额的基本走势相同，2010年上升至2763.6亿元，2011年首次攀升至3430.9亿元。截至2012年，其上升至3958亿元。

而从批发业的净出口情况来看，2009~2012年，广东省限额以上批发业企业进出口情况基本维持顺差状态。2009年，广东省批发业净出口额为178.9亿元，2010年上升至356亿元。该数据在后续两年里继续攀升，2011年为674.6亿元。截至2012年，其数据上升为876.6亿元。

第二，从零售业来看。如表4-3所示，首先，是零售业的法人企业单位数。从数据来看，2008年，广东省零售业法人企业单位数为3305个，从后续几年的数据走势来看，其呈现出明显的增长态势。2009年为3585个，2010年，其首次突破4000大关，为4613个。在随后的2011年，其继续上升至5139个。截至2012年，广东省零售业的法人企业单位数为5450个。同时，从零售业年末从业人数来看，2008~2012年，其数据呈现出与法人单位相同的走势。2008年，广东省零售业年末就业人数为381316人，2009年为403754人。在随后的三年里，其增长势头依旧强劲，2011年，其首次攀升至50万关口，为529545人。截至2012年，广东省零售业年末就业人数为574886人。此外，再从商品购进总额来看，其走向延续了行业法人单位和从业人员数的上升趋势。2008年，广东省零售业商品购进总额为3455.2亿元，2009年缓慢增长至3568.7亿元，在随后的2010年，其首次接近5000亿元，为4968.3亿元。2011年，其再次攀升新高，为6058亿元。截至2012年，其为6520.6亿元。

第四章　广东省批发和零售业对外开放现状、问题与对策建议

表4-3　限额以上零售业企业基本情况和商品购销存情况

指标 \ 年份	2008	2009	2010	2011	2012
零售业法人企业单位数（个）	3305	3585	4613	5139	5450
零售业年末从业人数（人）	381316	403754	482138	529545	574886
零售业商品购进总额（亿元）	3455.2	3568.7	4968.3	6058	6520.6
零售业进口额（亿元）	NA	130.3	228.1	355.6	326.5
零售业商品销售总额（亿元）	4264.6	4688.4	6099.8	6988.2	7652.6
零售业出口额（亿元）	NA	7.9	10.4	21.5	19.2
净出口额（亿元）	NA	-122.4	-217.7	-334.1	-307.3
零售业商品库存总额（亿元）	410.5	373.3	541.4	656.2	770.6

注：NA表示当年该数据缺失。
资料来源：国家统计局网站。

其次，是广东省零售业的对外开放情况。仍然从零售业的进口额来看，2009~2012年，其走势延续了零售业法人单位数、从业人数和商品购进总额的上升态势。2009年，广东省零售业进口额为130.3亿元，2010年上升至228.1亿元，到了2011年，其继续上升至355.6亿元。截至2012年，广东省零售业进口额比2011年虽略有下降，但仍然维持在300亿元关口，该年数据为326.5亿元。再从出口情况来看，广东省零售业出口额在2009年为7.9亿元，在随后的三年里，其走势也呈现出明显的增长态势。2010年，其上升至10.4亿元，在其后的2011年，其首次突破20亿元大关，为21.5亿元。截至2012年，其为19.2亿元，相比2011年略有下浮。

需要我们注意的是，从零售业的净出口数据来看，广东省零售业净出口在2009~2012年，皆呈现出非常明显的逆差。以2009年为例，在该年，广东省零售业净出口额为-122.4亿元。从以后几年的走势看，该逆差的幅度进一步扩大。2010年，其为-217.7亿元，2011年首次突破300亿元大关，在该年广东省零售业净出口额的逆差达到了334.1亿元。截至2012年，虽然与2011年相比略有下降，但其逆差额仍然高达307.3亿元。

第三，从批发和零售业的比较来看。从法人单位数、从业人员数和商品购进总额来看，广东省批发业和零售业自2008年至今都呈现出相同的递增态势。但就对外开放的情况来说，两个行业在进口额与出口额的总量上走势也基本相同，即2008~2012年基本维持了稳定增长的发展趋势。但在净出口方面，二者的走势截然不同。批发业的净出口在此期间为顺差，而零售业却呈现出明显的逆差走势。从批发业和零售业的内涵特征以及结合广东省省域经济和社会发展的情况来看，这基本可以说明两个问题。其一，广东省作为我国外向型经济发展较好的沿海开放城市之一，其在传统制造业具有其他省份无法比拟的绝对优势。与此同

时,作为沿海开放地区,其经济的外向型依存度较高,其省内具有的航运、铁路、航空以及靠近港澳的地理区位优势,使其成为全国乃至世界级的商品批发流转中心。实际上,关于这一结论,我们也可以从每年的"广交会"得到佐证。其二,零售业净出口的逆差也基本符合我们的经济直觉。实际上,随着近些年我国经济的飞速增长,国民生活水平和质量都与过去发生了翻天覆地的变化,这种变化直接催生了居民对各种消费品的改善性需求。作为我国经济发达地区的广东省,居民的购买力更是明显优于内陆落后地区。因此,这一变化和区别反映在零售业领域,即是零售业的对外贸易逆差。

(二) 广东省批发和零售业"引进来"概况

众所周知,对外开放从理论高度的解释即是一国或一地区将封闭或半封闭的国内市场打开,使其融入国际市场,参与国际分工的过程。那么,不难理解,这一进程势必伴随着两个必然要走的步骤,即"引进来"和"走出去"。从已有研究文献来看,实施"引进来"与"走出去"是一国或一地区实施对外开放的不二之选。

从广东省批发和零售业对外开放的"引进来"问题来看。首先,这是我国批发和零售业对外开放的整体环境。我们从中国连锁经营协会处得到了2013年全球主要外资连锁企业在华的经营情况,如表4-4所示。

表4-4 2013年主要外资连锁企业在华经营情况

序号	2012年排名	企业品牌名称	2013年销售额(万元)	销售增长率(%)	2013年门店总数(个)	门店增长率(%)
1	1	大润发	8012000	10.6	264	20.5
2	2	沃尔玛	7221464	24.5	407	3.0
3	3	百胜	5020000	-3.8	6000	15.4
4	4	家乐福	4670588	3.2	236	8.3
5	5	五星电器	2660383	10.0	189	-25.0
6	6	特易购乐购	*2050000	2.5	144	29.7
7	7	百盛	*2045299	4.3	58	20.8
8		金鹰购物中心	1879138	0.7	27	-3.6
9	8	麦德龙	1750000	-5.0	110	11.1
10	9	乐天玛特	*1550000	-5.0	110	11.1
11	10	欧尚	1509074	7.0	59	9.3
12	11	新世界	*1480000	14.7	41	5.1
13	13	郑州丹尼斯	1420000	16.4	181	25.7
14	12	卜蜂莲花	1374982	0.5	77	2.7
15	14	屈臣氏	*1350000	12.5	1600	6.7

第四章 广东省批发和零售业对外开放现状、问题与对策建议

续表

序号	2012年排名	企业品牌名称	2013年销售额（万元）	销售增长率(%)	2013年门店总数（个）	门店增长率(%)
16		华地国际	1340140	16.2	46	9.5
17	15	麦当劳	*1030000	14.4	1750	16.7
18	16	永旺	876782	8.5	44	22.2
19	17	宜家家居	821487	17.3	14	16.7
20	18	伊藤洋华堂	726625	-2.9	14	7.7
21	19	百佳超市	376007	-7.8	65	27.5
22		全家便利店	370000	27.6	1064	5.2
23	20	易买得	*225000	-6.3	15	-6.3
	合计		49758968	8.4	12480	12.2

注：数字前面带*表示该数据为估计值。百强统计采用销售规模口径，包括门店含税销售额和企业批发含税销售额，其中门店包括直营店、加盟店、以公司品牌输出管理的连锁店。销售规模的统计不包括内部交易、企业的批发市场交易额、汽车、加油站及农资等生产资料销售额。

资料来源：中国连锁经营协会网站。

从2013年主要外资企业在华经营情况来看，我国批发和零售业市场整体的对外开放程度已相当高，外资品牌大量涌入中国。以2012年排名第一的连锁企业大润发为例，其在2013年的销售额为801.2亿元，销售增长率环比增长为10.6%。2013年在全国的门店数为264个，同期的门店环比增长率为20.5%。再以排名第二的沃尔玛为例，其在2013年的销售收入为722.1464亿元，年销售收入环比增长率为24.5%，2013年在中国的门店数为407个，门店增长率为3.0%。排在排名榜第三位的是百胜公司，其在该年的销售收入达到了502亿元，门店个数为外资连锁企业在华之最，高达6000个。在该年，虽然其销售收入增长率有所下降，但其门店增长率环比仍然高达15.4%。此外，外资连锁批发零售业企业家乐福在2013年的排名为第四位，其在2013年的销售收入为467.0588亿元，年销售收入增长率为3.2%，门店数为236个，门店环比增长率为8.3%。同时，从总量来看，2013年主要外资企业在华销售额为4975.8968亿元，门店总数为12480个，其环比增长率分别为8.4%和12.2%。

因此，我们基本可以得出一个结论，即中国批发和零售业已经在宏观层面基本形成了一个全方位、多角度的对外开放格局。

其次，从广东省批发和零售业的外资企业来看。我们以2008年中国连锁百强企业外资零售企业在广东经营情况为例展开分析。如表4-5所示，外资连锁零售业最早进入广东省的企业是中国香港地区的连锁企业百佳超市，其早在1984年即在珠三角地区攻城略地。截至2008年，其在珠三角地区的门店总数达到了38个，珠三角门店数占总门店数的比例高达88.4%。紧随其后的是法国家乐福公司，其早在1995年即进入了珠三角地区。截至2008年，其珠三角的门店数为

17个，珠三角门店个数占总门店数的比例为12.7%。美国零售业连锁企业沃尔玛也在1996年开始在珠三角地区谋划布局，截至2008年，其在珠三角地区的门店数为20个，占总门店数比例为16.3%。随后进入珠三角地区的是台湾地区的零售连锁企业好又多，其进入珠三角地区的时间为1997年，截至2008年，其在珠三角地区的门店数为26个，珠三角门店数占总门店数的比例为25%。除此之外，泰国零售业连锁企业易初莲花也在1997年进入珠三角地区。截至2008年，其在珠三角地区的门店数为9个，占总门店数的比例为11.8%。

表4-5 2008年中国连锁百强——外资零售企业名单

排名	企业名称	来源地区	中国总部	销售规模（万元）	门店总数（个）	进入珠三角时间	珠三角门店数（个）	珠三角门店占比（%）
6	家乐福	法国	上海	3381912	134	1995年	17	12.7
7	大润发	中国台湾	上海	3356700	101	2004年	8	7.9
9	沃尔玛	美国	深圳	2782197	123	1996年	20	16.3
19	好又多	中国台湾	广州	1640000	104	1997年	26	25
24	乐购	中国台湾	上海	1350000	61	2005年	4	6.5
25	易初莲花	泰国	广州	1300000	76	1997年	9	11.8
26	麦德龙	德国	上海	1264631	38	2005年	4	10.5
44	百安居	英国	上海	700000	67	1999年	9	13.4
59	百佳超市	中国香港	深圳	396001	43	1984年	38	88.4
71	宜家家居	瑞典	上海	270000	6	1998年	2	33.3

注：最后一列珠三角地区门店数与总门店数的比例是指中国总门店数。
资料来源：王洛林：《中国服务业开放与发展：特点与区域分析》，经济管理出版社，2009年。

通过以上分析，我们不难得出一个结论，即在批发和零售业整体对外开放格局日益成型的大背景下，广东省批发和零售业在引入外国连锁企业进入本省管辖区域发展方面，取得了十分喜人的成绩。换句话说，广东省批发和零售业在实施"引进来"战略方面，取得了令人欣喜的成绩。

（三）广东省批发和零售业"走出去"概况

在前文的分析中我们已经指出，在衡量一国或一地区的对外开放水平中，"引进来"与"走出去"是两个重要的评价指标。在对广东省批发和零售业对外开放的"引进来"问题进行研究后，我们发现，从该角度来看，在全国批发和零售业对外开放格局基本成型的今天，广东省在该行业的对外开放也进入了一个新的阶段。但是，对"走出去"的研究更能全面综合地衡量一国或一地区对外开放的真实水平。因此，接下来，我们对广东省批发和零售业对外开放的"走出去"

情况进行研究。

鉴于微观层面的数据较难获得，我们从中国连锁经营协会处得到了2013年全国B2C网站的购物排名情况，并根据各公司的国际化战略和实践制作了表4-6。之所以选择B2C网站作为衡量广东省批发和零售业"走出去"战略的现状，原因有两点：其一，广东省批发和零售业的传统行业，如卖场、超市和批发市场的

表4-6 2013年部分B2C购物网站销售规模排名

序号	B2C网络购物网站名称	销售规模（万元）	经营范围	类型	总部所在地	国际化方式或者募股融资的方式选择
1	天猫	*22000000	综合百货	平台型	杭州	阿里巴巴集团港交所
2	京东	*11000000	综合百货	自营为主	北京	美国纳斯达克上市
3	小米	3160000	手机为主	自营	北京	吸纳国外职业经理人
4	苏宁易购	2189000	综合百货	自营为主	南京	深圳证券交易所上市
5	亚马逊中国	*1460000	综合百货	自营为主	西雅图	美国纳斯达克上市
6	易迅网	*1200000	综合百货	自营为主	上海	腾讯加盟港交所
7	1号店	*1154000	综合百货	自营为主	上海	NA
8	唯品会	*1045000	名品折扣	自营	广州	NA
9	QQ网购	*885000	综合百货	平台型	深圳	腾讯港交所
10	凡客	*850000	服装服饰	垂直型	北京	众包合作平台
11	当当网	*802020	综合百货	平台型	北京	美国纽约证券交易所
12	聚美优品	*600000	化妆品	自营	北京	美国纽约证券交易所上市
13	国美在线（含库巴网）	325720	综合百货	自营为主	香港	国美电器港交所上市
14	乐峰网	*250000	化妆品	自营	北京	NA
15	迪信通移动生活商场	*200000	手机	自营	北京	与国际知名手机厂商建立合作同盟
16	我买网	*130000	食品	自营为主	北京	中粮集团旗下三家港交所上市公司
17	宏图三胞·慧买网	*100000	3C	自营	南京	NA
18	银泰网	*85000	时尚百货	自营为主	北京	银泰百货投资香港联交所上市
19	优购网	*80000	鞋帽箱包	自营	NA	香港上市公司百丽国际旗下购物网站
20	梦芭莎	*63609	服装服饰	自营为主	广州	签约UPS和法、韩设计公司

注：①数字前面带*为估计值，由公开资料搜集整理或经行业评估确定，其余为企业自报或年报数据；②本表后两列资料为作者根据各企业网站和公司年报及网络新闻报道资料整理而得；③NA表示当年该数据缺失。

资料来源：中国连锁经营协会网站。

资料较难搜集,同时鉴于商业保密性的考虑,该类企业的中长期发展战略一般秘不示人;其二,随着计算机网络技术的飞速发展,电子商务在某种程度上正在成为新一代年轻人购物的主要渠道,同时,电子商务企业的内涵特征也决定了其比传统批发和零售企业拥有更加便捷的开拓国际市场的基础优势。

不难看出,2013年,全国排名前20的电子商务网站中,中国电子商务网站的产品销售范围主要以综合百货、手机、名品折扣、服装服饰、化妆品、时尚百货、鞋帽箱包等为主。而从经营类型来看,主要以自营型为主,辅之以垂直型、平台型等经营模式。而从总部所在地看,在北京的居多,剩下分别分布在杭州、南京、上海、广州、深圳等地。此外,从国际化的发展模式与企业国际化战略的执行情况来看,其在美国纳斯达克上市的有2家,在纽交所上市的有2家,在港交所上市的有7家,剩下在中国境内上市的有1家,而部分其他企业则选择引入国际知名同行企业经理人和充分利用国际市场资源进行服务外包等方式进军国际市场。

而对于广东省来说,从表4-6的企业排名中可以看出,总部位于广州的企业只有唯品会和梦芭莎两家企业。从其在全国的横向比较来看,其在全国的排名分别位于第8位和第20位。从其销售规模来看,唯品会在2012年的销售额为104.5亿元,梦芭莎的销售额为6.36亿元。从其经营范围来看,唯品会以名品折扣为主,梦芭莎以服装服饰为主。从其经营模式来看,其皆是以自营为主。从国际化方式和进入国际市场的选择来看,唯品会的相关资料缺失,而据公开资料来看,梦芭莎主要采用了两种模式进军国际市场:首先是战略签约UPS,成为国内第一家利用国外物流企业进行国际物流的国内电商;其次是采用法国和韩国的设计团队,利用服务外包获取最新的国际设计咨询。

就横向比较我们不难发现,在衡量批发和零售业企业"走出去"战略时,广东省内批发和零售业电子商务企业的发展差距明显落后于北京和长江三角洲地区。这与前文分析的批发和零售业企业"引进来"战略中,广东省走在全国前列的状态形成了鲜明的对比。这也再次提示我们,在对外开放的过程中,广东省需要有针对性地出台"走出去"的相关企业扶持政策,同时在总部经济发展方面下大力气,实施"引进来"与"走出去"两条腿走路的对外开放战略。

三、广东省批发和零售业对外开放度的测算

从现有文献来看,对一国或一地区某一行业开放度的研究,对外贸易和外商直接投资是两个最重要的视角。但与研究其他行业的对外开放情况相同,受我国

第四章 广东省批发和零售业对外开放现状、问题与对策建议

统计制度所限,省际层面的服务业细分行业国际贸易的数据较难获得。因此,我们采用了分行业年度实际利用外资额的省际数据,对广东省批发和零售业对外开放情况进行分析。

如表4-7所示。首先,从我国服务业大发展的元年——1992年开始看,从广东省批发和零售业实际利用外资额来看,该行业实际利用外商直接投资额仅为48.09亿元,而在紧随其后的1993年,该数据迅速攀升至429.27亿元,环比增长7.78倍。相比之下,1993年广东省的GDP为3469.28亿元,与1992年相比环比增长2.33倍。而从对外开放度来看,1992年,广东省批发和零售业的对外开放度系数为0.0462,到了1993年,其增长至0.1237,环比增长1.68倍。

表4-7 广东省批发和零售业对外开放度一览表　　　　单位:亿元

年份	批发和零售业FDI	GDGDP	对外开放度
1990	98.01	500.21	0.1959
1991	46.47	774.08	0.0600
1992	48.09	1040.34	0.0462
1993	429.27	3469.28	0.1237
1994	1464.70	4619.02	0.3171
1995	1197.41	5933.05	0.2018
1996	1543.32	6834.97	0.2258
1997	1630.77	7774.53	0.2098
1998	1764.44	8530.88	0.2068
1999	2335.31	9250.68	0.2524
2000	1994.10	10741.25	0.1856
2001	1993.76	12039.25	0.1656
2002	2023.64	13502.42	0.1499
2003	3670.60	15844.64	0.2317
2004	590.55	18864.62	0.0313
2005	1599.18	22557.37	0.0709
2006	2683.15	26587.76	0.1009
2007	5138.33	31777.01	0.1617
2008	7859.84	36796.71	0.2136
2009	13288.14	39482.56	0.3366
2010	13467.24	46013.06	0.2927
2011	13587.89	53210.28	0.2554
2012	17584.92	57067.92	0.3081

资料来源:国家统计局网站与1991~2013年《广东省统计年鉴》。

其次，从我国汇率双轨制并轨改革的 1994 年来看。在该年，广东省批发和零售业的外商直接投资实际利用额为 1464.70 亿元，比 1993 年环比增长 2.41 倍。相比之下，该年的广东省国内生产总值为 4619.02 亿元，与 1993 年相比，环比增长 0.33 倍。可以看出，汇率并轨给国际资本流动带来的影响，使得批发和零售业的国外资本大量涌入。在该年，广东省批发和零售业的对外开放度为 0.3171，与 1993 年相比，环比增长 1.56 倍。

最后，从 2004 年来看，众所周知，在该年我国开始实施以市场供求为基础的汇率制度改革。从数据来看，2004 年，实际利用外资额与 2003 年相比从 3670.60 亿元陡然降至 590.55 亿元，对外开放度从 0.2317 下降至 0.0313。这一数据在随后的 2005 年又迅速出现改观，在该年，广东省批发和零售业的实际利用外商投资额为 1599.18 亿元，与 2004 年相比，环比增长 1.71 倍，而同期的对外开放度为 0.0709，与 2003 年的 0.0313 相比，环比增长 1.27 倍。

此外，在美国发生次贷危机的 2008 年，广东省批发和零售业外商实际投资实际利用额为 7859.84 亿元，同期的对外开放度指数为 0.2136。这一数据与 2007 年相比，分别上升了 0.53 倍和 0.32 倍。而在随后的 2009 年和 2010 年，从绝对量看，广东省批发和零售业的外商直接投资实际利用额的绝对量并未发生大的变化，并且延续了前期的增长态势，其在 2009 年为 13288.14 亿元、2010 年为 13467.24 亿元。相比之下，其相对量发生了轻微的变动。2009 年，广东省批发和零售业的对外开放度指数为 0.3366，与 2008 年相比，环比上升了 0.58 倍。而 2010 年，其对外开放度指数为 0.2927，与 2009 年的 0.3366 相比，下降了 0.439 个点。截至 2012 年，广东省批发和零售业的外商直接投资实际利用外资额达到了自 1990 年以来的最高峰，为 17584.92 亿元，对外开放度指数为 0.3081。

而从广东省批发和零售业对外开放度的历年走势图来看，如图 4-1 所示。受宏观经济政策和国际市场环境的影响，其走势虽然呈现出阶段性的波峰和低谷，但从拉长的动态区间来看，其走势仍然呈现出非常明显的上升趋势。这说明，自 1990 年以来，广东省批发和零售业的对外开放程度在不断提升。结合前文的分析，我们认为，广东省批发和零售业的全方位、市场化的开放格局已经基本成型。

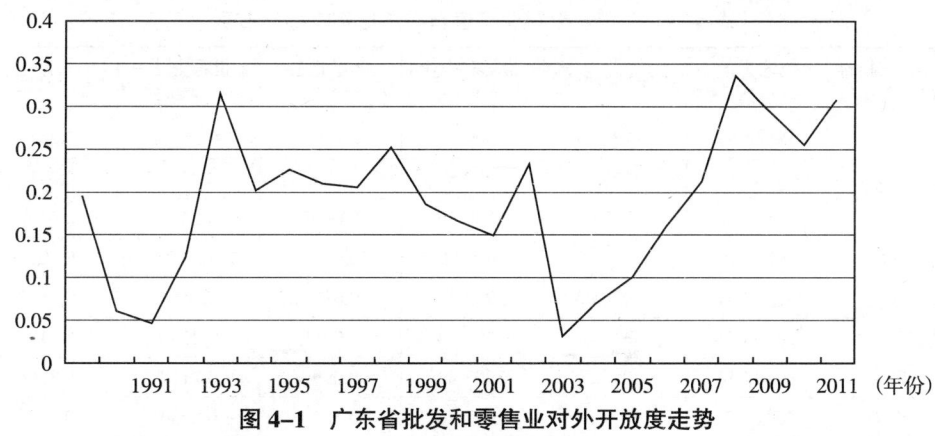

图 4-1　广东省批发和零售业对外开放度走势

资料来源：国家统计局网站与 1991~2013 年《广东省统计年鉴》。

四、批发和零售业对外开放对广东省的影响

通过前文对广东省批发和零售业对外开放的原因与现状的分析，使我们从宏观上对广东省批发和零售业的对外开放有了一个初步的认识。从现代经济增长理论我们可知，开放是一国或一地区经济增长的必要条件。因此，在广东省批发和零售业对外开放格局基本成型的今天，深入研究批发和零售业对外开放对广东省经济社会的可能影响，具有重要的理论和政策意义。

（一）从产值来看

如表 4-8 所示，2003 年，广东省的批发和零售业行业增加值为 2009.33 亿元，同期的广东省国内生产总值为 15844.64 亿元、三产增加值为 7178.94 亿元。批发和零售业占总产值的比例为 12.68%、占三产的比重为 27.99%。而从该年的行业开放度来看，广东省批发和零售业对外开放度为 0.2317。这些数据到了 2005 年皆发生变化，从地区生产总值、第三产业增加值与批发和零售业增加值来看，其绝对值皆呈现出明显的增长态势。但从相对值来看，批发和零售业占总产值的比重在 2005 年下降到了 0.0998，占第三产业总产值的比重下降到了 0.2303，而同期的开放度也下降到了 0.0709。

表 4-8 广东省批零业产值与相关比例指标一览表　　　单位：亿元

年份\指标	地区生产总值	三产增加值	批发零售业增加值	批零业占总产值比	批零业占三产比	开放度
2003	15844.64	7178.94	2009.33	0.1268	0.2799	0.2317
2004	18864.62	8335.3	1989.53	0.1055	0.2387	0.0313
2005	22557.37	9772.5	2250.66	0.0998	0.2303	0.0709
2006	26587.76	11585.82	2606.79	0.0980	0.2250	0.1009
2007	31777.01	14076.83	2912.3	0.0916	0.2069	0.1617
2008	36796.71	16321.46	3476.44	0.0945	0.2130	0.2136
2009	39482.56	18052.59	3907.43	0.0990	0.2164	0.3366
2010	46013.06	20711.55	4647.76	0.1010	0.2244	0.2927
2011	53210.28	24097.7	5681.17	0.1068	0.2358	0.2554
2012	57067.92	26519.69	6333.62	0.1110	0.2388	0.3081

资料来源：国家统计局网站和相关年份《广东省统计年鉴》。

这就不难得出一个经济直觉，即开放度与批零业同期占总产值和第三产业总产值之间是否存在着一种正向的线性关系？带着这个疑问，我们进行下面的分析，在后续的 2007 年，各项数据继续呈现出相同的走势。再以 2010 年为例，该年地区生产总值、第三产业增加值和批发与零售业总产值的绝对量继续呈现出递增的走势，与此同时，同期占比的变化分别为，批零业占总产值比为 0.1010、占第三产业比为 0.2244，这一数据和 2007 年皆呈现出明显的增长态势，而开放度在 2007 年为 0.1617，在该年为 0.2927。

截至 2012 年，批零业同期占比分别为 0.1110 和 0.2388，开放度为 0.3081。与 2010 年相比，三个数据也表现出非常明显的同步现象。至此，我们基本可以得出一个结论，即开放度与行业产值和行业占比的走势基本一致。实际上，如果从行业内部关联的理论展开深入分析，我们也不难得出二者是互为因果促进的关系。

（二）从投资来看

我们以分行业固定资产投资数据为例，如表 4-9 所示。从 2004 年的数据来看，从绝对值来看。在该年，全社会固定资产投资额为 5870.02 亿元，服务业吸纳固定资产投资额为 3550.48 亿元，而相比之下，批发和零售业吸纳固定资产投资额为 53.59 亿元。从相对值来看，批零业占全社会固定资产投资比为 0.0091，占服务业总投资比为 0.0151。同期广东省批发和零售业的对外开放度为 0.0313。

第四章 广东省批发和零售业对外开放现状、问题与对策建议

表4-9 广东省批零业投资及相关比例指标一览表　　　单位：亿元

年份 指标	全社会固定资产投资	服务业	批发零售业	全社会比	服务业比	开放度
2003	4813.2	3085.93	49.32	0.0102	0.0160	0.2317
2004	5870.02	3550.48	53.59	0.0091	0.0151	0.0313
2005	6977.93	3825.97	77.23	0.0111	0.0202	0.0709
2006	7973.37	4628.59	116.49	0.0146	0.0252	0.1009
2007	9294.26	5723.25	134.92	0.0145	0.0236	0.1617
2008	10868.67	6834.03	175.64	0.0162	0.0257	0.2136
2009	12933.12	8313.36	209.9	0.0162	0.0252	0.3366
2010	15623.7	10150.1	273.6	0.0175	0.0270	0.2927
2011	17069.2	11216.02	421.94	0.0247	0.0376	0.2554
2012	18751.47	12347.97	479.58	0.0256	0.0388	0.3081

资料来源：国家统计局网站和相关年份《广东省统计年鉴》。

为了探究开放与投资之间可能存在的线性关系，我们继续以后续的数据展开分析。到了2007年，从绝对量来看，全社会固定资产投资为9294.26亿元，服务业总固定资产投资为5723.25亿元，批发和零售业的固定资产投资为134.92亿元。从相对值来看，批零业占全社会总固定资产投资比为0.0145，占服务业总固定资产投资比为0.0236。同期的开放度为0.1617。不难发现，无论是从同期的绝对值来看，还是从相对值来看，其都呈现出非常明显的同时递增的发展走势。

截至2012年，广东省全社会固定资产投资、服务业固定资产投资与批发和零售业固定资产投资的绝对值和前期相比皆呈现出明显的增长态势，并且达到了自2003年以来的历史最高值。在该年，其数值分别为18751.47亿元、12347.97亿元和479.58亿元。而同期的占比情况为，批零业占全社会总固定资产投资的比例为0.0256，占服务业总固定资产投资的比例为0.0388，与前期相比，该数据也同样呈现出明显的递增趋势。再看该年的开放度指标，2013年，广东省批发和零售业的对外开放度为0.3081，与2010年的0.2927和2011年的0.2554相比，其同样呈现出非常明显的增长态势。

至此，我们基本可以得出一个结论，即开放度与行业固定资产投资之间存在着显著的线性关系。换言之，开放度促进了行业固定资产投资。

（三）从就业来看

接下来，我们从就业的角度分析开放对广东省批发和零售业的可能影响，如表4-10所示。为了探究批发和零售业对外开放度与就业之间可能存在的线性关系，我们从历史的维度展开分析，试图准备把握二者之间的数量变化趋势。

表 4–10 广东省批零业就业人数及相关比例指标一览表   单位：万人

年份 \ 指标	城镇就业总人数	服务业城镇就业总人数	批零业城镇就业人数	占城镇总就业人数比	占服务业总就业人数比	开放度
2003	1205.43888	582.4841984	54.309536	0.0451	0.0932	0.2317
2004	1210.9024	584.616832	54.52128	0.0450	0.0933	0.0313
2005	1195.502	578.24736	52.5344	0.0439	0.0909	0.0709
2006	1172.09	568.1028	50.572	0.0431	0.0890	0.1009
2007	1144.72	556.744	48.95	0.0428	0.0879	0.1617
2008	1007.87	499.95	40.84	0.0405	0.0817	0.2136
2009	1055.03	517.38	40.76	0.0386	0.0788	0.3366
2010	1118.5	546.4	42.6	0.0381	0.0780	0.2927
2011	1238.22	595.28	55.58	0.0449	0.0934	0.2554
2012	1303.98	624.71	64.97	0.0498	0.1040	0.3081

资料来源：国家统计局网站和相关年份《广东省统计年鉴》。

首先，以 2003 年为例，在该年，广东省城镇就业总人数为 1205.44 万人，服务业城镇就业总人数为 582.48 万人，而批零业城镇就业总人数为 54.31 万人。从同期的比重来看，批发和零售业总就业人数占广东省城镇总就业人数的比重为 0.0451，占服务业总就业人数的比重为 0.0932。再从开放度来看，该年的广东省批发和零售业对外开放度为 0.2317。

其次，从 2007 年来看，广东省批发和零售业城镇就业总人数在该年的数据为 48.95 万人，同期广东省城镇就业总人数为 1144.72 万人，服务业城镇就业总人数为 556.74 万人。从绝对值来看，这三个数据与 2003 年相比皆呈现出明显递增的发展趋势。而从相对值来看，2007 年，广东省批零业占城镇总就业人数的比重为 0.0428，占服务业总就业人数的比重为 0.0879，与 2003 年相比，其呈现出明显的下降趋势。相比之下，该年广东省批零业的对外开放度为 0.1617，与 2003 年相比，其下降了 0.07。这说明，从相对量的比重走势来看，开放度与同期占比的走势基本一致。

最后，我们从 2010 年的数据来看，在该年，城镇就业总人数为 1118.5 万人，服务业城镇就业总人数为 546.4 万人，而批零业城镇总就业人数为 42.6 万人。与 2007 年相比，其略有下降。但从相对量来看，广东省批发和零售业就业人数占城镇总就业人数的比重在 2010 年为 0.0381，占服务业总就业人数的比重为 0.0780，这两个数据与前期的 2009 年相比，呈现出明显的下降趋势。与此同时，该年的开放度数据为 0.2927，与 2009 年的 0.3366 相比，也呈现出非常明显的下降趋势。

截至 2012 年，广东省批发和零售业的总就业人数为 64.97 万人，占同期城镇总就业人数和服务业城镇总就业人数的比重分别为 0.0498 和 0.1040。这一数据与前期的 2010 年和 2011 年相比，皆呈现出明显的递增态势。而在当年，广东省批零业的开放度为 0.3081，与 2010 年和 2011 年相比，同样呈现出非常明显的增长趋势。

至此，我们不难得出一个基本结论，即广东省批发和零售业的就业人数与广东省批发和零售业的对外开放度之间存在着非常明显的同步线性关系，二者的走势基本相同。换句话说，广东省批发和零售业的对外开放，促进了该行业就业人数的增加。

五、广东省批发和零售业对外开放中存在的问题

前文对广东省批发和零售业的发展与对外开放的现状以及批零业对外开放对广东省批零业的产值、投资和就业三个方面的影响展开了分析。研究发现，开放对广东省的经济社会发展具有重要的促进作用。但是，就批零业内部对外开放的实际情况来说，其也存在部分可以完善的地方。接下来，我们拟专门针对广东省批零业对外开放中存在的问题展开专题讨论。受统计制度所限，我们以批发和零售业按行业和登记类型划分的法人单位数为例，对广东省批发和零售业对外开放中存在的问题展开分析。

（一）从合作方式来看

从合作方式来看，如表 4-11 所示。首先，从广东省批发和零售业按登记注册类型划分的法人单位数为例，其在 2006 年的数据为 337393 个，而批零业的总数为 123703 个，同期占比为 36.66%。这一数据在后续几年里呈现出明显的增长趋势，如在 2009 年，广东省第三产业法人单位数为 459585 个，而批零业的法人单位数为 172052 个，占同期三产总数的比重为 37.44%。截至 2012 年，广东省批发和零售业的法人单位数为 285381 个，占同期第三产业总数的比重也达到了历史最高峰，为 42.71%。

但是，总量繁荣的背后，同样存在着内资和外资占比严重不均衡的现象。从表 4-11 中内资企业和外资企业的法人单位数的绝对值和相对值来看，这一差距是十分惊人的。比如在 2006 年，广东省批发和零售业内资企业的法人单位数为 121665 个，占第三产业总法人单位数的比重为 36.06%。而相比之下，同期外资企业的法人单位数仅为 973 个，占比为 0.29%。

从后续几年的数据发展走势来看，内资企业和外资企业的法人单位数和同期

表 4-11 广东省批发和零售业按登记注册类型分组的法人单位   单位：个

年份	总计			内资企业		外资企业（不含港澳台）	
	第三产业	批零业	占比	批零业总计	占三产总比	批零业总计	占三产总比
2006	337393	123703	0.3666	121665	0.3606	973	0.0029
2007	373188	140715	0.3771	137481	0.3684	1427	0.0038
2008	401931	141435	0.3519	138011	0.3434	1425	0.0035
2009	459585	172052	0.3744	167709	0.3649	1760	0.0038
2010	522286	205708	0.3939	200498	0.3839	2082	0.0040
2011	596143	248483	0.4168	242281	0.4064	2390	0.0040
2012	668166	285381	0.4271	278498	0.4168	2613	0.0039
均值	479813	188211	0.3868	183735	0.3778	1810	0.0037

资料来源：相关年份《广东省统计年鉴》。

占比都呈现出明显的递增态势，但内资和外资企业法人单位数的绝对值和相对值的差距仍然非常明显。以 2009 年为例，内资企业法人单位绝对值为 167709 个，占比为 36.49%，而外资企业法人单位的绝对值为 1760 个，占比 0.38%。

截至 2012 年，广东省批发和零售业法人单位数的内资和外资企业的占比数据分别是 41.68% 和 0.39%。至此，我们基本可以得出一个结论，即在广东省批发和零售业的法人单位中，内资仍然占据着绝对的主导地位，外资法人单位在整个行业中的比重微乎其微。这带给我们的政策启示是，在对外开放的过程中，要注重外资法人单位的引入。

（二）从资金来源地来看

接下来，我们从资金的来源地角度对广东省批发和零售业对外开放的过程中存在的问题展开分析。按照我国统计制度的划分，外商投资企业按照资金来源地划分为两类。其一是来源于香港、澳门和台湾三个地区的资金；其二是来源于除了这三个地区外的其他国家或地区的外商投资资金。

如表 4-12 所示。在按登记注册类型划分的法人单位数中，来源于港、澳、台地区的法人单位数无论在绝对值还是在相对值方面都要显著高于外商投资企业法人单位数。以 2006 年为例，在该年，广东省批发和零售业中，港、澳、台商投资企业法人单位数为 1065 个，占批零业总数的比重为 0.86%。然而，相比之下，外商投资企业的法人单位数为 973 个，占批零业总数的比重为 0.79%。

这一趋势在后续的几年里得到了延续，在 2009 年，广东省批发和零售业按登记类型划分的法人单位数中，港、澳、台商投资企业的绝对值为 2583 个，占同期批零业总法人单位数比重为 1.5%。而相比之下，外商投资企业在该年的绝对数为 1760 个，占比为 1.02%。截至 2012 年，港、澳、台三地的法人单位数占

表 4–12　广东省批发和零售业按登记注册类型分组的法人单位　　单位：个

类别 年份	批零业总计	港、澳、台商投资企业		外商投资企业	
		总计	占比	总计	占比
2006	123703	1065	0.0086	973	0.0079
2007	140715	1807	0.0128	1427	0.0101
2008	141435	1999	0.0141	1425	0.0101
2009	172052	2583	0.0150	1760	0.0102
2010	205708	3128	0.0152	2082	0.0101
2011	248483	3812	0.0153	2390	0.0096
2012	285381	4270	0.0150	2613	0.0092
均值	188211	2666	0.0137	1810	0.0096

资料来源：相关年份《广东省统计年鉴》。

比为1.5%，外商投资企业法人单位数占比为0.92%。

因此，从数据的直观结果来看，港、澳、台三地的投资企业法人单位数在总量和绝对量上都明显高于外商投资企业。这说明，截至目前，在广东省批发和零售业的外商直接投资中，来自港、澳、台的资金仍然占据着行业内外资的主导地位。

（三）从外资进入中国的方式来看

众所周知，按照我国法律和"入世"承诺的相关规定，外商投资企业进入中国的模式主要有以下两种：外商独资、中外合资。各种不同的合作方式除了受制于合作企业双方的企业利益之外，受合作双方法律环境和经济政策的影响同样巨大。因此，从合作方式上，基本可以反映出当时的经济政策环境和资金引入国对外商投资的态度，以及资金引入国的外资结构。

首先，从港、澳、台商投资企业来看。如表 4–13 所示，从 2006~2012 年的均值数据来看，港、澳、台商独资经营企业以 2230.57 个排名第一，而合资经营企业以 286.86 个排名第二，港、澳、台商投资有限公司以 78.71 个排名第三。

表 4–13　广东省批发和零售业按登记注册类型分组的法人单位（港、澳、台商投资企业）
单位：个

类别 年份	港、澳、台商投资企业总计	合资经营企业（港、澳、台资）	合作经营企业（港、澳、台资）	港、澳、台商独资经营企业	港、澳、台商投资股份有限公司	其他港、澳、台商投资
2006	1065	182	59	810	14	NA
2007	1807	256	59	1461	31	NA
2008	1999	217	54	1661	67	NA

续表

年份 \ 类别	港、澳、台商投资企业总计	合资经营企业（港、澳、台资）	合作经营企业（港、澳、台资）	港、澳、台商独资经营企业	港、澳、台商投资股份有限公司	其他港、澳、台商投资
2009	2583	257	59	2187	80	NA
2010	3128	293	59	2675	101	NA
2011	3812	375	67	3233	117	20
2012	4270	428	69	3587	141	45
均值	2666.29	286.86	60.86	2230.57	78.71	32.50

注：NA 表示当年该数据资料缺失。
资料来源：相关年份《广东省统计年鉴》。

可以看出，在港、澳、台资金投资法人单位中，独资经营占据着主导地位，紧随其后的是合资经营企业。这也说明，鉴于广东省邻近港澳的区位优势，在广东省批发和零售业外资投资方式中，对港、澳、台的资金限制较少。换句话说，港、澳、台资金可以在法律法规允许的框架内，自由开展经营活动。

其次，从外商投资企业来看。如表 4-14 所示，在广东省批发和零售业外商投资企业中，2006~2012 年，从均值来看，外资企业以 1298.43 个名列第一。而随之其后的是中外合资经营企业，为 364 个。此外，中外合作经营企业以 71.71 个排名第三，外商投资股份有限公司排名第四，为 68.57 个。

表 4-14 广东省批发和零售业按登记注册类型分组的法人单位（外商投资企业）

单位：个

年份 \ 类别	外商投资企业总计	中外合资经营企业	中外合作经营企业	外资企业	外商投资股份有限公司	其他外商投资
2006	973	361	83	505	24	NA
2007	1427	438	95	848	46	NA
2008	1425	255	58	1053	59	NA
2009	1760	309	56	1319	76	NA
2010	2082	368	66	1569	79	NA
2011	2380	400	73	1814	93	NA
2012	2613	417	71	1981	103	41
均值	1800.00	364.00	71.71	1298.43	68.57	41.00

注：NA 表示当年该数据资料缺失。
资料来源：相关年份《广东省统计年鉴》。

最后，从港澳资金合作方式的对比来看，可以很容易发现，从广东省批发和零售业外资进入中国的方式来看，港澳资金比外商直接投资资金在该行业内具有相对的比较优势。这也提示我们，在该行业，广东省资金的来源地相对单一，在未来的政策取向中,这是我们应该重点关注的问题之一。

六、广东省应对批发和零售业对外开放的政策建议

(一) 从宏观的政策层面

现代市场经济理论认为,市场在资源配置中占据着基础性的地位。而关于经济发展中政府和市场的角色定位问题也一直是西方经济学界讨论的热点话题之一。实际上,目前比较公认的一个观点是,要在充分发挥市场在资源配置中的基础性地位的同时,结合"看不见的手"和"看得见的手",将其有效结合。这是促进一国或一地区经济社会发展必备前提条件。

就批发和零售业的行业特征来说,从政府的层面,首先应该加强行业发展规划纲要的编制起草工作。"凡事预则立,不预则废",对于经济社会发展来说更是如此。对于广东省来说,要在加强对省内批发和零售业行业发展阶段和现存特征以及存在的问题的基础上,制定广东省批发和零售业中长期的发展规划和战略,从战略层面对未来一段时间里的行业发展指明道路和发展方向。

其次,从相关扶持政策来看。就广东的情况来说,政府可以在相关行业的财政、税收方面给予一定的减免优惠。在加强市场调研的基础上,制定出差异化和有针对性的行业扶持措施。同时,针对批发和零售业的行业特征,如对现金流和交易场地的需求较大,可以有针对性地在金融方面和物流流通、场地基础设施维护等领域给予足够的扶持措施。

再次,加强对投资资金的引导措施。从广东省的省域经济的发展特征来看,广东省内同样存在着区域经济发展严重不平衡的情况。就批发和零售业的行业区位分布来看,其主要存在于珠江三角洲的城市群,而北部山区、东翼和西翼由于受经济发展水平、人们的购买力水平和地理区位条件所限,在批发和零售业的发展水平上要明显落后于珠江三角洲地区。因此,对于广东省来说,就是要在引入外资时,合理引导其资金的流向,引导资金向发展相对比较落后的地区转移。同时,也要合理引导内资的流动,使其在满足自身逐利性需求的同时,完成从发达地区向落后地区的转移。

最后,从政策的层面来说。政府还可以在科技投入和人力资源培训等方面做好助推广东省批发和零售业对外开放与发展的相关工作。举例来说,在科研投入方面,借助于目前广东省提出的产业转型升级的大方向目标,在批发和零售业行业内部推行行业高科技技术的应用。比如借助于云服务和现代计算机技术的电子

商务，拓展内资企业的市场空间，积极助力批发和零售业企业、借助先进技术实施"走出去"战略。同时，在行业人才培训方面，政府可以在加强企业在职人员培训，健全行业内工作规范的制定和执行措施，完善持证上岗制度。对于业内既存人员实施上岗培训，强化其工作技能。此外，针对行业发展需要，有针对性地开展校企合作，走"产、学、研"相结合的发展道路。加强职业技能学校的招生就业工作，在高校和科研院所有针对性地培养行业的高精尖人才。完善行业发展的人才梯队，为行业的持续、健康、有序发展奠定坚实的基础。

（二）从中观的行业层面

目前，从我国的国情来看，行业层面的自律管理随着我国社会管理方法的进步，已逐渐完善成型。就批发和零售业来说，行业内既存的行业自律性组织有中国连锁经营协会等非政府自律组织，其每年定期发布百强系列表格、特许百强系列名单等行业指标。这对于行业的发展作用主要体现在以下三个方面：第一，代替政府行使部分管理职能，并且由于与相关政府部门相比，其对于行业的了解程度更深，所以能更有针对性地提出建设性的意见和建议。第二，通过行业的交流合作，及时对国内和国际的行业动态进行准备的把握，有利于国内企业认清差距，找准定位，赶超先进。第三，集合业内企业的力量，互帮互助，一则能够通过行业协会这一平台，发出自己的声音，使自己的利益诉求得到实现；二则可以借助业内企业的交流平台，提醒行业内系统性风险的存在，提高行业企业抵御风险的能力。

对于广东省来说，扩大批发和零售业的对外开放，在行业层面，需要做好以下几个方面的工作。

首先，加强行业内企业的交流与合作。在前文的分析中我们也已经指出，批发和零售业企业的显著内涵特征是其对资金流有着非常迫切的需求。对于广东省批发和零售业企业来说，加强行业内部的交流与合作主要体现在提升行业的整体竞争力与避免恶性不良竞争，以及及时提升行业系统性风险三个方面。

其次，要在行业协会的统一指导下，规划行业服务标准。如进行批发和零售业的市场准入机制建设，完善行业不规范行为的惩戒机制。对行业内的人才培训进行统一组织，并且引导企业实施在岗人员技能培训工作。完善持证上岗制度。通过规范企业行为，统一服务标准，提升行业的整体竞争力。

最后，我国批发和零售业对外开放的一个整体环境是我国经济社会发展水平已发生了翻天覆地的变化。广东省处于我国沿海开放地区，作为改革开放的试验田，广东省在经济社会改革方面一直走在全国的前列。因此，对于批发和零售业来说，从行业角度来讲，应该积极利用先进技术和经验来进行行业整体发展和管理模式的创新，这是广东省独特于内陆其他省份的先天优势。而从创新理论的发展我们同样可以得知,在任何一个行业,适当地引入先进资金和技术以及实施商业模式和管理模式的创新再造,将有利于该行业整体发展水平的提升。

(三) 从微观的企业层面

从批发和零售业的行业发展内涵特征来看,批发和零售业企业作为商品生产者和消费者之间的中介组织,其盈利的主要商业模式即通过商品的周转流通赚取差价来实现自身的盈利。因此,这一行业特征决定了批发和零售业在客观上形成了两个层次的流通市场。其一是针对商户或大宗客户的大额商品流通交易的批发业市场;其二是针对小额消费者的零售业市场。因此,对于扩大广东省批发和零售业市场的对外开放路径来说,从微观企业层面,也需要从两个角度进行区分。

第一,批发业企业。批发业企业与零售业企业的最大不同之处在于其面对的客户都是以大额商品交易为主,从行业流通的层次来看,其是零售业的上游企业。对于广东省而言,其省会城市广州每年举行的"广交会"是国内外大宗商品交易的一个重要平台。因此,对于广东来说,发展批发业具有全国其他地区无法比拟的绝对优势。从企业的角度来看,在扩大批发和零售业对外开放的进程中,广东批发企业同样可以大有作为。

具体做法首先是做足内功,通过制定企业的国际化发展战略并坚决执行,积极参与国际竞争,融入国际市场;其次是要积极利用政策优势,如充分利用广东省每年举行的"广交会"这一平台,积极向国外客户推销自己的产品,实施"走出去"战略;最后,对于批发业企业来说,应该制定有差异化的国际化战略,具体而言,除了要继续加大对欧美发达市场的行业调研外,还要有针对性地对非洲、南美等正处于发展上升阶段的国家和地区的行业市场进行研究;积极推销各个市场畅销对路的商品;实现自身发展战略的全球化,在全球竞争中实现自己的利益最大化。

第二,零售业企业。对于零售业企业来说,其行业的内涵特征决定了在行业发展的过程中,其主要受客户的购买力、所在商圈的区域辐射力和商品的价格所影响。鉴于开放与行业产值增加和经济社会发展的重要性已经得到了充足的证明,因此,对于零售业企业来说,扩大开放意味着两个层面的意思:一是要从全球范围内进行商品的采购和销售;二是要在更加广阔的市场范围内谋篇布局。从行业领先公司的发展经验来看,家乐福、沃尔玛等公司的发展模式都是值得借鉴的。

对于广东省来说,在扩大零售业对外开放的过程中,需要做好两个方面的事情:首先是实施"引进来"战略,即鼓励本土零售业企业积极引进适销对路的各种商品,丰富所售商品的种类,使消费者足不出户即可在其处购买到世界各地的商品，满足消费者的购买需求。其次是积极引导零售业企业实施"走出去"战略，鼓励本土零售业企业在力所能及的情况下，通过实施国际化标准战略，提升自身发展实力，积极参与国际市场竞争；到国际市场去开疆拓土，通过实施全球化发展战略，获得更多的利益。

参考文献：

[1] 王洛林主编：《中国服务业开放与发展：特点与区域分析》，经济管理出版社，2009年。

[2] 夏杰长、姚战琪、齐飞：《中国服务贸易竞争力的理论与实证研究》，《中国社会科学院研究生院学报》，2014年第3期。

[3] 李勇坚：《中国本土零售企业控制力研究：基于全球价值链的视角》，《中国流通经济》，2012年第3期。

第五章 广东省住宿和餐饮业对外开放现状、问题与对策建议

曾世宏 张亚明 张颖熙*

【摘要】本章从宏观层面和产业链分工的角度对住宿和餐饮业在国民经济体系中的重要性进行了分析,并从"入世"谈判的视角,分析广东省住宿和餐饮业发展与开放的国际大环境和改革开放的现状以及广东省住宿和餐饮业对外开放与经济社会发展的影响,有针对性地从行业投资结构、外资进入方式和中外合作模式三个角度,对广东省住宿和餐饮业对外开放中存在的问题展开深入分析,提出了广东省住宿和餐饮业进一步扩大对外开放的政策建议。

一、引言

从住宿和餐饮业的行业内涵特征来看,其是直接服务于居民生活消费的服务性行业。在我国实行高度计划经济的时期,对于国民经济的核算长期沿用苏联模式,即物质产品平衡表体系(MPS),在这种模式下,住宿和餐饮业对于经济的重要性一直未曾得到理论界的重视。但实际上,在现代化大生产模式日益成型的今天,行业分工和各行业之间的融合互动导致了各行业之间的联系日渐密切。住宿和餐饮业作为服务于社会消费的行业存在,其对于经济的重要性,一是体现在产业链分工上,如上游的生产资料加工,包括食品、建筑原材料,下游的食品精加工与设计,乃至行业资讯管理等高端专业性服务业。二是体现在其行业存在对于人的物质和精神满足的提升上,住宿和餐饮业的服务档次能显著提高社会居民

---

* 曾世宏,中国社会科学院财经战略研究院博士后、副教授,主要研究方向为服务经济与区域发展战略。张亚明,河南省地方税务局,主要研究方向为服务经济与财税政策。张颖熙,中国社会科学院财经战略研究院副研究员,主要研究方向为服务经济理论与政策。

的幸福指数。这在一定程度上对于经济增长和社会发展的作用更不容小觑。

因此,研究住宿和餐饮业的发展和对外开放同样具有非常重要的福利含义。实际上,从我国的行业发展政策来看,其重要性也早已得到了学界乃至政府层面的重视。在改革开放的初期,住宿和餐饮业成为外资首先涌入的地带。其带来的资金、先进技术和管理经验为我国住宿和餐饮业的发展立下了汗马功劳。

在20世纪90年代初期开始的"入世"谈判时期,我国住宿和餐饮业的对外开放度相比其他行业已高出许多。而在"入世"承诺中,我国政府又专门针对住宿和餐饮业的对外开放做出了如下承诺:对于饭店(包括公寓楼)和餐馆,外商可以合资企业形式在中国建设、改造和经营饭店和餐馆设施,允许外资拥有多数股权。中国在"入世"后4年内,取消限制,将允许设立外资独资子公司。另外,关于外国个人到中国境内提供服务(自然人流动),除服务贸易水平承诺的内容外,还允许与在中国的合资饭店和餐馆签订合同的外国经理、专家包括厨师和高级管理人员在中国提供服务。

实际上,随着我国加入世界贸易组织的时间越来越长,我国服务业的整体开放格局已经基本成型。对于住宿和餐饮业来说,由于其行业内涵所决定的对经济社会的影响力等因素,其在国内的对外开放速度、深度和广度都要明显高于其他对国家经济安全具有一定影响力的相关行业,如金融和商务服务业等。

对于广东省来说,作为我国改革开放的试验田,其在中国波澜壮阔的改革开放历程中一直是全国其他省市改革开放的标兵。就住宿和餐饮业来说,广东省由于邻近港澳,同时又处于南方沿海地区,在外向型经济主导的发展模式下,其社会经济发展一直处于全国的前列。而经济社会的发展催生了居民对住宿和餐饮业的需求,这一需求反过来会促进当地住宿和餐饮业的发展。因此,研究广东省住宿和餐饮业的对外开放,对其发展现状与存在的问题展开深入分析,这不仅对于广东,乃至对于全国住宿和餐饮业的对外开放,都有着极强的参考意义。

二、广东省住宿和餐饮业发展和对外开放现状

按照《国民经济行业分类》(GB/T4754-2002)的标准,在我国的国民经济行业分类中,住宿和餐饮业包括住宿业和餐饮业两类。住宿业是指有偿为顾客提供临时住宿的服务活动,不包括提供长期住宿场所的活动,包括旅游饭店、一般旅馆和其他住宿服务。餐饮业是指在一定场所,对食物进行现场烹饪、调制,并出售给顾客主要供现场消费的服务活动,包括正餐服务、快餐服务、饮料及冷饮服务、其他餐饮服务。

从统计数据来看,我国在提供住宿和餐饮业的统计数据时,细分为住宿业和餐饮业两个行业展开。因此,在对广东省住宿和餐饮业发展和对外开放的现状展开分析时,我们也拟分为住宿业和餐饮业两个部分分别加以讨论。

(一)从住宿和餐饮业企业本身的发展来看

首先,从住宿业来看。以限额以上住宿企业主要财务指标为例,如表5-1所示。在2008年,广东省限额以上住宿企业的主营业务收入为339.3亿元,而相比之下,同期的住宿业主营业务成本为107.5亿元,主营业务税金及附加为20亿元,主营业务利润为211亿元。

表5-1 广东省限额以上住宿企业主要财务指标   单位:亿元

年份 指标	2008	2009	2010	2011	2012
住宿业企业主营业务收入	339.3	332.8	395.5	445.2	458.4
住宿业企业主营业务成本	107.5	105.3	126.3	142.5	145.8
住宿业企业主营业务税金及附加	20	19.3	22.3	26.4	26
住宿业企业主营业务利润	211	206.1	247.2	276.3	286.6

资料来源:国家统计局网站和相关年份《广东省统计年鉴》。

从后续年份的数据走势看,除了在2009年略有下降外,广东省限额以上住宿企业的各项财务指标在随后的年份里基本都呈现出明显的增长态势。以住宿业企业主营业务收入为例,2010年,其上升至395.5亿元,2011年更是首次突破400亿元大关,为445.2亿元。截至2012年,广东省住宿业限额以上企业主营业务收入达到了458.4亿元。

从主营业务成本和主营业务利润来看,二者的走势也基本相同。除了在2009年出现了轻微的下调外,其余年份的增长态势均十分明显。以住宿业企业主营业务利润为例,在2010年,其增长至247.2亿元,2011年,其增长至276.3亿元。截至2012年,其数据为286.6亿元。

此外,需要我们注意的一点是,住宿业企业主营业务的成本和税金及附加的增长幅度要远低于收入和利润的增长幅度。甚至在个别年份,其数据还略有下浮,如2012年的主营业务税金及附加比2011年下降了0.4亿元。一方面是收入的增长,另一方面是税金的下浮。这从侧面说明,广东省在财税支持住宿和餐饮业的发展方面做出的积极工作值得肯定。

此外,我们再从住宿业企业的基本情况来看。如表5-2所示,2004年,广东省限额以上住宿业企业的法人企业数为912个,当年的住宿业企业从业人数为175808人。与此同时,该年的住宿业企业营业额为169.7亿元,住宿业企业客房收入为70.9亿元,住宿业企业餐费收入为69.2亿元。

表 5-2　广东省限额以上住宿业企业基本情况概览　　单位：个、亿元

年份 \ 指标	住宿业法人企业数	住宿业企业从业人数	住宿业企业营业额	住宿业企业客房收入	住宿业企业餐费收入
2004	912	175808	169.7	70.9	69.2
2005	1042	217658	201.9	90.2	81.4
2006	1126	247231	236.3	102.3	97.1
2007	1170	262030	273.9	119.1	113.3
2008	1487	303514	333.6	150.7	133.1
2009	1512	298969	332.3	145.6	135.4
2010	1618	302021	398	179.9	163.1
2011	1731	306866	452	207.1	180.1
2012	1861	306915	471.1	217.6	187.1

注：①2007年及以前住宿业法人企业数的口径为星级住宿业，2007年的统计范围为限额以上法人企业、产业活动单位，2008年及以后为限额以上法人企业；②2007年及以前住宿业企业从业人数的口径为星级住宿业；③2007年及以前住宿业企业营业额的口径为星级住宿业；④2007年及以前住宿业企业客房收入的口径为星级住宿业；⑤2007年及以前住宿业企业餐费收入的口径为星级住宿业。
资料来源：国家统计局网站。

从历年的数据来看，与限额以上住宿业企业的主要财务指标的走势基本相同。广东省限额以上住宿业企业的各项数据，除了在2009年个别年份出现极个别指标的轻微下调之外，其余年份的走势皆呈现出明显的递增态势。

从住宿业法人企业数来看，其在2005年首次突破1000个关口，在该年，广东省限额以上住宿业企业的法人企业数为1042个。2007年，其数据上升为1170个，2010年，其再次攀升新高，在该年，其数值高达1618个。截至2012年，广东省限额以上住宿业法人企业数为1861个。

再从住宿业企业从业人数来看。该数据除了在2009年略有下浮之外，在其余年份均呈现出非常明显的递增趋势。以2006年为例，其为247231人，2008年，其首次突破30万人次大关，为303514人。该数据在2009年出现轻微的下调之后，在随后的2010年，再次攀升至302021人。截至2012年，广东省限额以上住宿业企业从业人数为306915人。

此外，再从住宿业企业营业额、住宿业企业客房收入和住宿业企业餐费收入三个指标来看。2005年，广东省限额以上住宿业企业这三个指标的数据分别为201.9亿元、90.2亿元、81.4亿元。而到了2007年，其分别是273.9亿元、119.1亿元和113.3亿元。这些数据指标同样延续了法人企业数和从业人员数的走势规律。截至2012年，其分别升至471.1亿元、217.6亿元和187.1亿元。

行文至此，我们基本可以得出一个结论，即广东省住宿业自2004年以来，各项指标均呈现出明显的递增趋势。这说明，广东省住宿业整个行业的发展呈向

第五章 广东省住宿和餐饮业对外开放现状、问题与对策建议

好的态势。

其次,从餐饮业来看。我们同样以限额以上餐饮企业主要财务指标为例展开分析。如表 5-3 所示,2003 年,广东省限额以上餐饮企业主营业务收入为 164.14 亿元,主营业务利润为 20.23 亿元。而相比之下,在同期,广东省限额以上餐饮业企业的主营业务成本为 77.62 亿元,主营业务税金及附加为 7.22 亿元。

表 5-3 广东省限额以上餐饮企业主要财务指标 单位:亿元

年份 \ 指标	餐饮业企业主营业务收入	餐饮业企业主营业务成本	餐饮业企业主营业务税金及附加	餐饮业企业主营业务利润
2003	164.14	77.62	7.22	20.23
2004	208.24	98.16	NA	85.84
2005	221.61	220.58	12.98	94.18
2006	256.34	123.05	14.64	114.28
2007	302.4	140.98	17.39	133.59
2008	382.79	183.23	20.88	178.39
2009	382.64	181.88	20.6	178.29
2010	445.32	211.42	24.1	211.5
2011	519.85	254.1	28.57	237.18
2012	548.1	262	29.7	256.4

注:①2003 年及以前餐饮业企业主营业务收入为营业收入;②2003 年及以前餐饮业企业主营业务成本为营业成本;③2003 年及以前餐饮业企业主营业务税金及附加为营业税金及附加;④2003 年及以前餐饮业企业主营业务利润为经营利润;⑤NA 表示当年该数据来源缺失。

资料来源:国家统计局网站。

从后续年份的数据走势来看,与住宿业的走势基本相同,广东省限额以上餐饮业企业的主要财务指标除了在 2009 年略有下降之外,在其余年份均呈现出非常明显的增长态势。以餐饮业企业主营业务收入为例,2004 年,其首次突破 200 亿元关口,为 208.24 亿元。2007 年,其再次突破 300 亿元关口,为 302.4 亿元。受美国 2008 年金融危机的影响,该数据在 2009 年出现了极轻微的下调,到了 2010 年,其继续攀升,并首次突破 400 亿元大关。在随后的 2011 年,其突破 500 亿元关口。截至 2012 年,广东省限额以上餐饮业企业的主营业务收入达到了 548.1 亿元。

与此同时,从餐饮业企业的主营业务利润来看。2004 年,其从 2003 年的 20.23 亿元迅速攀升至 85.84 亿元。2006 年,再次攀升至 114.28 亿元。从后续年份的数据走势来看,其基本延续了明显的上升态势。2008 年,其数据为 178.39 亿元。2010 年,其首次突破 200 亿元关口,为 211.5 亿元。截至 2012 年,广东

省限额以上餐饮业企业的主营业务利润为256.4亿元。

此外,我们再从主营业务成本和主营业务税金及附加两项数据来看。2005年,该两项数据分别为220.58亿元和12.98亿元。2007年,分别上升至140.98亿元和17.39亿元。而到了2009年,受2008年美国金融危机的影响,该数据与2008年相比略有下浮,从当年的数值来看,其分别下降了1.35亿元和0.28亿元。截至2012年,广东省限额以上餐饮业企业的主营业务成本和税金分别上升至262亿元和29.7亿元。

至此,我们也可以得出一个基本结论,即2003~2012年,从广东省限额以上餐饮业企业的主要财务指标来看,广东省内限额以上餐饮业企业的发展,整体呈现出喜人的态势。

我们再从限额以上餐饮业企业的法人企业数和从业人员数以及企业营业额和餐饮业企业餐费收入等指标来看,如表5-4所示。

表5-4 广东省限额以上餐饮业企业基本情况概览

单位:个、人、亿元

指标 年份	餐饮业法人企业数	餐饮业企业从业人数	餐饮业企业营业额	餐饮业企业餐费收入
2004	1416	242028	209.6	186.4
2005	1490	270557	219.7	198.5
2006	1595	244593	256.7	233.4
2007	1736	254314	303.5	278.1
2008	2199	309908	382.7	360.1
2009	2131	293698	384.4	363.5
2010	2292	307842	445.6	419.3
2011	2388	340826	516.5	482.7
2012	2540	348662	582.4	545.1

注:①2007年的统计范围为限额以上法人企业、产业活动单位,2008年及以后为限额以上法人企业;②2007年的统计限额划分指标为"年商品销售额"、"年末从业人员",2008年及以后为"年主营业务收入"。

资料来源:国家统计局网站。

以餐饮业法人企业数为例。2004年,广东省限额以上餐饮业企业法人企业数为1416个。2007年,其增长至1736个。从后续几年的基本走势看,其数据同样延续了与住宿业相同的递增趋势。2008年,其首次突破2000个关口,为2199个。这一数据在2009年出现轻微的下调之后再次攀升。截至2012年,广东省限额以上餐饮业企业的法人企业数上升至2540个。

此外,从就业人数来看。广东省限额以上餐饮业企业的从业人数2004年为242028人,2005年,其随即攀升至270557人。这一数据在随后的2006年出现了轻微的下调,但随后即再次上升。2008年,其首次突破30万人关口,为

309908 人。从后续数据的走势来看,其除了在 2009 年略有下浮之外,其余年份的增长趋势仍然十分明显。在随后的 2010 年,其再次突破 30 万人关口。截至 2012 年,广东省限额以上餐饮业企业的从业人数为 348662 人。

相比之下,从餐饮业企业营业额和餐费收入两项指标来看。从数据来看,2004~2012 年,广东省限额以上餐饮业企业营业额和餐饮业企业餐费收入的走势延续了法人企业数和企业从业人员数的一贯风格。2004 年,该两项数据分别为 209.6 亿元和 186.4 亿元。2006 年,其分别上升至 256.7 亿元和 233.4 亿元。此外,从 2009 年的数据来看,该两项指标并未呈现出下调的趋势。这说明其受 2008 年金融危机的冲击要比其他指标小。截至 2012 年,广东省餐饮业限额以上企业的营业额和餐费收入分别为 582.4 亿元和 545.1 亿元。

至此,我们从限额以上企业的财务指标和基本情况对广东省住宿业和餐饮业的发展情况进行了深入分析。通过数据的解析我们基本可以得出一个结论,即从宏观层面来看,广东省住宿和餐饮业的发展势头良好,但在经济全球化日益加深的今天,广东省住宿和餐饮业受外部市场冲击的潜在可能也越来越大。实际上,这也说明了处于我国对外开放前沿地区的广东省,其住宿和餐饮行业本身的发展也呈现出明显的开放特征。

(二)广东省住宿和餐饮企业在全国的横向比较

上文的分析对于我们深刻理解广东省住宿和餐饮业的发展现状和特征奠定了坚实的基础。但众所周知,住宿和餐饮业作为一个完全竞争的市场,在要素流动日益迅速的今天,其面临的市场竞争也愈加激烈。因此,从横向对比的角度展开的分析更能全面反映其所处的发展阶段和面临的问题。基于此,在此部分我们拟从广东省餐饮业连锁企业的省际对比角度出发,对广东省餐饮业企业的发展做一个全国的横向对比分析。

如表 5-5 所示,首先,从广东省连锁餐饮企业基本情况来看。先从连锁餐饮企业总店数来看,2006~2012 年,除去因统计制度原因造成的数据缺失外,2011 年为 58 个,2012 年为 90 个,也基本呈现出一定的递增态势。

表 5-5 广东省连锁餐饮企业基本情况

指标 \ 年份	2006	2007	2008	2009	2010	2011	2012
连锁餐饮企业总店数(个)	NA	NA	NA	NA	NA	58	90
连锁餐饮企业门店总数(个)	1159	1263	1820	1840	1990	2210	2792
连锁餐饮企业年末从业人数(万人)	5.86	6.02	9	8.1	8.07	10.92	12.72
连锁餐饮企业年末餐饮营业面积(万平方米)	48.66	49.94	69.42	69.02	71.42	75.76	92.07

续表

指标 \ 年份	2006	2007	2008	2009	2010	2011	2012
连锁餐饮企业餐位数（万个）	15.95	33.28	34.64	24.47	26.71	29.22	33.36
连锁餐饮企业营业额（亿元）	NA	NA	109.2	111.35	133.82	156.0	201.1
连锁餐饮企业商品购进总额（亿元）	27.09	31.84	39.17	44.73	52.36	60.48	73.77
连锁餐饮企业统一配送商品购进额（亿元）	17.64	24.17	31.4	35.34	38.67	56.26	68.57

注：NA 表示当年该数据缺失。
资料来源：国家统计局网站。

再从连锁餐饮企业门店总数来看。2006年，广东省连锁餐饮企业的门店总数为1159个，2008年上升至1820个。从后面几年的数值看，其递增态势非常强劲，即使在美国金融危机发生的2008年，其也基本未受大的影响。在2009年，其为1840个。在随后的2011年，其首次突破2000个关口，为2210个。截至2012年，广东省连锁餐饮企业的门店总数已经高达2792个。

此外，再从从业人数来看。2006年，广东省连锁餐饮企业的年末从业人数为5.86万人，2007年为6.02万人。在随后的2008年，其随即上升至9万人关口。但在美国金融危机后的2009年，其数值明显下降，在该年，广东省连锁餐饮企业的年末就业人数为8.1万人，但随即企稳回升，2010年，其首次突破10万人关口，为10.92万人。截至2012年，广东省连锁餐饮企业的年末就业人数为12.72万人。

与此同时，从连锁餐饮企业年末餐饮营业面积、连锁餐饮企业餐位数、连锁餐饮企业营业额、连锁餐饮企业商品购进总额以及连锁餐饮企业统一配送商品购进额几个指标来看。2006~2012年，除了在美国发生金融危机后的2009年，其数据略有轻微下浮之外，在其余年份均呈现出非常明显的增长态势。

这也说明，就连锁餐饮企业的数据来看，广东省自身的发展成果值得肯定。

其次，从中国餐饮业百强企业个数的全国排名来看。在上文的分析中我们已经得出了广东省连锁餐饮企业本身发展成果值得肯定的结论。那么从全国的对比来看，其横向的定位又是如何呢？我们查阅了中国餐饮年鉴的排名情况，如表5-6所示。

表5-6　2009年拥有中国餐饮业百强企业个数排名前5位的省市

省市 \ 指标	企业数（个）	营业额（亿元）	同比增长（%）	占百强营业额比重（%）
浙江	15	87.46	35.47	7.33
重庆	14	176.65	15.29	14.80
北京	13	100.55	41.35	8.42

第五章　广东省住宿和餐饮业对外开放现状、问题与对策建议

续表

省市\指标	企业数（个）	营业额（亿元）	同比增长（%）	占百强营业额比重（%）
上海	11	372.28	15.30	31.23
四川	10	53.01	34.03	4.44

资料来源：《中国餐饮年鉴》（2009）。

可以看出，2009年，从全国范围来看，拥有餐饮业百强企业个数排名最多的是浙江省，其为15个。接下来是重庆和北京，分别是14个和13个。上海和四川分别以11个和10个排名第四位和第五位。然而遗憾的是，在该年的全国排名榜中，并未找到广东省。

实际上，从2009年《中国餐饮年鉴》的一篇行业报告中，我们基本可以找到答案。其认为，广东省的主要菜系——粤菜，其风格独特，在广东省内深受当地居民和外来居民的喜爱。而对于外来菜系来说，由于广东省当地居民的饮食习惯偏好，对外来菜系的认可度并不高。

但即使如此，在经济社会飞速发展的广东省，人员的流动融合也催生了对餐饮业的不同需求。从2010年的数据来看，如表5-7所示，广东省在餐饮业领域落后的状况被迅速赶超，在该年，广东省餐饮业百强企业迅速跃升至全国第五位。在该年，餐饮业企业百强企业的全国排名中，企业数最多的仍然是北京市，为17个。接下来是上海和浙江，分别为14个和13个。重庆市以总数11个排名第四，紧随其后的即是广东省，在该年，广东省连锁餐饮百强企业的企业个数为6个，与四川省的个数相同。

表5-7　2010年拥有中国餐饮业百强企业个数排名前5位的省市

省市\指标	企业数（个）	营业额（亿元）	同比增长（%）	占百强营业额比重（%）
北京	17	155.82	33.93	11.79
上海	14	490.26	32.1	37.10
浙江	13	85.04	29.9	6.43
重庆	11	139.32	14.4	10.54
广东	6	55.07	10.6	4.17
四川	6	53.77	17.8	4.07
合计	67	979.28	NA	74.1

注：NA表示当年该数据来源缺失。
资料来源：《中国餐饮年鉴》（2009）。

再从全国餐饮企业百强的营业额、同比增长和占百强营业额的比重来看。营业额最高的省市是上海市，其在2010年的营业额高达490.26亿元。其次排名靠

前的是北京，为155.82亿元。相比之下，广东省虽然在企业个数上已经上升至前五排行榜，但其营业额仅为55.07亿元，勉强高于企业个数相同的四川省，其为53.77亿元。位居前五排行榜的倒数第二位。

此外，从同比增长和占百强营业额比重两个数据来看。2010年，广东省餐饮业百强企业的同比增长率为10.6%，远低于全国增长率最高的北京市，为33.93%，甚至也低于四川省的17.8%。排名全国倒数第一。再从占百强营业额的比重来看，广东省在2010年的比重数据为4.17%。远低于比重排名第一的上海市37.10%，仅仅高出四川省0.1%，在该年，四川省的占比为4.07%。

至此，我们基本可以得出如下结论，即虽然广东省餐饮业近年的发展成果值得肯定，但在全国的横向对比中，广东省在多个指标方面都落后于全国同类省市。对于政策层来说，这是后期制定相关行业发展规划和扶持政策时需要注意的一个问题。

（三）广东省住宿和餐饮业的对外开放情况

前文从住宿业和餐饮业两个角度深入分析了广东省住宿和餐饮业的发展现状。在分析中我们也曾指出，处于沿海地区的广东省，其住宿和餐饮业呈现出非常明显的开放特征。因此，在该部分，我们专门针对广东省住宿和餐饮业的对外开放情况展开分析。

首先，从住宿和餐饮业中的实施国际化发展战略较好的五星级酒店分布数据来看。如表5-8所示，从全国的区域划分来看，五星级酒店的总体分布与我国的经济发展水平的区域差异匹配程度很高。如从全国来看，五星级酒店的数量最多的是华东地区，为326个，其次是中南地区，为206个，华北地区以132个排名

表5-8 全国五星级饭店省际数量分布表

地区	省份与数量						
华北(132)	北京 65	天津 15	河北 22	山西 22	内蒙古 8		
东北(39)	辽宁 28	吉林 6	黑龙江 5				
华东(326)	上海 60	江苏 84	浙江 70	安徽 22	福建 45	江西 13	山东 32
中南(206)	河南 13	湖北 22	湖南 19	广东 115	广西 12	海南 25	
西南(77)	重庆 24	四川 26	贵州 6	云南 19	西藏 2		
西北(34)	陕西 10	甘肃 4	宁夏 1	青海 2	新疆 17		

资料来源：中国旅游饭店业协会网站（统计更新截止日期为2014年2月18日）。

第五章 广东省住宿和餐饮业对外开放现状、问题与对策建议

第三,西北地区以34个排名倒数第一。

众所周知,从全国乃至全球范围来看,五星级酒店的评级标准、建设标准都决定了其具有巨大的资金投入特征。因此,在五星级酒店的建设和运营过程中,随着我国加入世界贸易组织后"入世"承诺的逐步兑现,国外跨国巨头进入中国市场的阻碍已逐渐消失,从五星级酒店在全国的分布来看,基本可以作为我国或某一省市住宿和餐饮业"引进来"的评价指标之一。

鉴于此,在对广东省住宿和零售业对外开放的研究中,我们将广东省五星级酒店的数量作为广东省该行业实施对外开放战略中"引进来"方略的一个切入点。从表5-8不难看出,在全国同类省市的比较中,广东省的五星级酒店以全省115个的数值名列全国第一位。与此同时,排名第二的是江苏省,为84个,排名第三的是浙江省,为70个。这分别比排名第一的广东省要低出31个和45个。此外,截至2014年2月,从中国旅游饭店业协会的统计资料来看,北京市五星级酒店的数量为65个,上海市为60个。作为同为全国一线城市群所在地的"北上广"地区,北京和上海的总和基本与广东省的数据持平。

分析至此,我们不难得出一个基本结论,即在住宿和餐饮业对外开放的过程中,广东省的对外开放程度相对于全国其他省市来说,具有非常高的行业开放度。并且,其在这一方面要远远高于全国其他同类省市。

诚如研究任何一个国家或地区以及一个行业的对外开放情况一样,"引进来"和"走出去"一直是其密不可分的两条路径。因此,在接下来对广东省住宿和餐饮业对外开放的分析中,我们拟从"走出去"的角度对广东省住宿和餐饮业企业的对外开放情况展开研究。

从现有文献来看,已有研究发现,近年来,品牌餐饮企业在通过连锁经营、业务合作等多种方式探索海外市场,"走出去"步伐逐渐加快。在2009年百强企业中,有13家企业在海外开设了40家门店,随着中餐在世界影响力的不断提升,越来越多的餐饮企业将逐渐走出国门(荆林波,2009)。

但受统计制度所限,广东省住宿和餐饮业企业微观层面的国际化发展战略和外向型扩张战略的实际执行数据较难获得。况且从全省来说,广东省存在着为数众多的住宿和餐饮业企业。因此,对所有住宿业企业的外向型战略执行情况进行数据统计分析也不太现实。在多方权衡考虑之后,我们选择了省会城市广州的主要星级酒店数据资料,作为对广东省住宿和餐饮业企业实施"走出去"战略执行情况的评价指标。

实际上,从广州市主要星级酒店的基本信息来看,其受制于我国住宿和餐饮业内资企业在资金、管理等方面的发展短板。广东乃至全国的住宿和餐饮业企业在实施"走出去"战略的过程中,都受到了国际行业巨头的市场挤压。在此过程中,从行业发展实际情况来看,国内企业大都采用了"曲线救国"的方略,即先

与外资合作,在充分利用其资金、技术和管理经验的同时,通过学习先进,提升自身的竞争实力,以此为基础,再走全球化谋篇布局的战略道路。因此,在衡量广东省住宿和餐饮业企业"走出去"战略的执行情况时,从中国企业和外商投资企业的合作方式的角度来看,也是一个不错的分析视角。

如表5-9所示,我们以广州市主要星级酒店的股权构成情况为例。可以看出,在携程网根据客户消费评价得分给出了广州主要星级酒店的排行榜中,从企业资金来源和构成来看,截至2014年5月,中外合资企业占据着主导地位,一共有13家,占据着广州主要星级酒店总数的半壁江山。

表5-9 广州市主要星级酒店概况(截至2014年5月)

序号	酒店名称	口碑分	所属集团或管理公司	资金来源及构成形式概况
1	广州建国酒店	4.27	首旅建国酒店管理公司	中资
2	广东亚洲国际大酒店	4.13	广东省广晟酒店集团有限公司	中资
3	广州花园酒店	4.45	广州岭南置业公司与香港花园酒店有限公司合作经营	中外合资
4	广州长隆酒店	4.37	广东长隆集团有限公司	民营
5	广州白云机场铂尔曼大酒店	4.40	广东省机场管理集团公司投资兴建委托法国雅高酒店集团管理	中外合资
6	广州景星酒店	3.66	NA	中外合资
7	广州嘉鸿华美达广场酒店	4.13	美国华美达国际酒店集团特许经营	外商独资
8	广州金桥酒店	4.00	委托岭南花园酒店管理有限公司进行经营管理	中外合资
9	广州珀丽酒店	3.91	香港珀丽酒店管理有限公司管理	中外合资
10	广州银海佰岭酒店	3.87	广东新海俊发展公司(原海军后勤部广州企业管理局)与香港义德投资公司	中外合资
11	广州华厦大酒店	3.84	华厦国际酒店控股有限公司成员酒店	中外合资
12	广州地中海国际酒店	4.03	NA	中外合资
13	广州华师粤海酒店	4.13	华南师范大学投资兴建,由粤海(国际)酒店管理集团管理	中资
14	广州嘉逸国际酒店	4.29	广州嘉裕集团	中外合资
15	广州华厦国际商务酒店	4.01	广东中旅华厦国际酒店控股有限公司	中外合资
16	广州香格里拉大酒店	4.66	香格里拉(亚洲)有限公司	外商独资
17	柏高商务酒店	3.68	广州柏高商务连锁酒店	中资
18	广州嘉逸豪庭酒店	4.06	NA	中外合资
19	广州星河湾酒店	4.02	星河湾集团	中资
20	广州珠江新岸酒店	4.20	珠江实业集团旗下广州珠江实业开发股份有限公司	中资

第五章　广东省住宿和餐饮业对外开放现状、问题与对策建议

续表

序号	酒店名称	口碑分	所属集团或管理公司	资金来源及构成形式概况
21	广州总统大酒店	4.10	广州海印实业集团有限公司	中外合资
22	广州凯旋华美达大酒店	4.17	美国温德姆国际酒店集团旗下RAMA-DA国际品牌酒店	外商独资
23	广州华侨友谊酒店	3.95	广东华侨友谊总公司	中资
24	广州海航威斯汀酒店	4.64	海南航空与威斯汀酒店	中外合资

注：①表中第三和第四列资料为作者根据各酒店网站和公开新闻资料整理而得；②NA表示该数据来源缺失。

资料来源：携程网主要城市五星级酒店口碑榜排名。

不难发现，在广州市主要星级酒店的资金构成中，中外合资企业在资金构成方式中占据着行业的绝对主导地位。这也说明，在广东省住宿和餐饮企业实施"走出去"战略的过程中，如果以中外合资作为"走出去"战略的第一步，则广东省住宿和餐饮业企业的"走出去"步伐任重道远。结合前面的分析，我们也不难看出，对于广东省住宿和餐饮业的对外开放来说，其下一阶段的重点任务该是对"走出去"战略倾注足够的关注度。

三、广东省住宿和餐饮业对外开放的量化指标分析

从前文的分析来看，我们基本可以得出一个结论，即广东省住宿和餐饮业的自身发展取得了令人欣喜的成果。但也存在着两点缺陷：第一，广东省住宿和餐饮业的自身发展虽然取得了很大的成就，但其在餐饮业的发展方面与国内其他省市存在着一定的差距；第二，在衡量广东省住宿和餐饮业企业实施国际化战略"引进来"与"走出去"两步走战略后我们发现，广东省住宿和餐饮业在"引进来"方面的成果值得肯定，但"走出去"战略的实施需要强化。

上述分析和发现从定性分析的角度对广东省住宿和餐饮业的对外开放现状进行了研究。但从定性分析角度展开的研究通常没有从定量角度展开的分析直观。因此，在本部分的分析中，我们拟从住宿和餐饮业实际利用外资额的角度对广东省住宿和餐饮业的对外开放情况展开量化指标的分析。

计算结果如表5-10所示。从1990~2012年的对外开放度走势来看，如图5-1所示。不难发现，在广东省住宿和餐饮业的对外开放历程中，从拉长的时间区间来看，其走势在1994年达到历史的高峰值后，随即呈现出非常明显的递减趋势。

表 5-10 广东省住宿和餐饮业对外开放度

年份 \ 指标	FDI（亿元）	GDCDP（亿元）	开放度
1990	98.01	500.21	0.1959
1991	46.47	774.08	0.0600
1992	48.09	1040.34	0.0462
1993	429.27	3469.28	0.1237
1994	1464.70	4619.02	0.3171
1995	1197.41	5933.05	0.2018
1996	1543.32	6834.97	0.2258
1997	585.93	7774.53	0.0754
1998	396.13	8530.88	0.0464
1999	206.78	9250.68	0.0224
2000	298.57	10741.25	0.0278
2001	368.78	12039.25	0.0306
2002	313.15	13502.42	0.0232
2003	873.62	15844.64	0.0551
2004	1338.94	18864.62	0.0710
2005	678.68	22557.37	0.0301
2006	1739.45	26587.76	0.0654
2007	1627.86	31777.01	0.0512
2008	1814.48	36796.71	0.0493
2009	1159.15	39482.56	0.0294
2010	1040.20	46013.06	0.0226
2011	1390.84	53210.28	0.0261
2012	668.75	57067.92	0.0117

资料来源：国家统计局网站和相关年份《广东省统计年鉴》。

结合我国对待服务业发展的若干宏观政策，这一走势不难理解。

首先，在1992年我国做出了大力发展服务业的相关决定。从历史的维度来看，这一年是我国服务业大发展的元年。因此，在随后的1993年和1994年，外资大量涌入，受前期政策所限的市场力量突然爆发，这是造成1994年出现历史最高峰的主要原因。

其次，在2004年也出现了一个阶段性的低点。从我国的汇率制度改革进程来看，当年前后正是我国进行汇率市场化改革的起始时间。因此，受汇率政策的波动影响，外资的流入和流出以及追逐收益率更高的投资行业等原因，造成了该年对外开放度的阶段性低点。

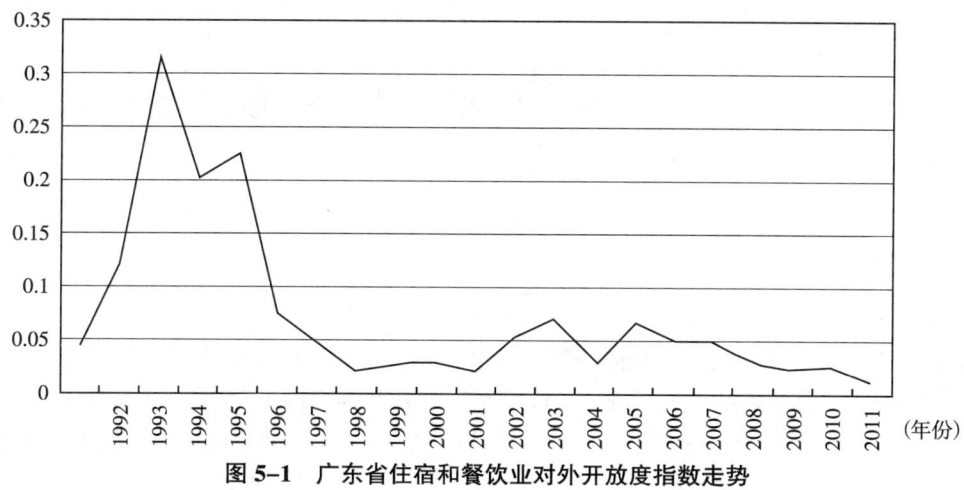

图 5-1 广东省住宿和餐饮业对外开放度指数走势
资料来源：国家统计局网站和相关年份《广东省统计年鉴》。

从拉长的动态区间来看，广东省住宿和餐饮业的对外开放度，从外资角度的衡量来看，其走势在近些年有下降的趋势。这可以从该行业的内涵特征加以理解。其一，虽然住宿和餐饮业是一个资金需求量大的服务性行业，但其一旦建成，则会成为投资企业在资金流方面的强有力供应者，其行业消费特征决定了其现金流非常充裕。因此，对于该行业投资来说，存在着一次投资、长期受益的盈利模式。故在前期投资后，后期追加投资的可能性非常小。因此，从长期来看，住宿和餐饮业的外资流入会呈现出递减的趋势。其二，从我国服务业的对外开放历程来看，由于住宿和餐饮业较少涉及国家经济安全和经济竞争力等敏感问题，因此，其对外开放的时间要明显高于其他服务业行业。换句话说，在我国改革开放的早期，其是外资涌入中国的主要阵地。在历经 30 余年的改革开放后，服务业吸纳外资的市场逐渐饱和，且从我国的实际来看，一是有政府在外资流向方面加强了引导，对于前期流入较多的行业进行了资金的分流；二是出现了更多收益率会显著高于住宿和餐饮业等行业的投资领域，如高新技术设备的研发和制造、房地产、金融服务业等。因此，在种种因素的综合作用下，广东省住宿和餐饮业的对外开放度呈现出了如此走势。

四、广东省住宿和餐饮业对外开放的效应分析

(一) 从产值来看

首先,从行业增加值来看。如表 5-11 所示,2004~2012 年,广东省住宿和餐饮业的行业增加值呈现出非常明显的递增态势。以 2004 年为例,广东省住宿和餐饮业的产值为 448.57 亿元,2007 年,其上升至 717.6 亿元。从后续几年里的走势来看,即使受 2008 年美国金融危机的影响,其产值的递增态势也丝毫未发生变化。在随后的 2009 年,其为 945.76 亿元,并且在 2010 年再次攀升新高,在该年,其达到了 1074.85 亿元。截至 2012 年,广东省住宿和餐饮业增加值达到了自 2003 年以来的最高峰,为 1308.4 亿元。与此同时,从住宿和餐饮业产值占地区总产值的比重和服务业总产值的比重来看,2004~2012 年,其数据分别稳定在 2.3%和 5.2%左右。

表 5-11 广东省住宿和餐饮业增加值和相关比重概况 单位:亿元

指标 年份	地区生产总值	三产增加值	住宿和餐饮业增加值	环比增长率	住宿和餐饮业占总产值比	住宿和餐饮业占三产比
2003	15844.64	7178.94	NA	NA	NA	NA
2004	18864.62	8335.3	448.57	NA	0.023778	0.053816
2005	22557.37	9772.5	520.92	0.1613	0.023093	0.053305
2006	26587.76	11585.82	614.35	0.1794	0.023106	0.053026
2007	31777.01	14076.83	717.6	0.1681	0.022582	0.050977
2008	36796.71	16321.46	848.4	0.1823	0.023056	0.051981
2009	39482.56	18052.59	945.76	0.1148	0.023954	0.052389
2010	46013.06	20711.55	1074.85	0.1365	0.023360	0.051896
2011	53210.28	24097.7	1192.28	0.1093	0.022407	0.049477
2012	57067.92	26519.69	1308.4	0.0974	0.022927	0.049337

注:NA 表示当年该数据缺失。
资料来源:国家统计局网站和相关年份《广东省统计年鉴》。

关于开放与二者的关系,如图 5-2 所示。可以看出,2005~2012 年,广东省住宿和餐饮业行业增加值和行业对外开放度虽然都呈现出递减的发展态势,但从二者的数据走向来看,其走势的吻合度非常高。这基本可以说明,广东省住宿和

餐饮业的行业增加值与开放度之间存在着显著的正相关关系。

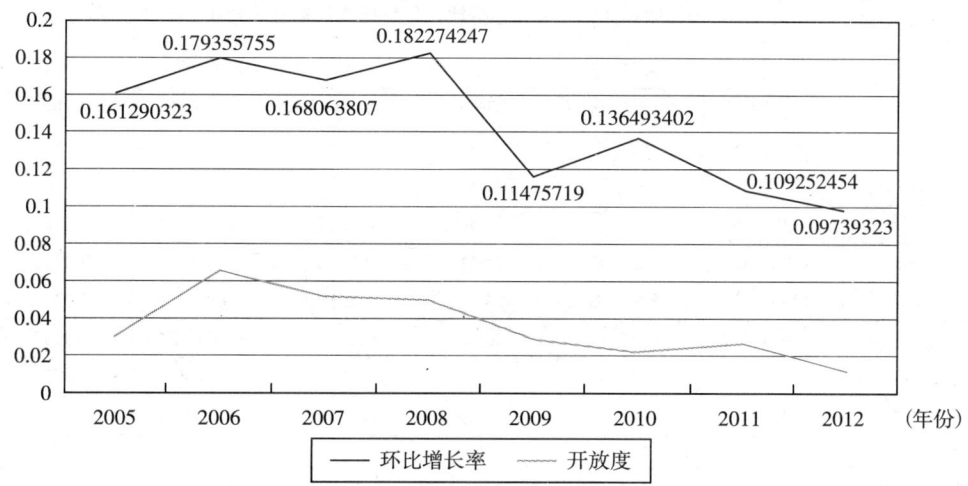

图 5-2 广东省住宿和餐饮业产值环比增长率与对外开放度走势的关系
资料来源：国家统计局网站和相关年份《广东省统计年鉴》。

（二）从投资来看

从前文的分析中，我们得出了开放度与行业产值呈显著正相关关系的结论。下面我们将再从投资的角度展开分析。考虑到省际层面分行业数据的可得性，我们收集了住宿和餐饮业的行业固定资产投资数据，作为衡量指标研究对外开放对行业投资可能存在的数量关系和影响。

如表 5-12 所示，我们不难发现，从住宿和餐饮业的行业固定资产投资来看，2003~2012 年，其走势同样呈现出非常明显的递增态势。以 2003 年为例，广东省住宿和餐饮业的固定资产投资为 27.29 亿元，到了 2006 年，其突破 100 亿元大关，为 104.4 亿元。在随后的几年里，其不断攀升出新高。到了 2009 年，其首次接近 200 亿元关口，在该年，广东省住宿和餐饮业的行业固定资产投资数据为 196.67 亿元，与 2008 年相比，其环比增长达到了 36.19%。并且在随后的 2010 年，其行业固定资产投资的绝对值达到了 246.2 亿元，环比增长 25.18%。截至 2012 年，广东省住宿和餐饮业的固定资产投资绝对值为 390.49 亿元，达到了自 2003 年以来的历史最高峰，环比增长 35.49%。

与此同时，我们发现，2003~2012 年，广东省住宿和餐饮业的绝对值虽然呈现出明显的递增态势，但其环比增长率的增长速度却自 2006 年以后明显放缓。再从其占全社会固定资产投资的比例数据和占服务业总固定资产投资的比重数据来看，二者的走势基本稳定，前者稳定在 1.5% 左右，后者稳定在 2% 左右。

表 5-12 广东省住宿和餐饮业固定资产投资和相关比重概况　　单位：亿元

指标 年份	全社会	服务业	住宿餐饮	环比增长率	全社会比	服务业比
2003	4813.2	3085.93	27.29	NA	0.0057	0.0088
2004	5870.02	3550.48	37.65	0.3796	0.0064	0.0106
2005	6977.93	3825.97	65.45	0.7384	0.0094	0.0171
2006	7973.37	4628.59	104.4	0.5951	0.0131	0.0226
2007	9294.26	5723.25	128.64	0.2322	0.0138	0.0225
2008	10868.67	6834.03	144.41	0.1226	0.0133	0.0211
2009	12933.12	8313.36	196.67	0.3619	0.0152	0.0237
2010	15623.7	10150.1	246.2	0.2518	0.0158	0.0243
2011	17069.2	11216.02	288.2	0.1706	0.0169	0.0257
2012	18751.47	12347.97	390.49	0.3549	0.0208	0.0316

注：NA 表示当年该数据缺失。
资料来源：国家统计局网站和相关年份《广东省统计年鉴》。

再从开放与固定资产投资的关系来看，如图 5-3 所示。从走势图来看，广东省住宿和餐饮业的固定资产投资增长率数据在 2008 年出现了一个阶段性的最低值。如果从拉长的动态区间来看，2004~2012 年其数据也基本呈现出长期递减的发展态势。而此段时间内，广东省住宿和餐饮业的对外开放度的基本走势同样也呈递减趋势。

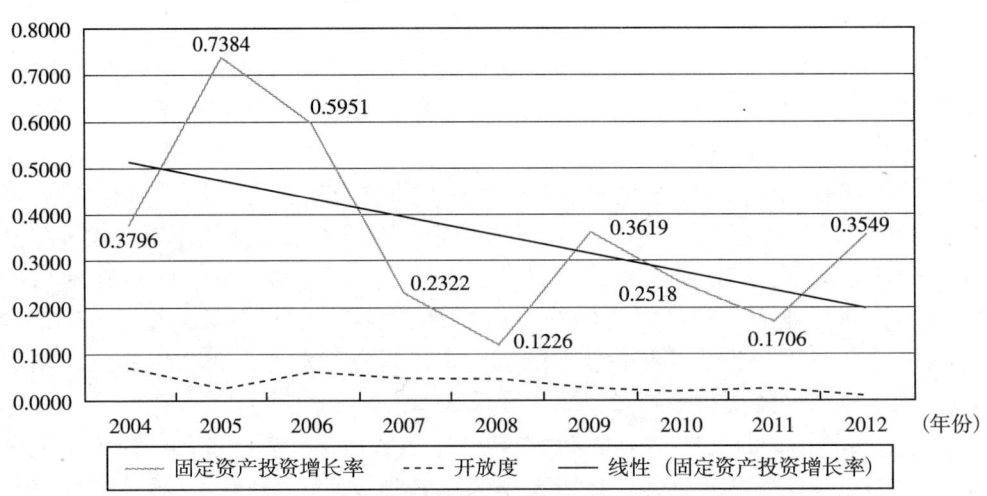

图 5-3 广东省住宿和餐饮业固定资产投资增长率与开放度走势
资料来源：国家统计局网站和相关年份《广东省统计年鉴》。

从开放与产值的关系走势图看,这一结果基本可以得出这样一个结论,即对于广东省住宿和餐饮业来说,其行业的对外开放度与行业固定资产投资之间存在着密切的关系。而且从走势来看,其相关关系基本为正。换句话说,开放促进了广东省住宿和餐饮业的固定资产投资。

(三) 从就业来看

如表 5-13 所示,2003~2012 年,广东省住宿和餐饮业的总就业人数的走势基本呈现出"U"形的结构。如在 2003 年,其为 28.69 万人,2005 年为 28.15 万人。2007 年,其走势开始呈下降趋势,在该年,广东省住宿和餐饮业的总就业人数为 26.86 万人,到了 2008 年,其继续下降至 24.13 万人。2009 年,其达到了自 2003 年以来的历史最低值,为 23.72 万人。从后续几年来看,这一数字的走势从 2010 年以后发生了改变,在该年,广东省住宿和餐饮业的总就业人数开始攀升,并再次达到了 25.2 万人,2011 年为 28.99 万人。截至 2012 年,广东省住宿和餐饮业的总就业人数为 32.28 万人。

表 5-13 广东省住宿和餐饮业城镇就业人数和相关比重情况　　　单位:万人

年份 \ 指标	城镇就业总人数	服务业城镇就业总人数	住宿餐饮城镇就业人数	占城镇总就业人数比	占服务业总就业人数比
2003	1205.43888	582.4841984	28.6885	0.023799	0.049252
2004	1210.9024	584.616832	28.7388	0.023733	0.049158
2005	1195.502	578.24736	28.1490	0.023546	0.048680
2006	1172.09	568.1028	27.4108	0.023386	0.048250
2007	1144.72	556.744	26.8640	0.023468	0.048252
2008	1007.87	499.95	24.1300	0.023942	0.048265
2009	1055.03	517.38	23.7200	0.022483	0.045846
2010	1118.5	546.4	25.2000	0.022530	0.046120
2011	1238.22	595.28	28.9900	0.023413	0.048700
2012	1303.98	624.71	32.2800	0.024755	0.051672

资料来源:国家统计局网站和相关年份《广东省统计年鉴》。

此外,从住宿和餐饮业就业人数占城镇总就业人数的比重和占服务业总就业人数的比重两个数据来看。广东省住宿和餐饮业总就业人的比重 2003~2012 年基本稳定在 2.3% 左右,而占服务业总就业人数的比重稳定在 4.8% 左右。且在此期间,其走势基本稳定。

而从二者占比与开放度的关系来看,如图 5-4 所示。可以看出,2003~2012年,广东省住宿和餐饮业的就业人数占总比和服务业总比的走势基本持平,而开放度的指数却呈现出明显的递减趋势。另外，前文的数据走势分析中我们已经指出，在此期间，广东省住宿和餐饮业的就业人数基本呈现出"U"形的走势。

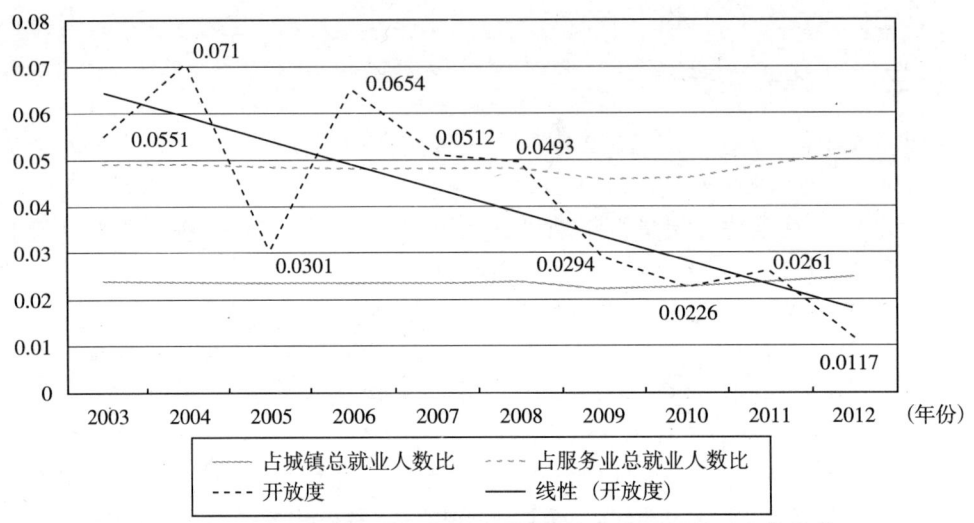

图5-4 广东省住宿和餐饮业对外开放度与行业吸纳就业人数走势
资料来源：国家统计局网站和相关年份《广东省统计年鉴》。

至此，我们基本可以得出以下结论，即在广东省住宿和餐饮业的对外开放历程中，其开放度与就业之间的作用关系并不显著，甚至在某种程度上呈现出显著的负相关关系。这一发现基本符合我们的经济直觉，实际上，外资所代表的先进技术和生产力，其内涵特征决定了对劳动力的需要显著大于内资企业。因此，对外开放度越高，行业的技术水平越先进，行业吸纳的就业人数越是有限。

这一结论提示我们，在制定行业的就业措施时，要综合考虑引进外资与国内就业之间的关系。把握二者之间的度和量，以求在引进国外资金和先进技术以及管理经验的同时，综合考虑其对社会就业的影响，求得二者之间的平衡点。

五、广东省住宿和餐饮业对外开放中存在的问题

（一）从内外资的对比来看

如表5-14所示，以按行业登记注册类型分组的法人单位数为例。从总数来看，2006~2012年，住宿和餐饮业的总数、内资企业总数和外资企业（不含港、

澳、台）总数呈现出明显的递增态势。但从行业不同资金的来源对比来看，2006~2012年，内资企业的占比均值为2.82%，外资企业的均值占比为0.0725%。不难发现，在广东省住宿和餐饮业内部，内资企业的占比要显著大于外资企业。这说明，内资企业仍然占据行业的主导地位，外资在行业内的占比有限，或者说外资未来在广东省住宿和餐饮业中存在着较大的发展空间。

表5–14 广东省住宿和餐饮业按登记注册类型分组的法人单位　　单位：万元

年份 类别	总计			内资企业		外资企业（不含港、澳、台）	
	三产	住宿餐饮业	占比	住宿餐饮业总计	占三产总比	住宿餐饮业总计	占三产总比
2006	337393	10148	0.0301	9395	0.0278	297	0.000880
2007	373188	11013	0.0295	10135	0.0272	355	0.000951
2008	401931	13313	0.0331	12607	0.0314	283	0.000704
2009	459585	14253	0.0310	13477	0.0293	315	0.000685
2010	522286	16103	0.0308	15250	0.0292	349	0.000668
2011	596143	16672	0.0280	15771	0.0265	361	0.000606
2012	668166	18366	0.0275	17425	0.0261	390	0.000584
均值	479813.14	14266.86	0.03	13437.14	0.0282	335.71	0.000725

资料来源：相关年份《广东省统计年鉴》。

（二）从资金来源地来看

如表5–15所示，在外商投资资金的来源分布中，无论是港、澳、台商投资企业，还是外商投资企业，其自2006~2012年的登记法人单位数基本呈现出明显的递增态势。以港、澳、台商投资企业为例，其在2006年的数据为456个，2009年上升至461个，2010年，其数据继续攀升，在该年，广东省住宿和餐饮业中港、澳、台商投资企业的法人单位数为504个。截至2012年，该数据再次攀升，并达到了自2006年以来的历史最高峰，为551个。

表5–15 广东省住宿和餐饮业按登记注册类型分组的法人单位　　单位：个

年份 类别	住宿和餐饮业总计	港、澳、台商投资企业		外商投资企业	
		总计	占比	总计	占比
2006	10148	456	0.044935	297	0.029267
2007	11013	523	0.047489	355	0.032235
2008	13313	423	0.031773	283	0.021257
2009	14253	461	0.032344	315	0.022101

续表

类别 年份	住宿和餐饮业总计	港、澳、台商投资企业 总计	占比	外商投资企业 总计	占比
2010	16103	504	0.031299	349	0.021673
2011	16672	540	0.032390	361	0.021653
2012	18366	551	0.030001	390	0.021235
均值	14266.86	494	0.035747	335.71	0.024203

资料来源:相关年份《广东省统计年鉴》。

而从外商投资企业的法人单位数来看,其数据的绝对值在2006~2012年呈现出了与港、澳、台商投资企业相同的走势。在2006年,其仅仅为297个,2009年为315个。截至2012年,广东省住宿和餐饮业的外商投资企业法人单位数为390个。

但从横向的对比来看,我们不难发现这样一个问题。从均值来看,在广东省住宿和餐饮业外商投资法人单位数中,港澳台商投资企业的法人单位数总量为494个,占比3.57%。而外商投资企业的法人单位数总量为335.71个,占比2.42%。

由此,我们基本可以得出如下结论:在广东省住宿和餐饮业外商投资的资金来源中,港、澳、台商投资资金仍然占据着外商投资资金的主要地位。这也说明,在广东省该行业中,资金来源过度依赖港、澳、台商,或者说,其他国家或地区的外资对广东省住宿和餐饮业的投资力度没有港、澳、台商大。

(三) 从外资进入中国的方式来看

首先,以港、澳、台商投资企业进入中国的方式为例。如表5-16所示,从总量来看,2006~2012年,港、澳、台商投资企业的总量数据除在2008年、2009年略有下降之外,从其余年份的走势来看,其基本呈现出稳定递增的发展态势。

表5-16 广东省住宿和餐饮业按登记注册类型分组的法人单位(港、澳、台商投资企业)

单位:个

类别 年份	港、澳、台商投资企业总计	合资经营企业(港、澳、台资)	合作经营企业(港、澳、台资)	港、澳、台商独资经营企业	港、澳、台商投资股份有限公司	其他港、澳、台商投资
2006	456	126	98	228	4	NA
2007	523	139	112	266	6	NA
2008	423	101	64	246	12	NA
2009	461	107	62	276	16	NA

续表

年份 \ 类别	港、澳、台商投资企业总计	合资经营企业（港、澳、台资）	合作经营企业（港、澳、台资）	港、澳、台商独资经营企业	港、澳、台商投资股份有限公司	其他港、澳、台商投资
2010	504	114	67	303	20	NA
2011	540	124	68	326	19	3
2012	551	122	69	338	19	3
均值	494	119	77.14	283.29	13.71	3

注：NA表示当年该数据缺失。
资料来源：相关年份《广东省统计年鉴》。

但从均值来看，就合作方式而言，港、澳、台商独资经营企业以283.29个位列第一，紧随其后的是合资企业，为119个，合作经营以77.14个位列第三。而排名靠后的是港、澳、台商投资股份有限公司，为13.71个。

这说明，就港、澳、台投资企业来说，在广东省住宿和餐饮业对外开放的过程中，外商独资经营这一方式占据着外商投资的主导地位。

其次，从外商投资企业进入广东省的方式来看。如表5-17所示，2006~2012年，从外商投资企业总数和中外合资、中外合作、外资和外商投资股份有限公司的法人单位数来看，其走势除了在2008年略有下降之外，其余年份均呈现出明显的递增态势。

表5-17 广东省住宿和餐饮业按登记注册类型分组的法人单位（外商投资企业）

单位：个

年份 \ 类别	外商投资企业总计	中外合资经营企业	中外合作经营企业	外资企业	外商投资股份有限公司	其他外商投资
2006	297	96	89	108	4	NA
2007	355	109	94	148	4	NA
2008	283	74	50	147	12	NA
2009	315	78	51	171	15	NA
2010	349	86	51	198	14	NA
2011	361	79	46	217	15	4
2012	390	88	42	237	16	7
均值	335.71	87.14	60.43	175.14	11.43	5.5

注：NA表示当年该数据缺失。
资料来源：相关年份《广东省统计年鉴》。

但就合作方式而言，从均值来看，在此期间，外资企业的法人单位数为175.14个，中外合资经营企业为87.14个，中外合作经营企业为60.43个，而相比之下，外商投资股份有限公司仅仅为11.43个。

这说明，与港、澳、台商投资企业进入广东省的方式基本相同，外资企业单独出资仍然为主要方式，而中外合资和中外合作分别位居第二和第三。

行文至此，我们基本可以得出以下结论，即在住宿和餐饮业行业，外资进入广东省的主要方式仍然是外商独资为主，中外合资和中外合作居辅。换句话说，其存在合作方式单一、合作程度不高等问题。

六、广东省扩大住宿和餐饮业对外开放的对策建议

（一）加强政府规划指导

在广东省政府网站，对于外商投资住宿餐饮业做出了如下陈述：广东省将全面实施住宿餐饮业服务质量标准化、规范化管理，推进酒家酒店分等定级和创建绿色饭店工作，推动住宿餐饮业服务质量和管理水平的提高。优化住宿业组织结构，重点推动名牌饭店的连锁发展，提高住宿业的规模层次，促进住宿业的网络化、集团化发展。积极培育粤菜名厨、名品、名店，鼓励名牌、老字号餐饮店实施连锁经营，做大做强一批实力雄厚、竞争力强的餐饮龙头企业，带动中小餐饮企业的发展。加强中式快餐的发展和中餐工业化，促进家庭餐饮服务社会化。将来形成一批管理规范化、服务标准化、经营集约化的品牌饭店、名牌餐饮店等龙头企业。

但从目前的政府文件来看，截至目前，广东省还未有专门针对住宿和餐饮业对外开放的进行指导的纲领性文件。实际上，住宿和餐饮行业本身作为经济产业链的构成部分，其具有上下游产业链的完整辐射力，其发展依赖于其他行业，如建筑、咨询管理、商务服务业、原材料等产业。因此，对于广东省来说，在扩大住宿和餐饮业对外开放的过程中，需要将其发展开放纳入全省经济发展规划中，从全局角度加以引导平衡。这是扩大广东省住宿和餐饮业对外开放过程中政府的第一要务。

（二）实施"引进来"发展战略

已有文献研究发现，在我国对外开放的历程中，外资的大量涌入是中国改革开放中最为典型的特征之一。在前文的分析中我们也已发现，在住宿和餐饮业的对外开放进程中，外资也一直是广东省住宿和餐饮业投资的主要力量之一。实际上，从外资的内涵特征来看，其具有的先进技术和管理经验，对于促进资金引入地区的行业发展具有巨大的推动力。

鉴于广东省住宿和餐饮行业发展水平提升空间仍然巨大的现阶段特征，在未来一段时间，广东省住宿和餐饮业对外开放的首要任务仍然是大力引进国外资金、技术和先进的行业管理经验。换句话说，即要从政府、行业和公司层面大力实施"引进来"战略。

具体来说，在政府层面，要建立健全住宿和餐饮业外国投资者引入的法律法规和基础软硬件设施的建设工作。在行业协会层面，要加强国内企业和国外企业的交流合作，学习国外先进的管理经验和商业模式，赶超先进。在企业层面，要制定企业层面的国际化发展战略，将学习目标定位于国际同行的先进经验，在合适条件下引入专业化管理人才，求得自身的发展赶超。

（三）实施"走出去"发展战略

"引进来"和"走出去"是一国或一地区对外开放进程中必备的两条路径之一。对于广东省住宿和餐饮业的对外开放进程来说，实施"走出去"发展战略，同样需要从政府、行业和企业三个层面贯彻执行。

首先，在政府层面。要根据行业发展的中长期规划，出台完善的财政、金融和税收的扶持政策。鼓励省内企业实施"走出去"发展战略，并在此过程中，积极给予全方位的政府协助。

其次，在行业协会层面。实施"走出去"战略，换句话说即是省内行业企业走出国门，实施国际化发展战略。对于国际市场来说，国内企业普遍存在着国际竞争力相对较弱、对目标国家或地区的经济社会发展情况不了解等缺陷。因此，在行业协会层面，可以做的主要有两点。其一，扮演行业信息提供者的角色，对于行业协会来说，要积极收集国内国际的市场动态，为行业企业实施"走出去"提供充足的信息支持。其二，在实施"走出去"的企业中，加强沟通交流协作，团结共同的力量，共同抵御可能存在的风险。

最后，在企业层面。在实施"走出去"战略的过程中，应该遵循循序渐进、稳扎稳打的战略方针。具体而言，广东住宿和餐饮业企业应该在准确获取信息的基础上，果断出击，把握机会、创造条件。同时，兼顾风险和收益的权衡点，求得自身的国际化长远发展道路。

参考文献：

[1] 荆林波主编：《中国餐饮年鉴》（2009），中国商务年鉴社，2009年。

[2] 宋则、荆林波主编：《中国流通理论前沿（5）》，社会科学文献出版社，2008年。

[3] 刘江华等：《迈向服务经济——贵州的实践与思考》，中山大学出版社，2011年。

[4] 王先庆、武亮：《服务业集聚水平及其影响因素研究——以广州批发零售业为例》，《北京工商大学学报》，2011年第3期。

第六章 广东省金融服务业对外开放现状、问题与对策建议

肖 宇 陈 阳[*]

【摘要】 在对广东省金融服务业发展和对外开放现状进行分析的基础上,就广东省金融服务业现阶段开放中存在的问题和开放对广东省金融服务业的影响展开了深入分析。研究发现:从目前的情况来看,广东金融服务业基本形成了全方位、多角度的对外开放格局。但从影响来看,开放对于广东金融业发展的积极作用十分显著,但也存在着外资来源地区单一、合作程度不高等问题,需要多管齐下,综合解决存在的问题。

一、文献综述

金融,即是资金的融通。从其诞生以来的发展历程和其在现代国民经济体系中的作用来看,在社会化大生产和社会分工日益明确的今天。金融服务业基于其独特的内涵特征,在国民经济中具有润滑剂和助推剂的重要作用。

而在经济全球化飞速发展的今天,融入世界市场,参与全球分工,正日益成为各行业面临的主要问题之一,对于处于国民经济枢纽地位的金融业也不例外。实际上,正是源于金融业对一国或一地区经济发展的重要作用,关于金融业发展与开放的研究一直是金融学研究的重要方向之一。

从现有文献来看,曹苏峰(2001)从我国加入世界贸易组织的角度对国内金融业开放展开了研究,其认为开放金融服务贸易能起到促进国内金融自由化的作用。一些发达国家和发展中国家的经验表明,在成功融入国际金融一体化的过程

---

[*] 肖宇,中国建设银行广东省分行广州市经济开发区支行,主要研究方向为金融服务业。陈阳,北京市丰台区国税局,主要研究方向为财务管理与税收政策。

第六章　广东省金融服务业对外开放现状、问题与对策建议

中，国内金融自由化改革与对外开放金融服务贸易具有相互促进和相互支撑的关系。刘小明、李成（2005）通过对新加坡、墨西哥和泰国金融开放实践的比较分析，指出面对中国金融业的国际开放，我国既要抓住金融发展的大好机遇，加快金融的国际化发展增强金融竞争力，同时需要严格金融监管防范金融风险。张金清、刘庆富（2007）建立了测度金融对外开放的评价指标体系及测度公式，研究发现，自 1979 年以来，中国金融业的对外开放水平总体上是上升的；在"入世"过渡期间，金融对外开放水平的上升幅度较大，在"入世"过渡期结束后，金融对外开放水平的上升幅度则略有下降。从横向来看，中国当前金融业的对外开放水平基本处于新兴市场国家的中等水平，与发达市场国家或地区相比尚有较大差距。

而鉴于金融对经济的重要作用，更多关于金融服务业对外开放的研究开始集中于金融开放与国家经济安全问题的探究上。李巍（2008）构筑横截面和面板数据模型研究资本账户开放、金融发展对金融不稳定和国内资本产出率的影响。结果显示，资本账户开放，尤其是发展中或转型国家的资本账户开放，会使一国的金融稳定状况恶化。资本账户开放对国内资本产出率没有直接的正面促进作用，但通过促进金融发展，它可能会促进国内资本产出率提高。马勇、陈雨露（2010）以全球范围内具有代表性的 55 个国家的跨国数据为基础，通过实证分析系统考察了资本账户开放和系统性金融危机之间的相关关系。实证结果表明，在资本账户开放和系统性金融危机的联系机制方面，重要的是开放方式的选择，而不是开放程度的高低：长期中资本账户开放程度的提高不会诱发金融危机，但激进式的资本账户开放方式会显著增加金融危机的发生概率。

这些研究对于我们从宏观层面把握中国金融服务业对外开放的现状、问题与开放路径做出了有益的铺垫。但遗憾的是，对于省级层面的金融服务业对外开放，较少有学者进行关注。而对于广东省来说，作为处于全国改革开放前沿地区的经济大省，其经济的开放程度和外向型经济的依存度都要显著大于内陆其他省市。并且，从全国金融业的发展来看，其境内有全国仅有的两个证券交易所之一，再加之其邻近香港国际金融中心的地缘优势。因此，研究其金融服务业的对外开放，不仅对于广东省，乃至对于全国，都会有极强的借鉴意义。本章正是基于此观点出发，试图对广东省金融服务业的发展和开放现状进行一个全面的总结，找出其可能存在的问题，并在分析开放对广东省金融业自身发展影响的基础上，提出有针对性的政策建议。

二、广东省金融服务业发展和对外开放现状分析

(一) 广东省金融业发展概述

首先,从广东省金融业自身发展的相关指标来看。我们同样从银行、证券和保险三个行业展开分析,如表6-1所示。

表6-1 广东省主要经济金融统计指标(2008~2012年)   单位:亿元

项目 \ 年份	2008	2009	2010	2011	2012
银行业金融机构各项存款(余额)	55086.59	68392.29	79989.54	91590.15	105099.55
企事业单位存款	18069.42	24016.58	25788.08	44915.61	51192.82
财政存款	1458.48	2104.35	2303.33	2448.67	3147.08
城乡储蓄存款	28076.33	32032.19	36838.46	41061.56	46265.58
银行业金融机构各项贷款(余额)	32507.47	43219.90	50120.02	58615.27	67077.08
短期贷款	10020.46	11821.13	11665.92	16674.28	21642.86
中长期贷款	19352.34	26921.23	35030.66	38334.14	40986.95
现金投放(+)回笼(−)	+1863.37	+1733.70	+2319.63	+2527.38	+2726.61
股票市价总值(亿元)	11823.41	29808.40	32553.20	23831.50	27742.70
其中:股票流通市值(亿元)	6800.00	20487.68	25733.58	12682.06	14703.22
境内上市公司数(A、B股)(家)	202	225	294	339	369
境内上市外资股(B股)(家)	29	29	28	28	26
境外上市公司数(H股)(家)	20	20	21	22	23
全部保险机构保险费收入	1124.98	1231.17	1593.25	1578.96	1692.12
全部保险机构保险赔款支出(含满期给付)	283.17	306.67	326.35	398.66	485.01
全部保险机构保险密度(元/人)	1178.73	1277.40	1527.52	1503.06	1597.24
全部保险机构保险深度(%)	3.15	3.12	3.50	3.00	2.97
保险机构总数(家)	57	74	81	98	88
保险机构从业人员总数(人)	242300	253800	264600	292000	291900

资料来源:《中国金融年鉴》(2013)。

其一,先从银行业的发展情况来看。可以看出,2008~2012年,银行业金融机构的各项存款余额呈现出非常明显的递增态势,在2008年,其为55086.59亿元,到了2010年,其迅速攀升至近80000亿元大关,为79989.54亿元。从后续

两年的统计数据来看,这一走势得到了延续,2011年,其再次攀升出新高,为91590.15亿元。截至2012年,广东省银行业金融机构的各项存款余额为105099.55亿元,达到了自2008年以来的历史最高值。

再从银行业金融机构各项贷款余额的数据来看。可以看出,广东省银行业金融机构各项贷款余额在2008~2012年,同样呈现出明显的增长趋势。2008年,短期贷款余额为10020.46亿元,中长期贷款余额为19352.34亿元;到了2010年,这两个数据分别上升为11665.92亿元和35030.66亿元。从后续两年的基本走势看,这两个数据同样延续了上升的趋势。截至2012年,广东省银行业金融机构各项贷款余额中,短期贷款和中长期贷款的数据分别上升至21642.86亿元和40986.95亿元。

此外,从现金的投放来看,2008~2012年,广东省银行业金融机构的现金投放数量同样呈现出非常明显的增长态势。至此,我们基本可以得出如下结论,即在评价广东省金融发展的指标体系中,从银行业的相关数据来看,广东省自2008年以来的发展态势呈现出向好的趋势。

其二,从证券业的发展来看。从股票市值来看,在2008年,广东省股票市价总值为11823.41亿元,从后续几年的数据发展走势来看,其基本呈现出比较明显的倒"U"形发展趋势。2010年,其首次突破30000亿元大关,在该年,广东省股票市价总值为32553.20亿元。而在随后的一年里,其数值开始下降。2011年,其为23831.50亿元,2012年,其再次开始上升,但未超越2010年的历史高点。在该年,广东省股票市价总值为27742.70亿元。

从时年的宏观政策来看,这与我国的证券市场中股票市场整体走势的萎靡和IPO管制在时间上呈现出基本吻合的走势。但排除宏观系统性风险后,我们基本可以得出一个结论,即广东省证券业的发展从股票市值的角度来看,虽然发展水平与前期相比有所下降,但从境内外上市公司的数量基本保持稳定的数据来看,其整体向好的格局并未发生根本性的改变。

其三,从保险业的发展来看。首先从全部保险机构保险费收入来看,2008~2012年,广东省保险业全部保险机构的保险费收入同样呈现出非常明显的递增趋势。2008年,其仅为1124.98亿元,2010年为1593.25亿元,到了2011年,其增长至1578.96亿元。截至2012年,广东省保险业全部保险机构保险费收入达到了1692.12亿元。

再从全部保险机构保险赔款支出来看,2008年,广东省保险业全部保险机构保险赔款支出(含满期给付)的数值为283.17亿元。2009年,该数据首次突破300亿元大关,为306.67亿元。从后续几年的走势来看,其延续了其他数据的上涨趋势,截至2012年,广东省保险业全部保险赔款支出(含满期给付)为485.01亿元。即2008~2012年,广东省保险业给付金额呈现出明显的增长态势,从保险业的行业内涵来看，这说明其对经济社会的支持力度越来越大。

与此同时，从保险业发展的其他几个指标，如全部保险机构保险密度、全部保险机构保险深度以及保险机构总数和保险机构从业人员数来看。2008~2012年，保险机构密度在2011年略有下浮，其他年份增长态势明显。全部保险机构保险深度在2010年出现了一个阶段性的高点，其他年份的环比皆出现下浮的趋势。除此之外，保险机构总数和保险机构从业人数皆呈现出了非常明显的增长趋势。

从这几个指标的内涵特征来看，基本可以说明两个问题，其一是广东省保险业在此期间的发展水平呈不断上升的走势；其二是保险机构的竞争日趋白热化，保险对国际经济的渗透力越来越强，保险业市场的市场化程度也越来越高。

其次，我们从广东省金融服务业发展与国内其他省市的横向对比来看。受篇幅和省级层面统计数据可得性的制约，我们仅以保险业为例展开分析，在对比对象的选择上，我们挑选了北京和上海两地的数据。之所以以北京和上海为例，原因在于上海有着全国仅有的两个证券交易所之一的上交所，北京是全国各大金融机构的总部所在地。所以，我们认为，这样的比较对象更能客观反映广东金融业的发展现状。如表6-2所示，我们拟计划按照不同保险保费收入和支出的数据对比来展开分析。

表6-2 广东省保险业发展指标　　　　　　单位：亿元

指标	年份	2007	2008	2009	2010	2011	2012	均值
原保险保费收入	广东	625.6	884.16	959.57	1231.76	1219.06	1290.86	1035.17
	北京	498.05	585.96	697.6	966.46	820.91	923.09	748.68
	上海	482.64	600.06	665.03	883.86	753.11	820.64	700.89
财产保险保费收入	广东	185.02	207.77	239.1	309.06	367.74	416.8	287.58
	北京	111.74	134.14	164.42	212.3	232.56	267.02	187.03
	上海	119.43	131.79	151.81	189.22	233.39	256.38	180.34
人身保险保费收入	广东	440.58	676.39	720.47	922.7	851.32	874.06	747.59
	北京	386.31	451.82	533.18	754.15	588.35	656.06	561.65
	上海	363.22	468.27	513.22	694.64	519.71	564.26	520.55
原保险赔付支出	广东	164.3	215.22	233.34	252.41	312.89	377.3	259.24
	北京	135.38	188.93	196.01	199.65	232.8	286.17	206.49
	上海	139.82	184.09	176.74	194.54	260.71	255.79	201.95
财产保险保费支出	广东	85.06	119.56	127.33	141.86	174.81	227.22	145.97
	北京	49.67	67.88	85.36	93.71	119.04	152.29	94.66
	上海	53.03	79.52	78.5	84.26	104.32	138.63	89.71

续表

指标 \ 年份		2007	2008	2009	2010	2011	2012	均值
人身保险保费支出	广东	79.23	95.67	106	110.55	138.08	150.08	113.27
	北京	85.71	121.05	110.65	105.94	113.76	133.88	111.83
	上海	86.79	104.58	98.23	110.28	156.38	117.16	112.24

资料来源：国家统计局网站。

其一，从收入的数据来看。首先，是原保险保费收入。可以看出，2007~2012年，除了2011年外，广东、北京和上海的原保险保费收入在其他年份的环比数据皆呈现出明显的递增趋势。以2007年为例，在该年，广东、北京和上海的原保险保费收入分别为625.6亿元、498.05亿元和482.64亿元。2010年，该数据分别为1231.76亿元、966.46亿元和883.86亿元。截至2012年，该数据在三地的值分别为1290.86亿元、923.09亿元和820.64亿元。再从6年的均值来看，广东省为1035.17亿元，北京市为748.68亿元，上海市为700.89亿元。不难发现，广东的历年数据和数据均值都要显著高于北京和上海。

与此同时，从财产保险保费收入的历年数据来看。2007~2012年，三地的数据都呈现出了非常明显的递增趋势。同时，三地的历年数据和数据均值也同样是广东最高，北京次之，上海最后。

再从人身保险保费收入的数据来看。2007~2012年，广东、北京和上海的数据走势除了在2011年出现了环比的下滑之外，其余年份也同样呈现出了非常明显的递增趋势。限于文章的篇幅，在此不再赘述。但值得提出的是，三地的均值对比在此佐证了其他数据的排名，即广东省数据居首、北京次之、上海最低。

其二，我们从支出的数据来看。以原保险赔付支出为例，从表6-2不难看出，2007~2012年，广东、北京和上海三地的保险赔付支出均呈现出明显的递增态势。以2007年为例，三地的原保险赔付支出数据分别为164.3亿元、135.38亿元和139.82亿元。2010年，三地的数据分别为252.41亿元、199.65亿元和194.54亿元。截至2012年，三地的数据分别为377.3亿元、286.17亿元和255.79亿元。与此同时，从三地的均值来看，广东省以259.24亿元排名第一，北京市以206.49亿元排名第二，上海市位列第三，为201.95亿元。

同时，再以财产保险保费支出和人身保险保费支出为例来看。2007~2012年，两个数据在三地的走势基本呈现出非常明显的增长趋势。截至2012年，在财产保险保费支出中，广东、北京和上海三地的数据分别为227.22亿元、152.29亿元和138.63亿元。在人身保险保费支出中，三地的数据分别为150.08亿元、133.88亿元和117.16亿元。此外，从两个数据的均值对比来看，财产保险保费支出也同样呈现出了广东最高、北京次之、上海第三的基本格局，而人身保险保费支出呈现出广东最高、上海次之、北京第三的格局。

至此，通过银行、证券和保险的纵向对比以及以保费收入和支出为例的横向对比，我们不难对广东省金融服务业的发展有一个宏观方面的大致了解。通过数据的对比分析我们基本可以得出一个结论，即就广东省金融服务业自身而言，其发展成果值得肯定，并且在与全国同类省市的比较中，其发展位居前列。

（二）广东省金融服务业的对外开放情况概述

金融对外开放包括金融业务开放化、金融市场开放化和货币国际化三个方面。在中国深化经济体制改革，由计划经济体制向社会主义市场经济体制转轨过程中，金融的对外开放已成为一种客观趋势，并且是我国经济与世界经济转轨的必然选择（何德旭，1995）。从我国"入世"谈判来看，我国对金融服务业的开放也作了具体的承诺，这也是广东省金融服务业对外开放的前提与基础。

因此，在本部分对广东省金融服务业对外开放的研究中，我们按照"入世"承诺的基本思路，分为银行业、证券业、保险业和其他金融相关行业展开对广东金融服务业对外开放的研究分析。

1. 银行业的对外开放

作为金融服务业中历史最为悠久的行业，银行业在一国国民经济中的重要性早已成为社会各界的普遍共识。然而正是由于这一重要性，各国对银行业的开放一直持非常谨慎的态度。对我国而言，由于长期受计划经济的影响，在改革开放初期乃至其后的很长一段时间内，银行业内部对政策性银行和商业银行等职能的划分并不是很明晰。这直接造成了我国银行业整体的封闭半封闭格局，在世界市场缺乏应有的国际竞争力。

然而随着世界经济一体化格局的日益形成，融入国际市场，参与国际分工，在国际竞争中提升自己的实力和发展水平成为许多发展中国家的共识。正是鉴于此，我国在20世纪90年代初期开始的"入世"谈判中，银行业的对外开放一直都是谈判桌上最为重要的议题之一。

而随着我们成功加入世界贸易组织，我国"入世"承诺中对银行业对外开放的项目也逐渐得到了兑现。因此，研究广东省乃至我国银行业的对外开放，这是我们必须了解的宏观环境和必备的前提。

如表6-3所示，从银行业务来看，截至目前，随着"入世"时间的延长，我国已基本完成了对银行业的所有开放承诺。我国银行业在宏观层面已基本形成了全方位、立体的对外开放格局。对于处于沿海开放地区的广东省而言，其开放的深度、广度和高度，在某种程度上都可能显著高于全国水平。因此，对于广东银行业开放的研究，其政策和实践意义都不容小觑。

表6-3 我国"入世"承诺中对银行业对外开放的具体承诺内容

行业	具体开放承诺内容
银行服务	接受公众存款和其他公共资金的支付存款;所有类型的贷款,包括消费信贷、抵押贷款、商业交易的代理和融资;金融租赁;所有支付和汇划服务,包括信用卡、赊账卡、贷记卡、旅行支票和银行汇票;担保和承诺;自营或代客外汇交易 **跨境交付** 下列服务可以跨境交付:提供和转让金融信息、金融数据处理以及相关软件;就协议所列各项银行和其他金融服务项目提供咨询、中介和其他附属金融服务,包括信用调查和分析、投资和证券组合的研究和咨询、收购咨询、公司重组和战略制定的建议 中国对其他服务内容不作跨境交付方面的承诺 **外国金融机构在中国境内开展业务的地域限制** 外汇业务:"入世"时取消限制 人民币业务: "入世"时,开放深圳、上海、大连、天津;"入世"后1年内,开放广州、珠海、青岛、南京、武汉;"入世"后2年内,开放济南、福州、成都、重庆;"入世"后3年内,开放昆明、北京、厦门;"入世"后4年内,开放汕头、宁波、沈阳、西安;"入世"后5年内,取消所有地域限制 **外国金融机构在中国境内开展业务的客户对象限制** 外汇业务,"入世"时取消客户对象限制 人民币业务,"入世"后2年内,允许外国金融机构对中国企业办理人民币业务;"入世"后5年内,允许外国金融机构对所有中国客户提供服务。允许外国金融机构办理异地业务 **在中国设立外资金融机构的许可条件** "入世"时,中国金融服务部门进行经营的批准标准仅为审慎性的(即不包括经济需求测试或营业许可的数量限制)。"入世"后5年内,取消现存的限制所有权、经营权、外国金融机构法律形式,包括内部分支机构和营业许可的任何非审慎性措施 **总资产要求** (A) 外资金融机构在中国设立外国独资银行、外国独资财务公司、中外合资银行、中外合资财务公司需达到规定的总资产要求为:提出申请前一年末总资产超过100亿美元 (B) 外资金融机构在中国设立外国银行的分行需达到规定的总资产要求为:提出申请前一年末总资产超过200亿美元 外国金融机构从事本币业务的资格:在中国营业3年,且申请前连续两年盈利 外国非银行金融机构在中国设立企业或代表处从事汽车消费信贷没有限制 **国民待遇限制** 除关于本币业务的地域限制和客户限制外,外国金融机构可以与外商投资企业、非中国自然人、中国自然人和中国企业进行业务往来,无个案批准的限制或需要

资料来源:作者根据商务部网站文件资料库《我国"入世"承诺》文字资料整理而得。

具体而言,我们以全球主要外资银行在珠三角地区的分布情况为例展开分析,如表6-4所示。首先,从进入时间来看,最早进入珠三角地区的外资银行分别是南洋商业银行、法国兴业银行、东亚银行有限公司和三井住友银行。其进入日期恰好是我国服务业大发展的元年——1992年。而2000年以后进入珠三角地区的银行有:新加坡星展银行有限公司,2004年;英国渣打银行有限公司,2005年;永亨银行有限公司,2006年;国民银行股份有限公司,2002年;印度巴鲁达银行,2004年;瑞士银行有限公司,2005年。

表 6-4 主要外资银行在珠江三角洲地区的分布情况概览（截至 2009 年）

序号	机构（代表处）名称	进入时间	来源地区	机构数量
1	南洋商业银行	1992-08-18	中国香港	2
2	法国兴业银行	1992-08-18	法国	2
3	东亚银行有限公司	1992-09-28	中国香港	2
4	三井住友银行	1992-09-28	日本	2
5	美国银行	1993-01-20	美国	3
6	德国德意志银行	1994-11-02	德国	2
7	香港恒生银行有限公司	1995-07-14	中国香港	2
8	美国花旗银行	1997-12-31	美国	3
9	比利时富通银行	1998-03-17	比利时	1
10	新加坡星展银行有限公司	2004-04-30	新加坡	2
11	英国渣打银行有限公司	2005-06-21	英国	3
12	永亨银行有限公司	2006-09-01	中国香港	2
13	荷兰银行	1994-12-02	荷兰	2
14	德富泰银行有限公司	1996-01-31	泰国	2
15	日本东京三菱银行	1996-04-01	日本	2
16	葡萄牙商业银行	1997-03-21	葡萄牙	1
17	国民银行股份有限公司	2002-12-17	韩国	2
18	印度巴鲁达银行	2004-03-30	印度	1
19	瑞士银行有限公司	2005-04-11	瑞士	2

资料来源：王洛林：《中国服务业开放与发展：特点与区域分析》，经济管理出版社，2009 年，第 132 页。

其次，从来源地区来看。在早期进入的外资银行中，中国香港地区占据着主导地位。从表 6-4 的统计数据来看，在珠三角地区，来自中国香港地区的有 4 家，美国的 2 家，日本 2 家，其余国家基本上只有 1 家。

最后，从机构数量的排行榜来说。数量最多的是美国银行和美国花旗银行，其各有 3 家。此外，英国的渣打银行在珠三角的机构数量也为 3 家。

至此，我们基本可以得出如下结论，即在广东省银行业的对外开放过程中，中国香港、美国和英国的银行业占据着外资银行在珠三角地区同类银行的主导地位。同时，这种主导地位体现在进入时间和机构数量两个方面。

2. 证券业的对外开放

对于广东省证券业对外开放的研究，与研究银行业的思路相同，我们同样先以证券业对外开放的大背景为例展开分析。如表 6-5 所示，在我国证券业的对外开放中，除了对合资标准的批准标准为审慎性和外国证券机构在中国设立的分支机构基本不做承诺之外，对证券业外资的开放承诺也基本涵盖了大多数业务领域。实际上，这也是我们对广东省证券业对外开放情况进行研究的必要前提。

表 6-5 我国"入世"承诺中对于证券业对外开放的具体承诺内容

行业	开放承诺的具体内容
证券服务	跨境交付 外国证券机构可不通过中国中介直接从事 B 股交易 在中国设立企业或机构的限制：自加入时起，外国证券机构在中国的代表处可成为所有中国证券交易所的会员。自"入世"时起，允许外国服务提供者设立合资公司，从事国内证券投资基金管理业务，外资最多可达 33%；"入世"后 3 年内，外资增至 49%。"入世"后 3 年内，允许外国证券公司设立合资公司，外资最多可达 33%，合资公司可直接从事 A 股的承销、B 股和 H 股及政府和公司债券的承销和交易、基金的发起 中国金融服务部门对合资公司的批准标准为审慎性的（即不含经济需求测试或营业许可的数量限制）。中国对于外国证券机构在中国设立其他形式的企业或机构不作承诺

资料来源：作者根据商务部网站文件资料库《我国"入世"承诺》文字资料整理而得。

我们整理了 2013 年中国金融年鉴中，广东省证券业的基本数据。受统计制度所限，在研究广东省证券业对外开放的过程中，我们仅以境内外上市的公司数为例展开分析，如表 6-6 所示。

表 6-6 广东省证券业相关指标

项目 \ 年份	2008	2009	2010	2011	2012
股票市价总值（亿元）	11823.41	29808.40	32553.20	23831.50	27742.70
其中：股票流通市值（亿元）	6800.00	20487.68	25733.58	12682.06	14703.22
境内上市公司数（A、B 股）（家）	202	225	294	339	369
境内上市外资股（B 股）（家）	29	29	28	28	26
境外上市公司数（H 股）（家）	20	20	21	22	23

资料来源：《中国金融年鉴》(2013)。

首先，从境内上市的公司数来看，在 A 股和 B 股中，2008 年，广东省境内上市的公司数一共有 202 家。从后续几年的数据走势看，其与广东省大多数金融数据的走势相同，基本延续了明显的上升趋势。2010 年，其数值上升至 294 家。在随后的 2011 年，其更是迅速攀升至 300 家，在该年，广东省境内上市公司数为 339 家。截至 2012 年，广东省内境内上市公司数达到了 369 家。

其次，从 B 股的数据来看。众所周知，B 股是指人民币特种股票，它是以人民币标明面值，以外币认购和买卖，在境内上海证券交易所、深圳证券交易所上市交易的。因此，鉴于其吸纳国外资金的内涵特征，在某种程度上，其可以作为广东省证券业行业"引进来"的一个佐证。而从境内上市外资股（B 股）的家数来看，2008~2012 年，除了自 2010 年开始略微下降外，其走势基本稳定，家数稳定在 28 家左右。这说明，在广东省证券业"引进来"战略的执行过程中，其成果基本得以肯定。

最后，从 H 股的情况来看。我们知道，H 股也称国企股，指注册地在内地、上市地在香港的外资股（因香港英文——Hong Kong 首字母，而称得名 H 股）。因而，我们可以将境内上市公司（H 股）的情况看成是广东省证券业实施"走出去"战略的执行情况。从表 6-6 中可以看出，2008 年，广东省境外上市公司数为 20 家，到了 2010 年，其为 21 家。截至 2012 年，广东省境外上市公司数总额达到了 23 家。不难看出，2008~2012 年，广东省境外上市公司数总额虽然稳定，但也呈现出了明显的递增趋势。

至此，我们基本可以得出一个结论。即在广东省证券业对外开放的进程中，无论是从"引进来"，还是从"走出去"的角度考虑，其对外开放的成果都值得肯定。

3. 保险业的对外开放

再从保险业来看。众所周知，保险是指投保人根据合同约定，向保险人支付保险费，保险人对于合同约定的可能发生的事故因其发生所造成的财产损失承担赔偿保险金责任的一种商业行为。从其定义来看，一个国家或地区的经济社会发展水平越高，其对于保险的商业需求就越大。因此，作为我国金融服务业中的一个重要组成部分，鉴于其在国民经济中的重要地位，我国在"入世"承诺中，也对保险业的对外开放做出了非常明确的承诺。

其具体开放内容如表 6-7 所示。可以看出，随着我国加入世界贸易组织时间的增加，我国的保险业市场也基本形成了全方位、多层次的对外开放格局。这是我们研究广东省保险业对外开放的前提条件。

表 6-7 我国"入世"承诺中对保险业对外开放的具体承诺内容

行业	开放承诺概况
保险及其相关服务（包括寿险、健康险、养老金/年金险、非寿险、再保险和保险附属服务）	下列服务可以跨境交付： 再保险；国际海运、空运和运输保险；大型商业险经纪、国际海运、空运和运输保险经纪，以及再保险经纪。中国对其他服务不作跨境交付方面的承诺 **外商在中国设立外资保险企业的形式和外资股比限制** 自"入世"时起，允许外国非寿险公司设立分公司或合资企业，外资可占 51%。"入世"后 2 年内，允许外国非寿险公司设立外资独资子公司，取消企业形式限制 自"入世"时起，允许外国寿险公司设立合资公司，外资可占 50%，并可自行选择合资伙伴 对于大型商业险经纪、再保险经纪、国际海运、空运、运输保险和再保险经纪，自"入世"时起，允许设立外资股比不超过 50%的合资企业；"入世"后 3 年内，外资股比增至 51%；"入世"后 5 年内，允许设立外资独资子公司。对于其他经纪服务，中国不作承诺 将允许保险公司随着地域限制的逐步取消设立内部分支机构 **外国保险公司在中国开展业务的地域范围限制** 自"入世"时起，允许外国寿险和非寿险公司及保险经纪公司在上海、广州、大连、深圳和佛山提供服务；"入世"后 2 年内，允许外国寿险、非寿险公司及保险经纪公司在下列城市提供服务：北京、成都、重庆、福州、苏州、厦门、宁波、沈阳、武汉和天津。"入世"后 3 年内，将取消地域限制

续表

行业	开放承诺概况
保险及其相关服务（包括寿险、健康险、养老金/年金险、非寿险、再保险和保险附属服务）	**外国保险公司的业务范围** 自"入世"时起，允许外国非寿险公司提供无地域限制的"统括保单"大型商业保险，向境外企业提供保险，并向在中国的外商投资企业提供财产险、相关责任险和信用险。"入世"后2年内，允许外国非寿险公司向外国和国内客户提供全部非寿险服务 自"入世"时起，允许外国保险公司向外国人和中国公民提供个人险服务；"入世"后3年内，允许外国保险公司向外国人和中国人提供健康险、团体险和养老金/年金险 自"入世"时起，允许外国保险公司以分公司、合资公司或外资独资子公司的形式提供寿险和非寿险的再保险服务，无地域限制或发放营业许可的数量限制 **设立外资保险机构的许可条件** 自"入世"时起，许可的发放将没有经济需求测试或数量限制。设立外资保险机构的资格条件如下： a) 投资者应为在世界贸易组织成员中有30年以上设立商业机构经验的外国保险公司； b) 应连续2年在中国设有代表处；c) 在提出申请的前一年末总资产应超过50亿美元，但保险经纪公司除外 保险经纪公司的总资产应超过5亿美元；"入世"后1年内，其总资产应超过4亿美元；"入世"后2年内，其总资产应超过3亿美元；"入世"后4年内，其总资产应超过2亿美元 **国民待遇限制** 外国保险机构不得从事法定保险业务 自"入世"时起，外国保险机构要就非寿险、个人事故和健康险的基本风险的所有业务向一家指定的中国再保险公司进行20%的分保；"入世"后1年，分保比例为15%；"入世"后2年，分保比例为10%；"入世"后3年，分保比例为5%；"入世"后4年，不要求任何强制分保

资料来源：作者根据商务部网站文件资料库《我国"入世"承诺》文字资料整理而得。

我们同样以外资保险机构在珠三角地区的分支机构数量为例展开分析。如表6-8所示。

表6-8 外资保险机构在珠三角的情况（数据更新到2009年）

保险机构名称	进入时间	来源地区	数量
美亚保险公司	1995-10-30	美国	3
友邦保险公司	1995-10-30	美国	5
信诚人寿保险有限公司	2000-09-19	英国	2
中意人寿保险有限公司广东分公司	2002-01-31	意大利	1
安联保险公司	2002-12-27	德国	1
中宏人寿保险公司	2003-01-01	加拿大	2
太平洋安泰保险有限公司	2004-02-01	荷兰	2
中德安联人寿保险公司	2004-12-27	德国	1
中英人寿保险公司	2005-11-03	英国	1
三井住友海上火灾保险公司	1993-07-31	日本	2
美国纽约人寿国际公司	1995-08-25	美国	1
香港盈科保险有限公司	1998-01-26	中国香港	1
英国怡和保险顾问集团有限公司	1998-11-13	英国	1

续表

保险机构名称	进入时间	来源地区	数量
汇丰人寿保险（国际）有限公司	2003-03-25	中国香港	2
汇丰保险（亚洲）有限公司	2003-09-08	中国香港	2
美历国际有限公司	2003-09-08	中国香港	1
日本财产保险公司	2003-12-26	日本	2
根宁翰加拿大有限公司	2007-12-03	加拿大	1

资料来源：王洛林主编：《中国服务业开放与发展：特点与区域分析》，经济管理出版社，2009年，第135页。

首先，从进入时间来看。最早进入珠三角地区的外资保险机构是日本的三井住友海上火灾保险公司，其进入珠三角的时间是1993年，截至2009年，其在珠三角地区的营业机构数量为2个。紧随其后的是美国纽约人寿国际公司、美国美亚保险公司以及友邦保险公司。鉴于美国金融市场的发达性，美国企业在实施"走出去"战略时通常比其他国家的公司拥有更加敏锐的市场嗅觉。因此，美国保险公司以较早的时间进入广东地区，这说明在广东省内，保险业市场的发展空间巨大。

其次，从外资保险机构的来源地区来看。来自中国香港地区的有4家，来自美国的有3家，日本和英国各有2家。这说明在外资的来源地中，就广东省保险业来说，由于其邻近港澳地区的地缘优势，香港地区的资金对市场的反应度要明显优于其他国家或地区。因而在外商投资中，其具有更为明显的市场优势。

至此，我们也可以基本得出一个结论，即在广东省保险业的对外开放过程中，保险业市场全方位、多角度的对外开放格局已基本成型，且从外资的来源地看，在广东省保险业外资企业中，以中国香港、美国和英国的公司为主。

三、广东省金融服务业对外开放对经济社会影响的实证分析

（一）广东省金融服务业对外开放度的测算

前文从银行业、证券业和保险业三个角度分行业对广东省金融服务业对外发展和对外开放的现状展开了深入的分析。这对于我们从宏观层面认识广东省金融服务业对外开放的特征与可能存在的问题奠定了坚实的基础。

接下来，我们从定量的角度对广东省金融服务业的对外开放度进行测算。金

融对外开放是通过放宽或取消金融管制来实现的,而且在某一空间和时点上可表现为一种具体状态或趋势(张金清、刘庆富,2007)。

受省级层面统计数据所限,我们只采用了金融服务业外商直接投资实际利用额数据,并以其在当年广东省国民生产总值中的比重作为衡量广东省金融服务业对外开放的定量分析指标。

如表 6-9 所示,先从 FDI 的角度来看,1990 年,广东省金融服务业吸纳的外商直接投资实际利用额仅为 19.61 亿元,1992 年,其迅速增长至 146.58 亿元。从后续几年的数据走势看,虽然在个别年份其环比数据增长值出现了轻微的下降趋势,但从拉长的时间区间来看,其走势基本呈现出在动态调整中的递增态势。到了 2000 年,与 1990 年相比,其数据继续上涨至 192.56 亿元,并在随后的 2002 年,达到了自 1990 年以来的历史最高峰,为 5044.83 亿元,而从后续几年的数据来看,这是直到 2012 年的历史最高值。截至 2012 年,广东省金融业吸纳外商直接投资的实际利用额为 1374.42 亿元。

表 6-9 广东省金融服务业对外开放度一览表

年份 指标	FDI(亿元)	FDI 环比增长率	GDGDP(亿元)	开放度
1990	19.6051	NA	500.21	0.0392
1991	4.7229	−0.7591	774.08	0.0061
1992	146.5781	30.0356	1040.34	0.1409
1993	654.5632	3.4656	3469.28	0.1887
1994	155.3090	−0.7627	4619.02	0.0336
1995	126.4341	−0.1859	5933.05	0.0213
1996	56.7028	−0.5515	6834.97	0.0083
1997	585.9349	9.3334	7774.53	0.0754
1998	89.0003	−0.8481	8530.88	0.0104
1999	206.7801	1.3234	9250.68	0.0224
2000	192.5556	−0.0688	10741.25	0.0179
2001	116.1263	−0.3969	12039.25	0.0096
2002	5044.8315	42.4426	13502.42	0.3736
2003	1624.1129	−0.6781	15844.64	0.1025
2004	134.9118	−0.9169	18864.62	0.0072
2005	289.4128	1.1452	22557.37	0.0128
2006	586.6448	1.0270	26587.76	0.0221
2007	175.4243	−0.7010	31777.01	0.0055
2008	47.5739	−0.7288	36796.71	0.0013

续表

年份 \ 指标	FDI（亿元）	FDI 环比增长率	GDGDP（亿元）	开放度
2009	296.7386	5.2374	39482.56	0.0075
2010	464.5908	0.5657	46013.06	0.0101
2011	1034.3122	1.2263	53210.28	0.0194
2012	1374.4206	0.3288	57067.92	0.0241

注：NA 表示当年该数据缺失。
资料来源：国家统计局网站和相关年份《广东省统计年鉴》。

相比之下，从开放度的指标数据走势来看，1990~2012 年，其基本呈现出与 FDI 走势吻合的趋势。如图 6-1 所示，排除 1993 年和 2002 年两个特殊年份，从整体来看，1992 年以后呈现出明显的下降趋势，而到了 2004 年以后，其又呈现出较为明显的递增态势。

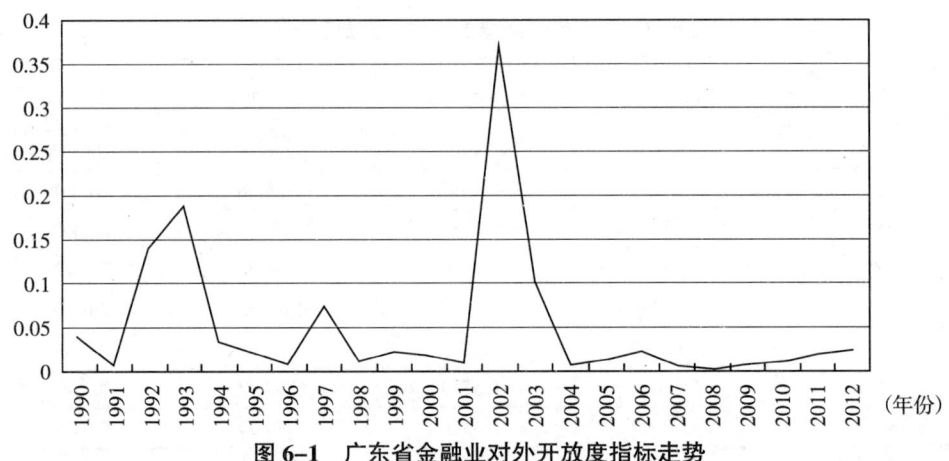

图 6-1　广东省金融业对外开放度指标走势

资料来源：国家统计局网站和相关年份《广东省统计年鉴》。

（二）对外开放对广东金融业发展的影响

1. 从产值的角度来看

陈雨露、罗煜（2007）认为，金融开放促进经济增长的主要途径是提升投资数量和投资效率，分散风险，改善金融技术和全要素生产率，进行制度改革，带来配合效应。金融开放在带来收益的同时也造成金融风险，因此要最大化金融开放的收益，就需要控制开放的程度。

如表 6-10 和图 6-2 所示，2003~2012 年，广东省金融服务业增加值环比呈现明显的递增态势。在此期间,广东省金融服务业开放度的走势基本稳定。2007年以后,广东省金融服务业增加值环比呈现出明显的递减趋势,而相比之下,此期间的金融业对外开放度也呈现出轻微的下调趋势。

表6-10 广东省金融服务业行业增加值及相关比例数据   单位:亿元

年份\指标	地区生产总值	三产增加值	金融服务业增加值	金融增加值环比增长率	金融服务业占总产值比	金融服务业占三产比
2003	15844.64	7178.94	534.28	NA	0.033720	0.074423
2004	18864.62	8335.3	602.68	0.128023	0.031948	0.072305
2005	22557.37	9772.5	661.81	0.098112	0.029339	0.067722
2006	26587.76	11585.82	899.91	0.359771	0.033847	0.077673
2007	31777.01	14076.83	1705.08	0.894723	0.053658	0.121127
2008	36796.71	16321.46	1972.4	0.156779	0.053603	0.120847
2009	39482.56	18052.59	2283.29	0.157620	0.057830	0.126480
2010	46013.06	20711.55	2658.76	0.164443	0.057783	0.128371
2011	53210.28	24097.7	2916.13	0.096801	0.054804	0.121013
2012	57067.92	26519.69	3171.96	0.087729	0.055582	0.119608
均值	34820.19	15665.24	1740.63	0.238222	0.046211	0.102957

注:NA表示当年该数据缺失。
资料来源:国家统计局网站和相关年份《广东省统计年鉴》。

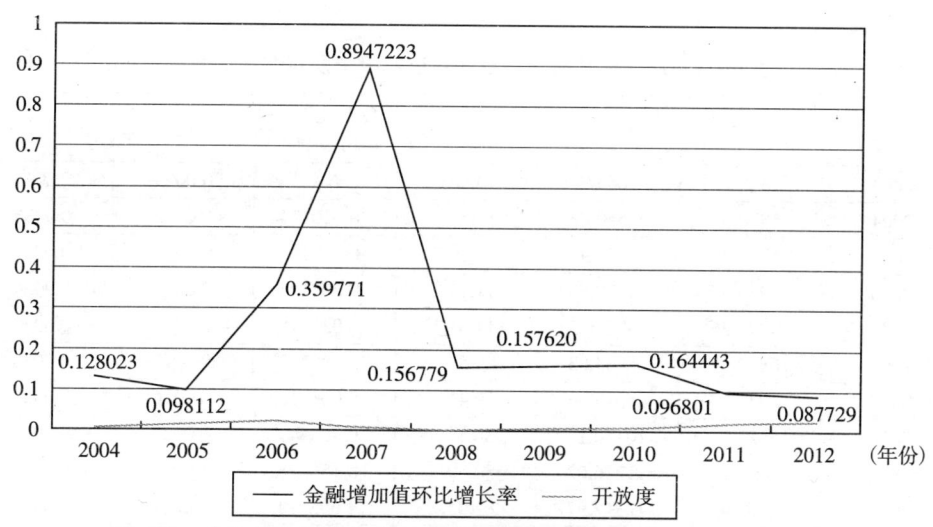

图6-2 广东省金融服务业行业增加值环比增长率与对外开放度走势
资料来源:国家统计局网站和相关年份《广东省统计年鉴》。

从整个区间来看，2003~2012 年，金融服务业的增加值环比变化率走势呈现出倒"U"形结构，其高峰值出现在 2007 年，2008 年，受美国金融危机的影响，广东省金融服务业增加值环比变动率呈现出非常明显的下降趋势。并且，截至 2012 年，其环比增长率下降的趋势仍未发生根本性的改观。而相比之下，从广东省金融业的开放度指数走势来看，其除了在 2008 年前后发生了轻微的下浮之外，整个时间区间呈现上升趋势。

至此，我们基本可以得出如下结论。在 2008 年美国金融危机发生之前，开放度与广东省金融业产值之间呈现出明显的同步正相关关系。而在 2008 年以后，对外开放度对广东省金融服务业增加值的环比增长率变动的影响作用并不显著，甚至一度呈现了负相关关系。这一发现符合我们的经济直觉，即对于金融业来说，开放对行业发展是一把"双刃剑"，开放在带动本国或本地区产业发展的同时，其也会通过"风险转移"机制带来潜在的不利影响。在 2008 年金融危机过后，金融开放与经济稳定的关系重要性已经越来越得到了人们的重视，并且在某些领域采取了必要的修复措施，如重视外资金融机构对本省经济安全的影响等。从数据走势来看，这些措施的成果是值得肯定的。

2. 从固定资产投资角度来看

首先，从固定资产投资的角度来看。如表 6-11 所示，2003~2012 年，从整个时间区间的最终走势来看，广东省金融服务业固定资产投资的绝对数呈现出明显的递增关系。2003 年，其为 13.88 亿元，到了 2008 年，其增长至 20.55 亿元，2010 年更是增加到了 36 亿元。截至 2012 年，广东省金融服务业增加值的数据

表 6-11　广东省金融服务业固定资产投资及相关比例数据　　单位：亿元

指标 年份	全社会	服务业	金融服务业	金融业固投 环比增长	全社会比	服务业比
2003	4813.2	3085.93	13.88	NA	0.0029	0.0045
2004	5870.02	3550.48	13.6	−0.020173	0.0023	0.0038
2005	6977.93	3825.97	9.26	−0.319118	0.0013	0.0024
2006	7973.37	4628.59	11.19	0.208423	0.0014	0.0024
2007	9294.26	5723.25	11.54	0.031278	0.0012	0.0020
2008	10868.67	6834.03	20.55	0.780763	0.0019	0.0030
2009	12933.12	8313.36	20.41	−0.006813	0.0016	0.0025
2010	15623.7	10150.1	36	0.763841	0.0023	0.0035
2011	17069.2	11216.02	30.59	−0.150278	0.0018	0.0027
2012	18751.47	12347.97	81.55	1.665904	0.0043	0.0066
均值	11017.49	6967.57	24.857	0.328203	0.0021	0.0033

注：NA 表示当年该数据缺失。
资料来源：国家统计局网站和相关年份《广东省统计年鉴》。

为 81.55 亿元。

其次,从金融服务业固定资产投资环比增长率和固定资产投资占总投资的比重情况来看。2003~2012 年,广东金融服务业固定资产投资的环比增长率除了在 2004 年、2005 年、2009 年和 2011 年出现环比下降的走势外,在其他年份的环比增长皆为正。从整个区间的最终走势来看,广东省金融服务业的环比增长率同样呈现出明显的递增趋势。

而相比之下,金融服务业固定资产投资占全社会的比例和占服务业总固定资产投资的比例在此期间的走势基本稳定。以占全社会总固定资产投资的比例为例,2003~2012 年,广东省金融服务业固定资产投资占总固定资产投资的比例均值为 0.21%,占服务业总固定资产投资的比例均值为 0.33%。

最后,从开放度与金融业固定资产的数据走势来看。以金融业固定资产投资环比增长率为例,如图 6-3 所示,2003~2012 年,广东省金融服务业的对外开放度走势基本稳定,而对比之下,金融业固定资产投资的环比增长率在上下波动的剧烈走势中呈现出明显的上扬态势。

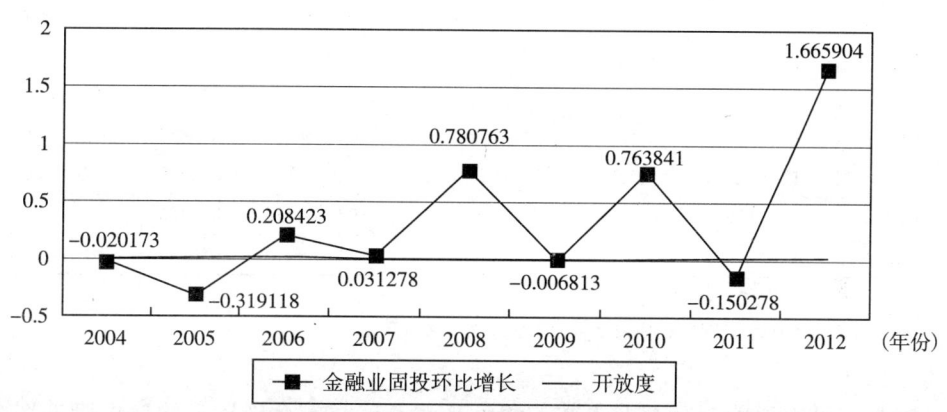

图 6-3　广东省金融服务业固定资产投资环比增长率与对外开放度走势
资料来源:国家统计局网站和相关年份《广东省统计年鉴》。

深入研究二者走势的基本关系,我们不难得出这样一个结论,即就广东省金融服务业而言,其行业开放度与固定资产投资的作用关系并不显著。但是也不难发现,金融服务业固定资产投资在某些年份围绕开放度上下波动。这基本可以说明两个问题:其一,在广东省金融服务业外商直接投资中,投向固定资产的资金较少;其二,鉴于固定资产投资对行业发展的重要作用,政府在引导外资流向方面可以有较大的作用空间。

3. 从吸纳就业人数的角度来看

从就业角度来看,如表 6-12 所示,就金融服务业就业人数的绝对值数据来看，在 2003 年，广东省金融服务业吸纳的就业人数为 44.04 万人，2007 年，其下降至 41.57 万人。从后续两年的数据走势来看，受 2008 年美国金融危机的影响，其走势继续呈现出明显的下降趋势。2009 年，广东省金融服务业吸纳的就业人数为 37.49 万人。这一下降趋势一直到 2010 年才发生了根本性的改观，在该年，广东省金融服务业就业人数的环比增长数据再次出现了为正的趋势，从环比数据来看，其在该年为 9.9%。截至 2012 年，广东省金融服务业就业人数的绝对值为 47.59 万人，环比增长 3.25%。

表 6-12　广东省金融服务业吸纳就业人数及相关比例数据　　单位：万人

年份 \ 指标	城镇就业总人数	服务业城镇就业总人数	金融服务业就业人数	金融就业环比增长率	金融服务业占总人数比	占服务业总就业人数比
2003	1205.44	582.484	44.035	NA	0.036530	0.075599
2004	1210.90	584.617	44.377	0.007767	0.036648	0.075908
2005	1195.50	578.247	43.848	−0.011921	0.036677	0.075829
2006	1172.09	568.102	42.788	−0.024174	0.036506	0.075317
2007	1144.72	556.744	41.570	−0.028466	0.036315	0.074666
2008	1007.87	499.950	35.480	−0.146500	0.035203	0.070967
2009	1055.03	517.380	37.490	0.056652	0.035535	0.072461
2010	1118.50	546.400	41.200	0.098960	0.036835	0.075403
2011	1238.22	595.280	46.090	0.118689	0.037223	0.077426
2012	1303.98	624.710	47.590	0.032545	0.036496	0.076179
均值	1165.23	565.391	42.447	0.011506	0.036397	0.074975

注：NA 表示当年该数据缺失。
资料来源：国家统计局网站和相关年份《广东省统计年鉴》。

这基本可以说明，从就业人数的角度来看，广东省金融服务业在抵御外部市场冲击，尤其是金融危机冲击的作用下，"免疫力"非常有限。换句话说，金融业的从业人数与世界经济的整体环境有着极为密切的关系。这一结论同样可以从金融服务业就业人数占总就业人数的比重和占服务业总就业人数的比重来看，如表 6-12 所示，2003~2012 年，广东省金融服务业就业人数占总就业人数的比重均值数据为 3.64%，占服务业总就业人数的比重数据均值为 7.50%。而且从在此时间区间的走势来看，两个数据皆在 2008 年出现了环比数据增幅下降的明显趋势。

再从就业与开放度的关系来看，如图 6-4 所示，2003~2012 年，开放度的数据走势虽然在 2008 年前后略有下浮，但从拉长的动态区间来看，其仍然呈现出比较明显的递增趋势。相比之下，广东金融服务业的就业人数环比增长率在

2008年前后的波动幅度非常剧烈。从整个区间来看，其先是呈现出"U"形，再呈现出倒"U"形的走势。

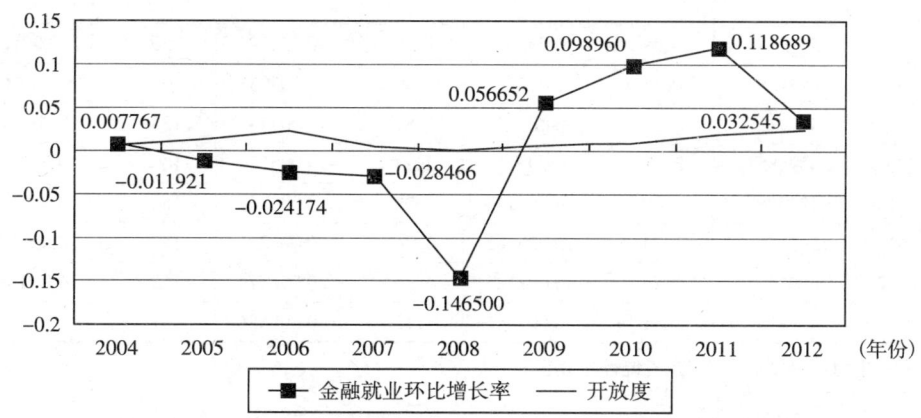

图 6-4　广东省金融服务业就业人数环比增长率与对外开放度走势
资料来源：国家统计局网站和相关年份《广东省统计年鉴》。

从就业与开放度之间的走势图基本可以得出一个这样的结论，即在广东省金融服务业中，外资进入广东对金融行业的就业影响不大。这也说明，与传统的金融行业企业相比，外资更多的是拥有资本和技术方面的竞争优势。因而其对于人才的质量和需求层面也比较高，这是造成二者关系不显著的一个重要原因。

四、广东省金融服务业对外开放中存在的问题

1. 从金融服务业内外资企业占比来看

如表 6-13 所示，我们以金融服务业按登记注册类型分组的法人单位数为例展开分析。可以看出，2006~2012 年，在金融服务业法人单位数中，内资企业在此期间的均值为 2715.57 个，占三次产业总法人个数的比例为 0.55%。而相比之下，外资企业的法人单位个数在此期间的数据均值为 131.71 个，同期占三次产业总法人单位数的比例为 0.027%。

和外资企业相比，内资企业法人单位数占据着绝对的优势地位。这基本可以告诉我们，在广东省金融服务业中，内资企业仍然占据着行业法人单位的主导地位。换句话说，就广东省金融服务业而言，其外资企业法人单位在广东省的发展仍然有非常巨大的提升空间。

表 6-13　广东省金融服务业按登记注册类型分组的法人单位　　　单位：个

年份	总计			内资企业		外资企业（不含港澳台）	
	三产	金融服务业	占比	金融服务业总计	占三产总比	金融服务业总计	占三产总比
2006	337393	1698	0.005033	1619	0.004799	55	0.000163
2007	373188	1976	0.005295	1880	0.005038	63	0.000169
2008	401931	1984	0.004936	1787	0.004446	158	0.000393
2009	459585	2628	0.005718	2424	0.005274	163	0.000355
2010	522286	3209	0.006144	2999	0.005742	163	0.000312
2011	596143	3984	0.006683	3774	0.006331	157	0.000263
2012	668166	4759	0.007122	4526	0.006774	163	0.000244
均值	479813.14	2891.14	0.005847	2715.57	0.005486	131.71	0.000271

资料来源：相关年份《广东省统计年鉴》。

2. 从资金来源地来看

如表 6-14 所示，我们同样以金融服务业按登记注册类型分组的法人单位数为例展开分析。可以看出，2006~2012 年，在广东省金融服务业外资登记法人数中，来自港、澳、台地区的投资资金的法人单位数均值为 43.86 个，占金融服务业法人单位总数的比例均值为 1.56%。相比之下，外商投资企业的法人单位数在此期间的均值为 131.71 个，同期的占比数据均值为 4.72%。

表 6-14　广东省金融服务业按登记注册类型分组的法人单位　　　单位：个

年份	类别 金融服务业总计	港、澳、台商投资企业		外商投资企业	
		总计	占比	总计	占比
2006	1698	24	0.014134	55	0.032391
2007	1976	33	0.016700	63	0.031883
2008	1984	39	0.019657	158	0.079637
2009	2628	41	0.015601	163	0.062024
2010	3209	47	0.014646	163	0.050795
2011	3984	53	0.013303	157	0.039408
2012	4759	70	0.014709	163	0.034251
均值	2891.14	43.86	0.015536	131.71	0.047198

资料来源：相关年份《广东省统计年鉴》。

从二者数据的对比来看，我们不难发现，在外商投资企业中，来自港、澳、台地区的投资企业法人单位数无论是从绝对值还是从相对值来看，都远远高于其他地区的外商投资法人单位数。这也说明，在广东省金融服务业中，港、澳、台商远比其他资金来源地的外商拥有更多的市场话语权。换句话说，对于广东省金融服务业来说，其资金的来源结构仍然较为单一，从抵御市场风险的角度来看，这也是未来广东省金融服务业对外开放中需要重点关注的问题之一。

3. 从外资进入中国的方式来看

在对广东省金融服务业对外开放存在问题的研究中，我们从中外资合作方式的角度展开研究。

首先，从港、澳、台商投资企业来看。如表6-15所示，2006~2012年，在广东省金融服务业按登记注册类型分组的法人单位中，港、澳、台商独资经营企业以均值30排名第一，占港、澳、台商投资企业总数的68%，而相比之下，合资经营企业的均值数据为12，占比26.4%。这说明，在广东省金融服务业中，外商独资仍然是港、澳、台商进入广东的主要方式，其他合作方式仍有待提高。

表6-15 广东省金融服务业按登记注册类型分组的法人单位（港、澳、台商投资企业）

单位：个

类别 年份	港、澳、台商投资企业总计	合资经营企业（港、澳、台资）	合作经营企业（港、澳、台资）	港、澳、台商独资经营企业	港、澳、台商投资股份有限公司	其他港、澳、台商投资
2006	24	8	NA	16	NA	NA
2007	33	12	NA	19	2	NA
2008	39	8	1	29	1	NA
2009	41	10	1	30	NA	NA
2010	47	12	1	34	NA	NA
2011	53	14	2	35	2	NA
2012	70	17	3	47	3	NA
均值	43.86	11.57	1.6	30	2	NA

注：NA表示当年该数据缺失。
资料来源：相关年份《广东省统计年鉴》。

其次，从外商投资企业来看。如表6-16所示，2006~2012年，在广东省金融服务业外商投资企业中，外资企业（独资）的均值数据为54，占外商投资企业法人总数比为41%，而相比之下，中外合资经营企业的法人数为62.43，占比47%，中外合作经营企业和外商投资股份有限公司的绝对值数据分别为2.71和12.43，占比分别为2%和9%。

这一发现与上文对于港、澳、台商投资企业合作方式的研究结论不同，在外商投资企业中，中外合资经营企业占据着主导地位，其次是外资企业（独资）和外商投资股份有限公司。这说明，在外商投资资金与内资的合作方式中，港、

表6-16 广东省金融服务业按登记注册类型分组的法人单位(外商投资企业)

单位:个

类别 年份	外商投资 企业总计	中外合资 经营企业	中外合作 经营企业	外资企业 (独资)	外商投资股 份有限公司	其他外商 投资
2006	55	18	1	32	4	NA
2007	63	25	1	33	4	NA
2008	158	80	3	59	16	NA
2009	163	82	3	61	17	NA
2010	163	80	3	62	18	NA
2011	157	73	4	65	15	NA
2012	163	79	4	66	13	1
均值	131.71	62.43	2.71	54.00	12.43	1.00

注:NA表示当年该数据缺失。
资料来源:相关年份《广东省统计年鉴》。

澳、台地区的资金独立性较高,而其他外资的独立性相对较低。这也提示我们,在广东省金融服务业的对外开放过程中,对除了来自港、澳、台地区的外资之外,就广东省而言,其合作的空间和合作的方式以及合作的水平都有很大的提升空间。

五、广东省扩大金融服务业对外开放的对策建议

(一) 从银行业的角度来看

首先,从政府监管的层面来看。就我国目前的金融业监管制度和监管层次来看,我国对金融业整个行业监管的原则是"分业经营、分业管理"。在中央层面,形成了"一行三会"的监督管理模式。具体来看,负责银行业监督管理的政府部门或机构是中国人民银行和中国银行业协会。就广东省而言,其银行业发展开放的直接管理部门是省级层面的央行分支机构和银监会的派驻机构。因此,广东省金融业的对外开放,从政府监管的层面来讲,主要是广东省金融监管部门应该在"入世"承诺开放的框架内,加强对省域经济的实情调研,要在管控风险的同时,积极制定银行业的"引进来"和"走出去"的相关扶持管理措施。

其次,从行业协会的层面来看。作为本省银行业的自律管理组织,在对外开放的过程中,银行业协会的主要作用体现在两个方面。其一是团结协会成员,积极组织行业内部的交流活动,加强行业内部成员的合作水平和层次。在协会合作框架协议内扶持弱小企业,提高整个行业的发展水平,增强整个行业的抗风险能

力。其二是加强同国外同行的交流合作，提供信息和从业人员职业技能的再培训。在力所能及的范围内，提供国外市场信息，建立健全国外市场的信息共享和风险预警机制。为业内企业实施"走出去"战略提供必要的信息支持。

最后，从行业内公司微观角度来看。对于银行业企业来说，其盈利模式决定了市场的宽度与广度，也是决定其是否能在市场竞争中求得生存发展和壮大的必要前提。因此，银行业在面临国内市场开放、国外同行抢占国内市场的竞争中，要积极制定自己的国际化发展战略。走国际化、多元化的发展战略，努力扩展自己的盈利空间。

（二）从证券业的角度来看

从政策制定者的角度来看，要有对该行业中长期发展的战略规划。"凡事预则立，不预则废"，对于一个行业的发展同样如此。就广东省证券业的发展和开放而言，作为全国两个拥有证券交易所的省份之一，其证券业的发展水平和程度都要显著高于全国其他内陆地区。同时，其沿海开放地区的区位优势，也为广东省证券对外开放提供了一个得天独厚的优越土壤。在全球经济一体化格局日益成型的今天，全球资本的流动速度也日渐加快。这对国内证券业的开放提出了客观的要求。

因而，对于广东省来说，下一阶段证券业开放的重点是要在充分重视开放的重要性的基础上，加强对省域证券业发展特点和现存问题的研究，在综合借鉴国际先进经验的基础上，制定出省级层面的发展开放规划，并以此为基础，指导本省证券业的开放工作。

具体而言，可以在以下两个方面做重点突破。首先，在"入世"承诺对外开放的框架协议内，增加引进深圳证券交易所中外国证券机构的数量。通过引入外国证券机构，可以学习其先进的发展经验，求得自身的发展壮大。其次，鼓励省内证券公司加强同国外证券公司的交流合作，扩大合作的方式和层次。在中外合作中，鼓励业内企业实施自己的国际化发展战略，培育一批有世界影响力的中资证券机构。

（三）从保险业的角度来看

从全国范围内来看，受我国传统外向型经济发展模式的影响，广东省内民营经济与外贸经济的发展水平较高。而从其现阶段的发展层次来看，广东省已日渐成为中国乃至世界范围内重要的商品集散地。在客观上对保险业的需求相比其他经济发展水平落后地区的省市而言要旺盛得多。换句话说，广东省保险业的发展拥有良好的外部土壤。

从广东省的保险业发展来看，在其行政管辖范围内也存在着为数众多的保险公司。总部位于中国深圳的平安集团更是保险业的翘楚企业。已有文献研究也曾指出，当今世界的全球化在某种程度上即是跨国公司的全球化。因此，在未来一段时间里，扩大广东省保险业的对外开放，应该是在尊重市场规律的基础上，整合市场、政府和行业协会的综合力量，培育一批国际化特色鲜明的省内保险企业。

具体做法为：从政府的层面来讲，应该在尊重市场规律的前提下，出台相关的财政、税收和金融扶持措施，为行业内公司的发展壮大创造良好的软硬件环境。从行业协会的层面来讲，要在组织行业企业交流合作的同时，为业内企业实施"走出去"战略提供信息和相关商务咨询、会计、法律服务。从企业层面来讲，得做足内功，在国内市场稳步增长的同时，积极参与国际竞争，推进自身发展战略的国际化。

参考文献：

[1] 马勇、陈雨露：《资本账户开放与系统性金融危机》，《当代经济科学》，2010 年第 4 期，第 1-8、124 页。

[2] 陈雨露、罗煜：《金融开放与经济增长：一个述评》，《管理世界》，2007 年第 4 期，第 138-147 页。

[3] 张金清、刘庆富：《中国金融对外开放的测度与国际比较研究》，《国际金融研究》，2007 年第 12 期，第 61-69 页。

[4] 李巍：《资本账户开放、金融发展和经济金融不稳定的国际经验分析》，《世界经济》，2008 年第 3 期，第 34-43 页。

[5] 曹苏峰：《论国内金融自由化与对外开放金融服务贸易》，《南开经济研究》，2001 年第 6 期，第 41-44 页。

[6] 何德旭：《论中国金融的对外开放》，《经济学家》，1995 年第 6 期，第 42-48 页。

[7] 刘小明、李成：《发展中国家金融开放与我国金融安全思考》，《经济学家》，2005 年第 6 期，第 110-117 页。

[8] 王洛林主编：《中国服务业开放与发展：特点与区域分析》，经济管理出版社，2009 年，第 132 页。

第七章 广东省房地产业对外开放现状、问题与对策建议

徐春华 李 钊 霍景东[*]

【摘要】 我国的房地产市场自1998年首次房改以来,取得了令世人瞩目的成绩,但也存在着这样或那样的潜在问题,处于沿海开放地区的广东省更是如此。本章基于广东省房地产业外向型特征明显的事实出发,就其现阶段的房地产市场的发展和开放的现状进行了分析。我们研究发现:虽然广东省房地产市场的整体发展势头良好,但其对外开放的程度和水平都有待加深。与此同时,我们以此背景为基础,提出了一个衡量广东省房地产业对外开放度的量化指标。随后,研究了对外开放对广东省房地产业的影响及广东省房地产业对外开放中存在的问题。研究结果显示:在广东省房地产对外开放对广东省的影响中,开放度与产值环比增长率和就业环比增长率负相关,与行业固定资产投资环比增长率正相关。同时,广东省房地产业对外开放还存在着资金来源结构单一、中外资合作方式低单一等问题。最后是简短的结论与未来广东省房地产业对外开放的政策建议。

一、引言

对于我国房地产市场的研究,必定绕不开1998年的中国房地产市场改革。在该年的7月3日,国务院颁发《关于进一步深化城镇住房制度改革加快住房建设的通知》。该文件的颁发,正式开启了以"取消福利分房,实现居民住宅货币化、私有化"为核心的住房制度改革。从其影响来看,自此在我国延续了近半个

---

[*] 徐春华、中国人民大学经济学院博士生,主要研究方向为西方经济学。李钊,西安建筑科技大学管理学院副教授,主要研究方向为服务贸易理论与政策。霍景东,中国社会科学院工业经济研究所博士后,主要研究方向为服务经济与服务管理。

世纪的福利分房制度寿终正寝,此后"市场化"成为了房地产市场的主题词。

从历史的维度来看,自1998年至今,我国的房地产市场从无到有、从启动到成熟,其取得的成绩令人瞩目。但在历经了10余年的迅猛发展后,未来的房地产市场将走向何方,房地产市场的变局是否已在酝酿,房地产市场健康发展的调控政策怎样才算有效,此类问题都成为摆在政府、业界和学术领域的重要议题。

对于广东省来说,作为处于全国改革开放前沿地区的沿海开放地区,其房地产市场无论是从启动还是从现阶段的发展水准来说,都要显著高于全国其他同类省市。而且,从经济社会发展的内涵特征来看,广东省与其他内陆地区的显著不同在于其经济发展过程中的外向型。换句话说,广东省经济社会发展中存在着显著的对外开放特征。

就房地产市场而言,其行业特征决定了其对资金、土地、技术和政策等要素都有着异常高的需求。而在我国的经济发展过程中,资金、技术无论是在全国,还是在改革开放前沿地区的广东省,都是相对稀缺的资源要素。因此,在我国改革开放的过程中,伴随着一个显著的特征,即外资的大量涌入。已有研究发现,外资的大量涌入,除了能够解决资金引入地区建设资金缺乏的短板外,外资带来的"技术"溢出效应也能在无形中提高当地的行业技术水平。

以广东省房地产市场外商直接投资为例。1998年,广东省房地产市场外商直接投资实际利用额为12385.04亿元。到了2007年,其上升至26710.19亿元。10年的时间里,其增幅达到了115.66%。

因此,本章的研究正是基于此,试图在全面分析广东省房地产业现阶段的发展和对外开放现状的基础上,对开放可能产生的影响和存在的问题展开深入分析。力求从对外开放的角度为广东省房地产业未来的发展道路指出一条可行的路径。

二、广东省房地产业发展和对外开放现状

(一)广东省房地产市场的发展概况

1. 房地产企业土地开发及购置情况

在对广东省房地产业发展问题的研究中,我们以广东省房地产业企业土地开发及购置情况为例展开分析。如表7-1所示,首先,从房地产开发企业待开发土地面积来看。2003年,广东省房地产开发企业的数据为4148.04万平方米,2006年,其上升至5857.47万平方米。并且在随后的2008年达到了历史最高峰,为

6606.1万平方米。从后续几年的数据走势来看,这也是2003~2012年的历史最高值,并在随后呈现出环比逐年下降的趋势。不难看出,从广东省房地产开发企业待开发土地面积来看,其2003~2012年的走势基本呈现出明显的倒"U"形特征。

表7-1 广东省房地产企业土地开发及购置情况概况

年份 指标	房地产开发企业待开发土地面积(万平方米)	房地产开发企业购置土地面积(万平方米)	房地产开发企业土地成交价款(亿元)	房地产开发企业土地购置费用(亿元)
2003	4148.04	2468.08	170.11	214.54
2004	NA	2956.22	204.11	212.71
2005	3245.1	2894.12	151.05	213.57
2006	5857.47	2493.28	229.18	229.18
2007	5879.09	3138.66	424.82	412.69
2008	6606.1	2639.4	289.98	504.9
2009	4653.6	2259.9	407.17	468.2
2010	4643.8	1726.3	435	634
2011	4135.81	2436.64	520.66	792.2
2012	4122.82	1805.44	591.85	787.27
均值	4810.20	2481.80	342.39	446.93

资料来源:国家统计局网站和相关年份《中国房地产统计年鉴》。

其次,从房地产开发企业购置土地面积来看。广东省房地产开发企业的购置土地面积在2003年为2468.08万平方米,2006年,其回落至2493.28万平方米。随后的2007年,其达到阶段性的历史最高值,为3138.66万平方米。从随后几年的数据走势看,广东省房地产开发企业购置土地的面积环比出现递减的发展走势。从2003~2012年的整个数据来看,其基本呈现出下降的趋势。

再次,从土地成交价款数据来看。广东省房地产开发企业土地成交价款在2003年的数据为170.11亿元,2007年,其上升至424.82亿元。截至2012年,其上升至591.85亿元。可以看出,2003~2012年,除了个别年份出现数据的环比下浮之外,从整个区间来看,其走势仍然呈现出明显的递增态势。

最后,从房地产开发企业土地购置费用来看。广东省房地产开发企业土地购置费用在2003年为214.54亿元,2006年,其为229.18亿元。2008年,其更是增长至504.9亿元。在随后的2010年,其再次创出新高,为634亿元。截至2012年,广东省房地产开发企业土地购置费用达到了787.27亿元。与土地成交价款的环比数据在个别年份呈下降趋势相同,2003~2012年,广东省房地产开发企业的土地购置费用从总体来看呈现出明显的递增态势。

至此,通过待开发土地面积、购置土地面积和土地成交价款以及土地购置费用的历年数据来看，我们基本可以得出一个结论，即在广东省房地产的发展历程中，房地产开发企业的土地储备和拿地成本基本呈现出了一个相反的走势。换句话说，房地产市场虽然在持续发展，但房地产企业的整体盈利水平已大不如前。

2. 房地产开发企业投资总规模及完成情况

我们再以房地产开发企业投资总规模及完成情况为例对广东省房地产业的发展情况展开分析，如表7-2所示。

表7-2 广东省房地产开发企业投资额及完成情况一览表

指标 年份	房地产开发企业计划总投资（亿元）	房地产开发企业自开始建设至本年底累计完成投资额（亿元）	房地产开发企业本年完成投资额（亿元）	房地产开发企业建筑安装工程本年完成投资额（亿元）	房地产开发企业设备器具购置本年完成投资额（亿元）	房地产开发企业其他费用本年完成投资额（亿元）
2003	6279.35	4046.14	1233.52	866.97	25.26	341.3
2004	7148.24	4726.05	1355.84	953.35	29.61	372.89
2005	7914.98	4923.21	1591.9	1169.08	37	385.82
2006	9198.04	5822.83	1843.51	1390.89	39.13	413.49
2007	11641.29	7334.99	2517.23	1799.67	49.4	668.16
2008	14731.65	9742.53	2949.25	2087.24	71.09	790.92
2009	16840.38	10241.73	2961.32	2165.06	39.45	756.81
2010	21757.06	12925.08	3659.69	2582.99	40.34	1036.36
2011	26860.98	16258.05	4809.91	3441.91	46.65	1321.35
2012	31182.22	20253.26	5352.79	3821.1	48.28	1483.4
均值	15355.419	9627.387	2827.496	2027.826	42.621	757.05

资料来源：国家统计局网站和相关年份《中国房地产统计年鉴》。

首先，从房地产开发企业计划总投资来看。2003年，广东省房地产开发企业计划总投资为6279.35亿元。2006年，其迅速增长至9198.04亿元。在随后的2007年，其首次突破10000亿元大关，为11641.29亿元。2011年，其再次创出新高，为26860.98亿元。截至2012年，广东省房地产开发企业计划总投资额为31182.22亿元。可以看出，2003~2012年，广东省房地产开发企业计划总投资额呈现出了非常明显的递增态势。

其次，从房地产开发企业自开始建设至本年底累计完成投资额数据来看。在2003年，广东省房地产企业自开始建设至本年底累计完成投资额数据为4046.14亿元。2008年上升至9742.53亿元。2010年，其再次创出新高，为12925.08亿元。截至2012年，广东省房地产开发企业自开始建设至本年底累计完成投资额为20253.26亿元。可以非常明显地看出，2003~2012年，其数据环比皆出现了上升趋势。

再次,从房地产开发企业本年完成投资额数据来看。在 2003 年,广东省房地产开发企业本年完成投资额为 1233.52 亿元。到了 2005 年,其增长至 1591.9 亿元。在随后的 2007 年,其更是增长至 2517.23 亿元。从后续几年的数据走势看,其环比皆出现了明显的增长态势。截至 2012 年,广东省房地产开发企业本年完成投资额为 5352.79 亿元。

最后,我们从房地产开发企业建筑安装工程本年完成投资额和房地产开发企业设备器具购置本年完成投资额以及房地产企业其他费用本年完成投资额数据来看。2003~2012 年,三个数据除了在极个别年份出现环比下降外,在此期间皆呈现出了明显的环比增长趋势。

至此,我们基本可以得出如下结论,即在以投资为衡量标准的广东省房地产业发展历程中,2003~2012 年,广东省房地产业的投资环比基本呈现出了明显的增长态势。这也说明,广东省房地产业企业整体的供应资金充足,发展后劲十足。

3. 按用途分商品房销售面积

我们再从按用途分商品房销售面积的角度对广东省房地产业的发展情况展开分析,如表 7-3 所示。

表 7-3 广东省房地产企业按用途分商品房销售面积

指标 年份	商品房销售面积 (万平方米)	住宅商品房销售面积 (万平方米)	别墅、高档公寓销售面积 (万平方米)	办公楼商品房销售面积 (万平方米)	商业营业用房销售面积 (万平方米)	其他商品房销售面积 (万平方米)
2003	3061.32	2739.6	218.92	53.53	207.34	60.85
2004	3346.02	3008.59	NA	42.35	206.41	88.69
2005	5038.91	4546.32	480.24	107.76	277.08	107.75
2006	5178.56	4693.39	662.34	125.49	275.99	83.69
2007	6174.57	5603.88	773.45	118.19	298.77	153.73
2008	4852.28	4360.45	423.43	92.87	250.15	148.81
2009	7060.03	6567.43	692.26	94.32	249.5	148.78
2010	7321.76	6552.81	725.43	163.03	371.91	234.01
2011	7427.87	6706.6	646.6	140.73	320.55	259.99
2012	7898.99	7157.63	540.21	141.47	360.57	239.32
均值	5736.03	5193.67	573.65	107.97	281.83	152.56

注:NA 表示当年该数据缺失。
资料来源:国家统计局网站和相关年份《中国房地产统计年鉴》。

首先,从商品房销售面积来看。可以看出,2003 年,广东省房地产企业按用途分的商品房销售面积总数为 3061.32 万平方米。2005 年,其增长至 5038.91

万平方米。2007年，其首次突破6000万平方米大关，在该年，广东省商品房销售面积的总数达到了6174.57万平方米。从后续几年的数据走势看，其呈现出非常明显的环比增长趋势。截至2012年，广东省房地产企业按用途分商品房销售总面积达到了7898.99万平方米。

其次，从住宅商品销售面积来看。2003年，广东省住宅商品房销售面积为2739.6万平方米。2007年，其增长至5603.88万平方米。在随后的2009年，其更是创出新高，在该年，广东省住宅商品房销售面积达到了6567.43万平方米。截至2012年，其数据达到了自2003年以来的历史最高值，为7157.63万平方米。可以看出，2003~2012年，广东省住宅商品房销售面积的环比除了在2008年出现了下降走势外，在其他年份的环比数据均呈现出了明显的上升趋势。

最后，从别墅和高档公寓销售面积、办公楼商品房销售面积和商业营业用房销售面积三种数据来看。2003~2012年，别墅、高档公寓销售面积除了在2008年出现数据的环比下降外，其他年份环比均基本呈递增态势。在此期间，广东省办公楼商品房销售面积在2007年、2008年和2011年出现了环比下降的趋势，在其他年份环比皆呈现出上升走势。此外，商业营业用房销售面积的走势波动最为异常，在此期间，其在2004年、2006年、2008年、2009年和2011年皆出现了环比下降的趋势。

至此，我们基本可以发现如下规律，即在2003~2012年，广东省商品房销售总面积递增态势明显。而在按用途分类中，住宅商品房销售面积除了在2008年和2010年间出现了环比下降的趋势外，在其余年份的递增态势非常明显。但办公楼商品房和商业营业用房的销售面积的环比下降年份明显多于住宅商品房。这也说明，商业地产的市场波幅要明显大于住宅市场。这一发现对于我们深入了解房地产市场的供给需求和价格走势具有重要的参考意义。

（二）广东省房地产市场的对外开放情况

1. 广东省房地产市场对外开放的背景分析

众所周知，"开放"的内涵特征即是一国或一地区参与世界市场分工，融入国际市场的程度。在我国波澜壮阔的对外开放历程中，加入世界贸易组织是一个重要的时间节点。因为，在加入世界贸易组织后，我国原本开放的国内市场将随着"入世"时间的推延，会在"入世"承诺开放的框架内逐步向国际市场开放。

因此，在对广东省房地产业对外开放的研究中，我国"入世"承诺的开放内容和过程以及开放程度是我们展开此项研究的一个重要前提，如表7-4所示。可以看出，在"入世"5年后，我国房地产市场将基本完成整体开放的承诺。而且，在与房地产业相关的服务领域，对外资进入的障碍限制随着"入世"时间的推移都基本得以清除。从我国现阶段房地产业的开放来看，我国已基本形成了一个全方位、多角度的对外开放格局。

表7-4 我国"入世"承诺中对涉及房地产业对外开放的相关规定与开放承诺

分类	相关规定及具体承诺开放内容
土地使用政策	土地归国家所有。企业和个人使用土地需遵守下列最长期限限制：居住目的为70年；工业目的为50年；教育、科学、文化、公共卫生和体育目的为50年；商业、旅游、娱乐目的为40年；综合利用或其他目的为50年
建筑设计服务、工程服务、集中工程服务、城市规划服务	外国公司如欲提供跨境服务，必须通过与中国专业团体合作进行，但方案设计除外 目前，在中国只允许设立合资企业，允许外方拥有多数股权；"入世"后5年内，允许设立外商独资企业。外商应为在其本国从事建筑、工程、城市规划服务的注册建筑师、工程师或企业 注：上述城市规划服务不包括城市总体规划服务
建筑及相关工程服务的承诺	外商在中国只能设立合资企业，允许外资拥有多数股权 "入世"后3年内，允许设立外商独资企业，但只能承揽下列4种类型的建筑项目：全部由外国投资或赠款资助的建设项目；由国际金融机构资助并通过根据贷款条款进行的国际招标授予的建设项目；外资等于或超过50%的中外联合建设项目；如果外资少于50%，但因技术困难而不能由中国建筑企业独立实施的中外联合建筑项目；由中国投资、但中国建筑企业难以独立实施的建设项目，经省政府批准，可由中外建筑企业联合承揽

资料来源：作者根据商务部网站文件资料库《我国"入世"承诺》文字资料整理而得。

2. 从房地产开发企业个数来看

如表7-5所示，首先，从2003年的数据来看，在该年，广东省房地产开发企业总个数为4171个。其中，内资房地产开发企业个数为3370个，国有房地产开发企业个数为487个，集体房地产开发企业个数为536个。与此同时，在该年，港、澳、台投资房地产开发企业个数为692个，外商投资房地产开发企业个数为109个。从该年的横向比较来看，内资企业仍然占据着广东省房地产开发企业总数的绝对主导地位。

表7-5 广东省房地产开发企业按不同所有制划分的企业个数一览表

年份 \ 指标	房地产开发企业总个数（个）	内资房地产开发企业个数（个）	国有房地产开发企业个数（个）	集体房地产开发企业个数（个）	港、澳、台投资房地产开发企业个数（个）	外商投资房地产开发企业个数（个）
2003	4171	3370	487	536	692	109
2004	5982	4940	541	726	757	285
2005	5410	4410	439	511	792	208
2006	5504	4508	391	457	794	202
2007	5695	4663	345	420	798	234
2008	6651	5594	319	433	797	260

续表

指标 年份	房地产开发企业总个数（个）	内资房地产开发企业个数（个）	国有房地产开发企业个数（个）	集体房地产开发企业个数（个）	港、澳、台投资房地产开发企业个数（个）	外商投资房地产开发企业个数（个）
2009	6079	5107	271	339	737	235
2010	6527	5567	261	327	737	223
2011	6219	5337	219	256	677	205
2012	6492	5601	213	228	685	206
均值	5873	4909.7	348.6	423.3	746.6	216.7

资料来源：国家统计局网站。

其次，从后续几年的数据对比来看，这一趋势得以延续。2007年，广东省房地产开发企业中，房地产开发企业总数为5695个。其中，内资企业4663个，港、澳、台投资房地产开发企业个数为798个，外商投资房地产开发企业个数为234个。不难发现，在该年，广东省房地产开发企业中，内资企业在总数上占据主导地位的格局基本未发生改变。

截至2012年，从房地产开发企业数据来看。在该年，广东省房地产开发企业的总个数为6492个。其中，内资企业为5601个，占比86.28%，国有和集体企业总数为441个，占比6.79%。而相比之下，港、澳、台房地产企业的数据为685个，占比10.55%，外商投资房地产开发企业总数为206个，占比3.17%。

从前面的分析我们知道，外资企业进入一国或一地区市场的数量、时间与程度，都可以作为衡量该国或该地区的对外开放水平。因此，内资企业，港、澳、台商投资企业和外商投资企业在广东房地产市场的同期占比，基本可以作为衡量广东省房地产市场对外开放的水平。

从本部分的分析我们基本可以得出如下结论，即在以外商投资企业占行业总企业数的比重为指标的衡量标准中，广东省房地产市场的开放水平还有较大的提升空间。

3. 从房地产开发企业资金来源来看

房地产市场是一个对资金、土地等生产要素有着极高需求的一个行业。与此同时，从世界市场的发展规律来看，房地产市场的利润回报率也相对较高。从我国对外开放的实际情况来看，在对外开放的过程中，外商投资资金出于追逐利润动机考虑，其资金流向大都向房地产等高收益、高回报的行业倾斜。

从广东省的情况来看，如表7-6所示。首先，我们从广东省房地产开发企业资金来源地分类统计数据的纵向对比来看。不难看出，2003~2012年，房地产开发企业资金来源数总数呈现出明显的递增态势。在2003年的数据为1683.68亿元，2007年，其为3986.71亿元，而2012年，其更是达到了7918.27亿元。从国内贷款数来看,广东省房地产企业国内贷款数在 2003 年的数据仅为 370.82 亿元,2009 年,其迅速攀升至 1010.29 亿元。截至 2012 年,广东省房地产开发资金中来自国内贷款的总金额已高升至 1507.53 亿元。这说明在 2003~2012 年,广东省房地产开发中来自国内贷款的资金也呈现出了明显的递增趋势。与此同时,我们再从外商直接投资的资金来源来看,在 2003 年,广东省房地产企业外商直接投资金额为 23.28 亿元。2007 年,其增长至 61 亿元,从后续几年的数据来看,虽然在个别年份其数据环比出现了下降的趋势,但从整体来看其走势的上升趋势仍然明显。截至 2011 年,广东省房地产开发企业中外商直接投资的金额已经达到了 59.5 亿元。

表 7-6 广东省房地产开发企业资金来源一览表

年份	房地产开发企业资金来源小计(亿元)	房地产开发企业国内贷款(亿元)	房地产开发企业利用外资(亿元)	房地产开发企业外商直接投资(亿元)	房地产开发企业自筹资金(亿元)	房地产开发企业其他资金来源(亿元)
2003	1683.68	370.82	30.79	23.28	424.06	857.51
2004	1863.89	334.08	38.26	23.37	506.19	985.07
2005	2233.6	385.75	37.16	26	702.33	1108.35
2006	2891.11	620.96	59.84	40.83	704.93	1505.39
2007	3986.71	780.83	88.23	61	1060.75	2056.89
2008	3861.87	901.46	66.35	56.04	1173.12	1720.94
2009	5078.28	1010.29	65.23	44.42	1334.49	2668.28
2010	5782.46	1256.11	90.85	72.77	1580.81	2854.68
2011	6877.82	1224.22	73.38	59.5	2153.46	3426.77
2012	7918.27	1507.53	29.06	26.59	2414.64	3967.04
均值	4217.769	839.205	57.915	43.38	1205.478	2115.092

资料来源:国家统计局网站。

其次,我们从各项数据的横向对比来看。先以 2003 年为例,在该年,广东省房地产开发企业资金来源中,国内贷款为 370.82 亿元,占总数比为 22.02%;房地产开发企业利用外资为 30.79 亿元,占总数比为 1.83%;房地产开发企业外商直接投资为 23.28 亿元,占总数比为 1.38%。此外,房地产开发企业自筹资金为 424.06 亿元,占总数比为 25.19%;其他资金来源为 857.51 亿元,占总数比为 50.93%。

最后,从 2006 年、2007 年、2009 年的数据来看,在其横向对比中,来源于各种不同类型的资金同期占总数比的比值基本呈现出相同的格局。截至 2012 年,在广东省房地产开发企业资金的不同来源中,来自国内贷款的总金额为 1507.53 亿元,占同期总数比为 19.04%;来自国内企业利用外资额的总数为 29.06 亿元,占同期比为 0.37%；来自外商直接投资的总数为 26.59 亿元，占同期比为 0.34%。而相比之下，来自企业自筹资金的数据为 2414.64 亿元，占比 30.49%；其他资金来源总数为 3967.04 亿元，占比 50.10%。

至此，在对广东省房地产行业的对外开放研究中，我们基本可以得出如下结论，即在广东省房地产企业中，从建设资金的来源考虑，房地产企业的自筹资金和其他资金来源仍然占据着行业资金来源的主导地位，居于其次的是国内贷款。而国内企业利用外资和外商直接投资的占比仍然相对较小。换句话说，在广东省房地产行业，从企业资金筹集的方式来看，来自外商的投资资金所起的作用仍然相对较小。

三、广东省房地产业对外开放效应的实证分析

（一）广东省房地产对外开放度的测算

从概念界定的角度来讲，一国或一地区的对外开放度是指该国或该地区的经济融入世界市场、参与全球价值链分工重构的水平与程度。从现有文献来看，较多的研究将视角放在整个国民经济开放度测算方面，他们一般从"入世"承诺入手，以"入世"承诺开放和实际开放的比例关系作为衡量一国或一地区经济的对外开放度。

已有研究大多指出，在我国改革开放的历程中，伴随着一个显著的经济现象，即外资大量涌入。从房地产业的数据来看，其情况更是如此，如表 7-7 所示。

表 7-7 广东省房地产对外开放度一览表   单位：亿元

年份	FDI	GDGDP	开放度
1990	438.4281	500.21	0.8765
1991	901.3412	774.08	1.1644
1992	2316.2974	1040.34	2.2265
1993	7734.8512	3469.28	2.2295
1994	13413.2828	4619.02	2.9039
1995	13415.7980	5933.05	2.2612
1996	14974.2068	6834.97	2.1908
1997	8249.0971	7774.53	1.0610

第七章 广东省房地产业对外开放现状、问题与对策建议

续表

年份	FDI	GDGDP	开放度
1998	12385.0369	8530.88	1.4518
1999	13380.3819	9250.68	1.4464
2000	16800.6817	10741.25	1.5641
2001	11053.9335	12039.25	0.9182
2002	11635.8066	13502.42	0.8618
2003	12965.0928	15844.64	0.8183
2004	5851.1182	18864.62	0.3102
2005	6916.8257	22557.37	0.3066
2006	10255.1627	26587.76	0.3857
2007	26710.1906	31777.01	0.8406
2008	23029.6043	36796.71	0.6259
2009	20172.2162	39482.56	0.5109
2010	22273.2120	46013.06	0.4841
2011	18412.5533	53210.28	0.3460
2012	18142.4406	57067.92	0.3179

资料来源：国家统计局网站和相关年份《广东省统计年鉴》。

可以看出，1990年，广东省房地产业外商直接投资中实际利用外商投资额的数据为438.43亿元。1992年，受我国大力发展服务业的政策利好冲击，其数据迅速冲高到2316.30亿元。在随后的1996年，其更是冲出了历史新高，在该年，广东省房地产实际利用外商投资额达到了14974.21亿元。在随后的几年里，其数据除了在1997年出现下浮之外，自1998年起再次企稳回升，到了2000年，其数据达到了近10年来的历史最高峰，为16800.68亿元。从后续几年的数据走势看，其除了在个别年份出现了环比下降的趋势外，如2004年和2008年等，其余年份的走势基本还是呈现出稳定增长的态势。在2007年，其数据达到了自1990年以来的历史最高峰，为26710.19亿元。截至2012年，广东省房地产业实际利用外资额的数据为18142.44亿元。

因此，不难发现1990~2012年，排除极个别年份受经济政策和系统性风险的影响外，广东省房地产业实际利用外资的绝对值数据从拉长的动态区间来看，呈现出了明显的上升趋势。这也是我们拟利用房地产业实际利用外资额在广东省国民生产总值中的比重作为衡量广东省房地产业对外开放度的一个主要出发点之一。

如表7-7所示，在2000年以前，广东省房地产业的开放度数据稳定在1.76%的均值区间，并且在1990~2000年，其出现了一个自1990~2012年的历史最高点2.90%。在2000年以后，其走势基本呈现出下浮的态势，2000~2012年，

广东省房地产业对外开放度的均值数据为56.05%,并且其阶段性高峰值出现在2007年,为84.06%。在此之后,其再次呈现出明显的下降趋势,其走势概览如图7-1所示。

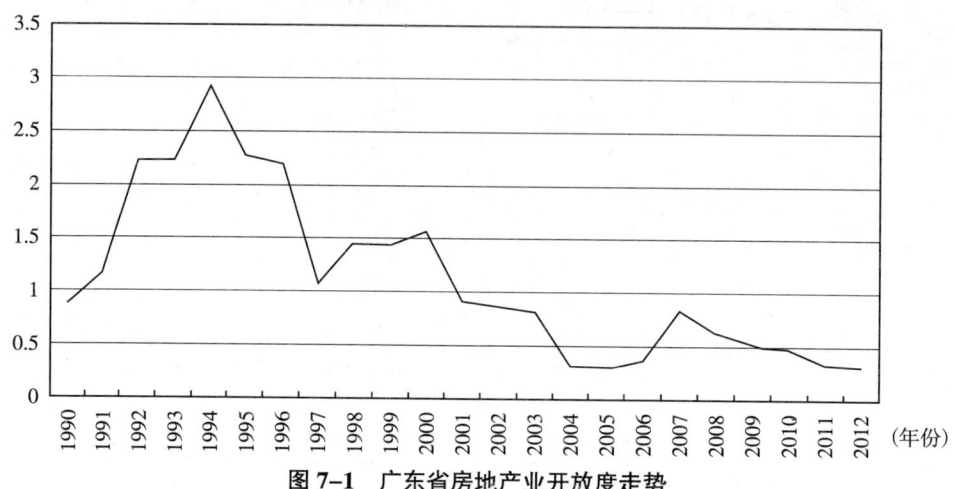

图7-1 广东省房地产业开放度走势
资料来源:国家统计局网站和相关年份《广东省统计年鉴》。

造成这一走势的原因可以从下面两个方面来加以解释:其一,从开放度的指标测算方法来看,其是外商直接投资实际利用额与广东省国民生产总值绝对值二者数据相比的结果。在2000年以后,广东省国民生产总值的绝对值数据增长迅猛。外商直接投资绝对数虽然也在增加,但其基数和增幅都远不及国民生产总值的增长。因此,在分母增加的情况下,造成了比值的下降。其二,受到我国宏观经济政策与房地产业调控政策的影响。众所周知,从我国全国范围来看,我国房价自2000年以来呈现出了明显的增长趋势。在此期间,受利益驱动,内资企业大量涌入房地产市场,这在一定程度上挤压了外资的市场空间。此外,我国政府基于经济社会稳定和房地产业长期繁荣发展的出发点,针对行业发展的政策措施,如抑制投机等措施,使得外资对中国房地产市场的未来走向产生了判断方面的短期分歧,这对于其市场决策产生了影响,使得房地产业外资流入的绝对数环比增速放缓。

(二)房地产业对外开放对广东省经济社会的影响

1. 从产值的角度来看

首先,从房地产业的行业增加值数据来看。如表7-8所示,在2003年,广东省房地产业增加值为955.66亿元,2007年,其迅速增加至2029.77亿元。从后续几年的数据走势来看，房地产业增加值呈现出了非常明显的增长态势。2008年，其为2057.45亿元，到了2010年，其首次接近3000亿元关口，在该年，广东省房地产业增加值为2813.95亿元。在接下来的两年里，其延续了自2003年以来的增长趋势。截至2012年，广东省房地产业增加值达到了自2003年以来的历史最高值，为3643.87亿元。

表7-8 广东省房地产业增加值相关数据指标　　　　　　　单位：亿元

年份	地区生产总值	三产增加值	房地产业增加值	房地产增加值的环比增长率	房地产业占总产值比	房地产业占三产比
2003	15844.64	7178.94	955.66	NA	0.060314	0.133120
2004	18864.62	8335.3	1103.75	0.1550	0.058509	0.132419
2005	22557.37	9772.5	1430.37	0.2959	0.063410	0.146367
2006	26587.76	11585.82	1722.07	0.2039	0.064769	0.148636
2007	31777.01	14076.83	2029.77	0.1787	0.063875	0.144192
2008	36796.71	16321.46	2057.45	0.0136	0.055914	0.126058
2009	39482.56	18052.59	2470.63	0.2008	0.062575	0.136857
2010	46013.06	20711.55	2813.95	0.1390	0.061155	0.135864
2011	53210.28	24097.7	3321.31	0.1803	0.062419	0.137827
2012	57067.92	26519.69	3643.87	0.0971	0.063851	0.137402
均值	34820.19	15665.24	2154.88	0.1627	0.061679	0.137874

注：NA表示当年该数据缺失。
资料来源：国家统计局网站和相关年份《广东省统计年鉴》。

与此同时，从广东省房地产业增加值的环比数据和占比数据来看。房地产业增加值环比增长率除了在2006年、2007年、2008年、2010年和2012年出现环比增幅下降的趋势外，在其他年份均呈现出了明显的增长态势。而从占比数据来看，房地产业增加值占总产值的比重，2003年为6.03%，2007年为6.388%，到了2012年，其为6.385%。可以看出，在此期间，广东省房地产业增加值占总产值比走势基本稳定，其占比值稳定在6.17%。此外，从房地产业增加值占三次产业总产值比的情况来看，2003~2012年，其占比值数据同样波幅不大，稳定在13.79%的水平区间。

而在此期间，广东省房地产业的开放度指数却呈现出了另一番走势。在2004年，广东省房地产业的开放度为0.3102，到了2006年，其为0.3857，2010年，为0.4841。可以看出，在此期间，其基本呈现出一个明显的"U"形走势。

为了探究开放对房地产业产值的可能影响，我们将广东省房地产业开放度走势与房地产业行业增加值的环比增长率走势放在同一图中进行比较。如图7-2所示。在此我们得出了一个结论,即广东省房地产业在此期间的开放度呈现出明显的倒"U"形走势,其与行业增加值环比增长率的"U"形走势恰好形成了一个截然相反的鲜明对比。

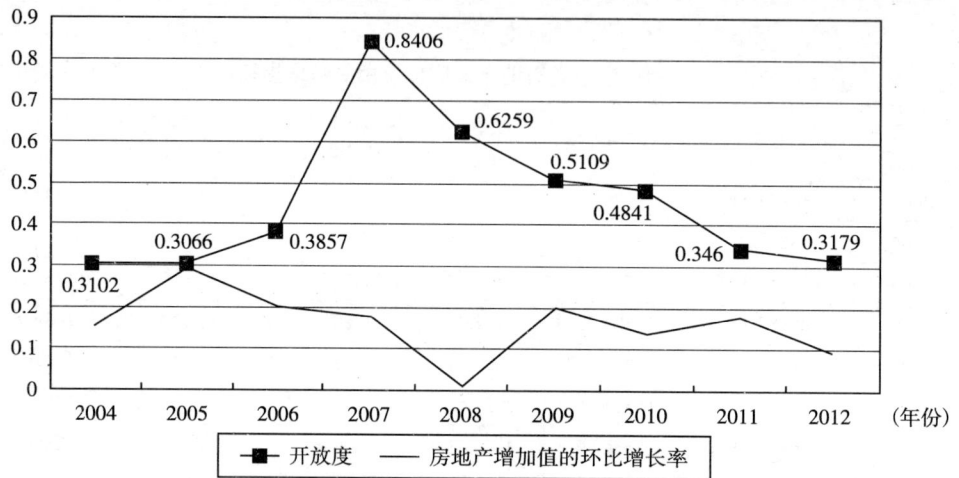

图7-2 广东省房地产业增加值环比增长率与对外开放度指数走势
资料来源:国家统计局网站与相关年份《广东省统计年鉴》。

这说明,开放并不是促进广东省房地产业产值环比增加的直接原因。实际上,从现有文献研究来看,开放对一国或一地区的影响除了通过已知的"技术溢出"效应产生积极影响外,也会通过"风险转移"产生负面的影响作用。

就广东省房地产业开放度与房地产业增加值环比呈现出负向的走势关系而言,这在某种程度上说明,对于广东省而言,在房地产业,外资的积极促进作用有待商榷。换句话说,在未来的一段时间里,在针对房地产业对外开放的政策制定中,我们需要对其对广东省房地产业产生的可能影响进行新的评估,以避免盲目无序开放可能带来的不利影响。

2. 从固定资产投资的角度来看

下面,我们从固定资产投资的角度对开放对广东省房地产业的可能影响展开研究,如表7-9所示。

先从房地产业的固定资产投资数据来看。2003年,广东省房地产业的固定资产投资为1486.24亿元,2006年,其增长至2208.43亿元,从随后几年的数据走势看,其上升势头迅猛,2010年,其首次突破4000亿元大关,为4574.1亿元。截至2012年,广东省房地产的固定资产投资数据已高达6789.3亿元。再从环比增长率来看,在2004年,广东省房地产业固定资产投资的环比增长率为

第七章 广东省房地产业对外开放现状、问题与对策建议

表 7–9 广东省房地产业固定资产投资相关数据一览表　　　　单位：亿元

指标 年份	全社会	服务业	房地产业	房地产环比增长率	占全社会比	占服务业比
2003	4813.2	3085.93	1486.24	NA	0.3088	0.4816
2004	5870.02	3550.48	1636.11	0.1008	0.2787	0.4608
2005	6977.93	3825.97	1794.62	0.0969	0.2572	0.4691
2006	7973.37	4628.59	2208.43	0.2306	0.2770	0.4771
2007	9294.26	5723.25	3043.85	0.3783	0.3275	0.5318
2008	10868.67	6834.03	3631.72	0.1931	0.3341	0.5314
2009	12933.12	8313.36	3805.23	0.0478	0.2942	0.4577
2010	15623.7	10150.1	4574.1	0.2021	0.2928	0.4506
2011	17069.2	11216.02	5874.71	0.2843	0.3442	0.5238
2012	18751.47	12347.97	6789.3	0.1557	0.3621	0.5498
均值	11017.49	6967.57	3484.43	0.1877	0.3077	0.4934

注：NA 表示当年该数据缺失。
资料来源：国家统计局网站和相关年份《广东省统计年鉴》。

10.08%，2007年，其增长至37.83%。截至2012年，其环比增长率数据为15.57%。而从其环比数据增长率的走势可以看出，除了在2008年、2009年和2012年出现轻微的下调趋势外，在其余年份，其呈现出非常明显的递增趋势。

与此同时，从占比数据来看，2003~2012年，广东省房地产业固定资产投资占全社会总固定资产投资的数据为0.3088，2008年，其上升至0.3341，2012年为0.3621，可以看出，在此期间其均值一直稳定在0.30左右的水平，呈现出缓慢但稳定的上升趋势。再从占服务业总固定资产投资的比重数据来看，2003~2012年，广东省房地产固定资产投资占服务业总固定资产投资的比重在2003年为0.4816，2008年，其为0.5314，2012年为0.5498。在此期间，其均值为0.4934。与占全社会固定资产总投资占比数据走势相同，其也呈现出明显的稳步增长态势。

而就房地产固定资产投资与广东省房地产开放度之间的关系来看，我们以房地产固定资产投资环比增长率为例展开分析，如图7-3所示。可以看出，2004~2012年，广东省房地产业固定资产投资的环比增长率呈现出明显的阶梯状下浮的趋势，从数据的走势图来看，其与在此期间的广东省房地产业开放度的走势图在宏观走向上基本吻合。

至此，我们基本可以得出如下结论，即就广东省而言，房地产业开放度能有效提高或降低广东省房地产业的固定资产投资增长率。在开放度提高时，房地产业的固定资产投资增长幅度较快，在开放度降低时，房地产业的固定资产投资增

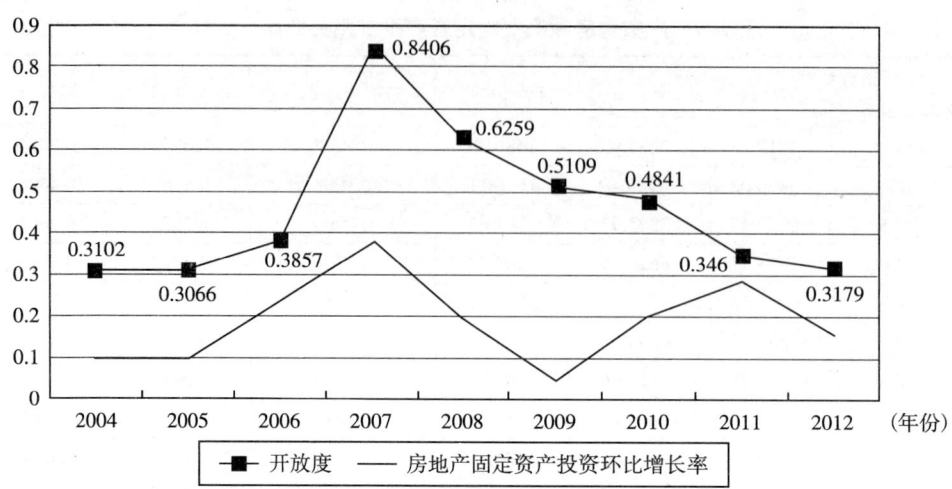

图 7-3 广东省房地产业固定资产投资环比增长率与对外开放度走势

资料来源:国家统计局网站与相关年份《广东省统计年鉴》。

长幅度较慢。

3.从吸纳就业人数的角度来看

我们再从广东省房地产业吸纳就业人数的数据来看。为了综合分析开放对就业可能产生的影响,我们从以下三个方面展开分析:

第一,我们从广东省房地产业就业人数的相关数据来看。如表 7-10 所示,在 2003 年,广东省房地产业就业人数总数为 31.66 万人,2006 年,其降至 30.56 万人,2009 年,其再次下降,在该年,广东省房地产业总就业人数为 26.08 万人。该数据在 2011 年出现企稳回升态势,上升至 33.38 万人。截至 2012 年,广东省房地产业总就业人数的数据为 34.86 万人。可以看出,其数据走势基本呈现出"U"形的发展趋势。

表 7-10 广东省房地产业就业人数相关数据一览表 单位:万人

指标 年份	城镇就业总人数	服务业城镇就业总人数	房地产业就业人数	房地产就业环比增长率	房地产占总就业总数比	房地产占服务业总就业人数比
2003	1205.44	582.48	31.66	NA	0.026264	0.054354
2004	1210.90	584.62	31.95	0.00916	0.026385	0.054651
2005	1195.50	578.25	31.46	−0.01534	0.026315	0.054406
2006	1172.09	568.11	30.56	−0.02861	0.026073	0.053792
2007	1144.72	556.74	29.48	−0.03534	0.025753	0.052951
2008	1007.87	499.95	24.09	−0.18284	0.023902	0.048185

第七章　广东省房地产业对外开放现状、问题与对策建议

续表

指标 年份	城镇就业总人数	服务业城镇就业总人数	房地产业就业人数	房地产就业环比增长率	房地产占总就业总数比	房地产占服务业总就业人数比
2009	1055.03	517.38	26.08	0.08261	0.024720	0.050408
2010	1118.50	546.40	29.00	0.11196	0.025928	0.053075
2011	1238.22	595.28	33.38	0.15103	0.026958	0.056074
2012	1303.98	624.71	34.86	0.04434	0.026734	0.055802
均值	1165.22	565.39	30.25	0.01522	0.025903	0.053370

注：NA 表示当年该数据缺失。
资料来源：国家统计局网站和相关年份《广东省统计年鉴》。

再从环比数据来看，广东省房地产业就业人数的环比数据在 2004 年为 0.91%，2006 年为-2.86%，到了 2010 年，为 11.2%。截至 2012 年，其为 4.43%。不难发现，就环比数据来看，广东省房地产业的就业人数环比数据也呈现出了明显的"U"形走势。

最后，从房地产业就业人数占比数据来看。2003~2012 年，广东省房地产业总就业人数占城镇就业总人数的比例基本维持在 2.6%左右的区间。与此同时，在此期间，广东省房地产业总就业人数占服务业总就业人数的比重数据基本维持在 5.3%左右的区间。从这段时间的走势来看，其数据的波动幅度较小，整体走势的变化不大。

第二，先从房地产开发企业从业人员数按不同行业的分布来看。如表 7-11 所示，首先，以房地产开发企业从业人数来看，其总数在 2003 年为 126518 人，到了 2007 年，其总数为 177138 人，而到了 2010 年，其更是增长至 189590 人。截至 2012 年，广东省房地产开发企业平均从业人数达到了 196656 人。可以看出，在此期间，其增长态势非常明显。其次，从横向对比来看，在 2003 年，广东省房地产开发企业从业人数中，内资企业平均从业人数为 105841 人，占比 83.66%；港、澳、台投资房地产开发企业平均从业人数为 17379 人，占比 13.74%；而相比之下，外商投资企业从业人员平均数仅为 3298 人，占比 2.61%。不难发现，与外资企业相比，内资在平均就业人数方面占据着绝对的主导地位。

从后续年份的数据走势来看，这一趋势得到了明显的延续。以 2007 年为例，在该年，广东省房地产开发企业从业人数平均值为 177138 人，其中，内资房地产开发企业平均人数为 140961 人，港、澳、台投资企业平均从业人数为 20397 人，外商投资开发企业从业人数为 15780 人。从其占比来看，三个数据的占比分别是 79.58%、11.51%和 8.91%。

截至 2012 年，在就业平均人数的占比数据中，内资企业，港、澳、台企业

表 7–11 广东省房地产开发企业从业人员数按不同行业分布   单位：人

年份\指标	房地产开发企业平均从业人数	内资房地产开发企业平均从业人数	国有房地产开发企业平均从业人数	集体房地产开发企业平均从业人数	港、澳、台投资房地产开发企业平均从业人数	外商投资房地产开发企业平均从业人数
2003	126518	105841	13913	19693	17379	3298
2004	147856	123661	13436	12532	17197	6998
2005	149622	124802	15253	11494	18953	5867
2006	158526	130063	11893	10698	19475	8988
2007	177138	140961	8880	11909	20397	15780
2008	191110	150688	9348	8805	20985	19437
2009	185500	150804	8072	8368	20591	14105
2010	189590	156060	8792	6657	19808	13722
2011	201153	164660	26254	5247	22633	13860
2012	196656	159261	10810	5040	22181	15214
均值	172366.9	140680.1	12665.1	10044.3	19959.9	11726.9

资料来源：国家统计局网站。

和外商投资企业的数据分别是 80.99%、11.28%、7.74%。这再次说明，在此时间区间内，内资企业仍然占据着房地产业平均就业人数的绝对主导地位，港、澳、台资企业和外商投资房地产开发企业吸纳的就业人数相对有限。

第三，从开放度与就业人数环比数据的走势关系对比来看。如图 7–4 所示，2004~2012 年，广东省房地产业的对外开放度呈现出明显的倒"U"形走势。而相比之下，在此期间，广东省房地产业就业人数的环比增长率却呈现出了明显的"U"形走势。这说明，就广东省而言，房地产市场的开放度与房地产业就业人数的环比增长率之间呈现出负相关的关系。即在开放度提高的同时，房地产业的就业人数环比下降；反之，当开放度降低时，房地产业就业人数的环比增长率上升。

从前文关于外资的内涵特征中，我们不难找到造成这一现象的原因。实际上，与内资相比，正是由于外资在资金、技术和劳动率方面的相对比较优势，因此，其对于行业人才的需要层面要明显高于内资企业，换句话说，外资所代表的高技术对人才素质的需求要相对较高。而在我国房地产业市场从业人员整体水平有待提升等因素的作用下，就广东省而言，外资的进入并不利于整个行业就业人数的增加。

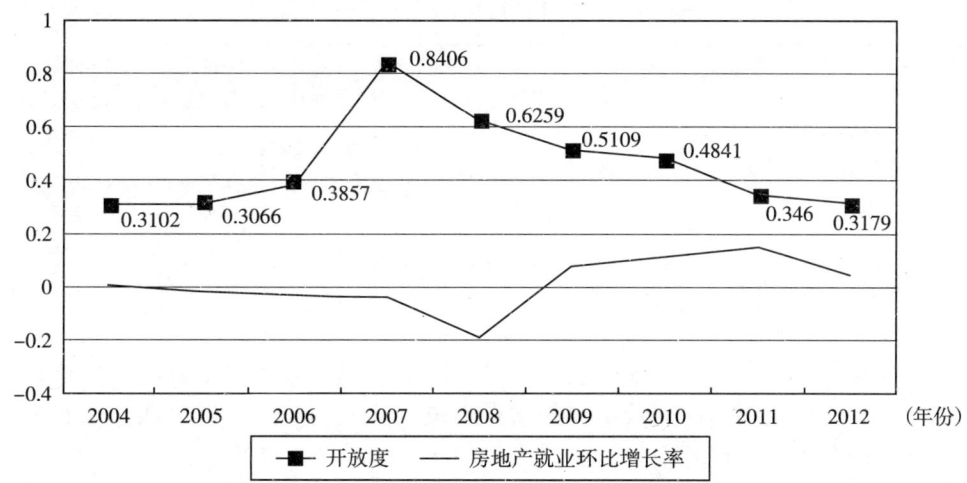

图 7-4 广东省房地产业就业人数环比增长率与开放度走势
资料来源：国家统计局网站与相关年份《广东省统计年鉴》。

四、广东省房地产业对外开放中存在的问题

(一) 从内外资的对比来看

如表 7-12 所示，我们以按登记注册类型分组的法人单位数为例对广东省房地产业的内外资情况展开分析。可以看出，2006~2012 年，广东省房地产业法人单位数总数的均值为 34457.86 个，占三次产业总数的比例为 7.22%。而相比之下，在房地产企业法人单位数中，内资企业在此期间的均值为 32318 个，占比 6.76%。与此同时，外资企业法人单位数在此期间的均值数据却仅为 568.86 个，同期占比的均值为 0.12%。

表 7-12　广东省房地产业按登记注册类型分组的法人单位　　　　单位：个

指标 年份	总计			内资企业		外资企业 (不含港澳台)	
	三产	房地产业	占比	房地产业总计	占三产总比	房地产业总计	占三产总比
2006	337393	24790	0.0735	22965	0.0681	477	0.00141
2007	373188	28701	0.0769	26483	0.0710	607	0.00163
2008	401931	28545	0.0710	26529	0.0660	553	0.00138
2009	459585	32982	0.0718	30883	0.0672	564	0.00123

续表

指标 年份	总计			内资企业		外资企业（不含港澳台）	
	三产	房地产业	占比	房地产业总计	占三产总比	房地产业总计	占三产总比
2010	522286	37619	0.0720	35440	0.0679	568	0.00109
2011	596143	42356	0.0711	40078	0.0672	597	0.00100
2012	668166	46212	0.0692	43848	0.0656	616	0.00092
均值	479813.143	34457.857	0.0722	32318	0.0676	568.857	0.00124

资料来源：相关年份《广东省统计年鉴》。

不难发现，在广东省房地产业行业中，在法人单位数的对比方面，与外资企业相比，内资企业仍然占据着绝对的主导地位。这说明，广东省房地产业的对外开放水平仍有较大的提升空间。

（二）从资金来源的结构分布来看

再从外资的资金来源地区数据来看。我们以来自港、澳、台商投资企业法人单位数和外商投资企业法人单位数为例展开分析，如表7-13所示。

表7-13 广东省房地产业按登记注册类型分组的法人单位　　　单位：个

年份	房地产业总计	港、澳、台商投资企业		外商投资企业	
		总计	占比	总计	占比
2006	24790	1348	0.054377	477	0.019242
2007	28701	1611	0.056130	607	0.021149
2008	28545	1463	0.051252	553	0.019373
2009	32982	1535	0.046541	564	0.017100
2010	37619	1611	0.042824	568	0.015099
2011	42356	1681	0.039687	597	0.014095
2012	46212	1748	0.037826	616	0.013330
均值	34457.86	1571	0.046948	568.86	0.017055

资料来源：相关年份《广东省统计年鉴》。

可以看出，2006~2012年，按登记注册类型分组的法人单位数中，来自港、澳、台商投资企业的数量绝对值均值为1571个，而从其占房地产业总数的比例数据来看，其占比在此时间段内的均值为4.69%。而相比之下，来自外商投资企业的法人单位数的绝对值在此期间的数据均值为568个，同期占比的均值数据为1.71%。

不难发现，在广东省房地产业外商直接投资资金的来源中，港、澳、台三地的资金占据着外商投资的决定性主导地位。这也说明,广东省房地产业外商投资资金的来源地较为单一。对于广东省而言,这是未来一段时间制订房地产业相关招商引资计划需要关注的问题之一。

(三)从外资进入中国的方式来看

接下来,我们从外资进入中国的方式角度对广东省房地产业中存在的问题展开分析,如表7-14和表7-15所示。

表7-14 广东省房地产业按登记注册类型分组的法人单位(港、澳、台商投资企业)

单位:个

年份\类别	港、澳、台商投资企业总计	合资经营企业(港、澳、台资)	合作经营企业(港、澳、台资)	港、澳、台商独资经营企业	港、澳、台商投资股份有限公司	其他港、澳、台商投资
2006	1348	325	484	529	10	NA
2007	1611	364	532	697	18	NA
2008	1463	315	358	759	31	NA
2009	1535	333	361	807	34	NA
2010	1611	342	365	869	35	NA
2011	1681	357	341	943	38	2
2012	1748	360	342	1004	40	2
均值	1571	342.29	397.57	801.14	29.43	2

注:NA表示当年该数据缺失。
资料来源:相关年份《广东省统计年鉴》。

表7-15 广东省房地产业按登记注册类型分组的法人单位(外商投资企业)

单位:个

年份\类别	外商投资企业总计	中外合资经营企业	中外合作经营企业	外资企业	外商投资股份有限公司	其他外商投资
2006	477	187	141	136	13	NA
2007	607	206	153	234	14	NA
2008	553	159	110	265	19	NA
2009	564	158	109	279	18	NA
2010	568	157	104	288	19	NA
2011	597	163	107	309	18	NA
2012	616	174	104	316	19	3
均值	568.86	172	118.29	261	17.14	3

注:NA表示当年该数据缺失。
资料来源:相关年份《广东省统计年鉴》。

从合作方式来看,以港、澳、台商投资企业为例。不难发现,2006~2012年,其均值数据的大小关系为:港、澳、台商独资经营企业以801.14排名第一,合作经营企业以397.58排名第二,而合资企业以342.29排名第三。这说明,在港、澳、台商投资企业中,独资是主要的经验模式。

而再以外商投资企业的数据为例。如表7-15所示,从合作方式来看,2006~2012年,从均值数据来看,外资企业以261个排名第一,中外合资经营企业以172个排名第二,中外合作经营企业以118.29个排名第三。这一数据排名与港、澳、台投资企业与中方公司的合作模式基本相同,但略有区别。

具体来看,外商独资基本都是行业主导的商业合作模式,而对于港、澳、台企业来说,合作经营的方式多于合资经营,但相比之下,外商投资企业的合资经营模式多于合作经营。

这也提示我们,就目前的广东省房地产市场而言,外商独资仍然占据着行业合作方式的主导地位,中外资的合作程度仍然不高。

五、进一步扩大广东省房地产业对外开放的对策建议

(一)完善房地产业相关地方性法规

现代市场经济理论告诉我们,任何一个国家或地区的经济社会发展,都需要将"看得见的手"和"看不见的手"结合起来进行管理。对于房地产市场来说,鉴于其行业发展涉及国民经济生活的众多领域,因而房地产市场的发展具有极强的行业辐射力。从上、下游行业来看,其涉及建筑设计、城市规划和商务咨询以及法律、会计服务、广告、营销、钢筋水泥建材业、运输业等众多国民经济领域。

而对于房地产市场这样一个产业关联度大,涉及行业众多,从内涵来看,其又是关乎社会民生和居民福祉的产业来说,其健康稳定的发展既是行业本身的需求,也是社会对其的客观要求。因此,这对于政府和社会对其监管提出了较高的要求。

从我国经济社会发展的实际运行情况来看,不止在房地产业,在国民的许多其他行业,都存在着政府监管水平落后与行业发展实践的实情。就房地产市场而言,自改革开放以来至2004年3月底前,我国共出台了有关住宅与房地产业方面的法律、行政法规、部门规章和规范性文件以及相关法规。其中法律5部、行

政法规9部、部门规章58项、规范性文件498项、相关法规98项，初步建立了一个房地产业监管的法律法规框架。

就广东省而言，作为处于改革开放前沿地区的沿海开放城市。其房地产业的发展速度和发展水平都要显著高于全国其他内陆省市。但从前文的分析中，我们也不难发现，就广东省而言，其发展成果和问题并存。而现代市场经济的一个显著特征，即是经济社会运行的法制化与规范化。

因而，就广东省下一阶段的房地产业开发重点来说，首先应该做好房地产业相关地方性法规和行政规章的制定起草工作。具体应该在不违背我国《宪法》和遵守现行法律制度的框架内，加强对业内发展动态和既存问题的调查研究，及时定位新问题，找出新方法。出台符合广东省情的地方性法规，如完善相关抗震救灾、节能环保、消防、文物保护、拆迁征地、建筑规划、土地使用权出让登记、工程招投标、相关行业企业资质评级管理、工程设计和质量监控、房地产买卖、保障性住房和物业管理等。

（二）调控措施要因地制宜，尊重市场规律

从历史的维度来看，我国房地产业市场自20世纪90年代初期开始启动以来，经历了从无到有、从弱到强的一个发展过程。从既定成果来看，其对国民经济的拉动作用也日趋明显。但是，我国房地产市场的发展也存在这样或那样的问题，鉴于发展初期乃至此后的很长一段时间内，房地产业的市场监管不到位，大量热钱涌入房地产市场，造成了部分城市的房地产市场泡沫，如20世纪90年代初期的海南和广西北海。

而我国1998年启动的房地产市场改革，正式宣告了福利分房制度的终结。从2000年以后的数据来看，我国全国范围内的房地产市场自此正式启动。据统计数据显示，从全国范围来看，2000年，我国房地产开发完成总投资4984.05亿元，2006年，该数据上升至19422.92亿元，到了2012年，全国房地产开发完成总投资额已高达71803.79亿元。在10余年里，该数据上升了13.41倍。再从房地产价格来看，2000年，全国商品房平均销售价格仅为2112元，2006年，其上升为3366.79元。截至2012年，全国房地产市场商品房平均价格为5790.99元。可以看出，2000~2012年，全国房地产市场的商品房平均价格上涨了1.74倍。

而从全国一线城市的房价走势来看，其上涨幅度更是惊人。为抑制房地产市场投机、避免市场过热带来的不利影响，我国政府相继出台了一系列限购、限贷、限房价、限地价等调控措施。而从实际执行情况来看，其效果和影响以及社会认可度并不完全符合政府政策制定者的预期。

这在很大程度上，是由于政策执行起来，实行全国"一刀切"的做法，而忽

略了特大城市、省会城市、一线城市和二线乃至三线城市所面临的不同市场环境,没有从当地实际情况出发,制定有针对性的调控措施。

就广东省而言,在其管辖范围内,东翼、西翼、北部山区和珠三角地区的经济社会发展也存在较大的差距。从房地产市场发展的相关指标,如土地供应和房价来看,与东翼、西翼以及北部山区相比,珠三角地区的土地供应相对短缺,而房价也相对较高。

对于政策制定者来说,在针对广东省房地产市场的综合调控中,这一不同的地区差距所带来的市场供给和需求的变化,是政策制定者必须要考虑的问题之一。具体而言,在扩大广东省房地产市场的对外开放过程中,要因地制宜,结合当地经济社会发展实情,制定切实有效的不同调控措施。

(三)出台相关扶持措施,培育业内龙头企业做大做强

从研究国际化战略的相关文献来看,有一种观点在业内逐渐成为共识,即本地区公司的国际化是一国或一地区实施国际化的主要渠道和路径。从当今世界范围内的国际化经验来看,跨国公司一直都是一国或一地区实施国际化战略的急先锋。从某种意义上可以说,一国经济的国际化即是本国公司的国际化。实际上,鉴于跨国公司在全球经济中的重要影响力,一国拥有的跨国公司数量和质量在某种程度上即是该国国际化水平的重要衡量指标。

对于广东省来说,从全国房地产百强企业名单中,我们可以看到不少广东企业,如业内龙头万科公司、总部设在广东广州的国企保利地产,以及广东本土企业广州富力地产、碧桂园、雅居乐地产控股有限公司等。

因此,鉴于跨国公司在全球化进程中的巨大作用和影响力,在扩大广东省房地产业的对外开放过程中,政府需要在财政、税收、金融等方面给予实施国际化战略的房地产企业充足的支持。具体措施为:首先,从市场法律法规等角度为省内企业实施"走出去"战略构筑量化的软硬件环境;其次,组织行业内公司在国际范围内的交流与合作,学习先进经验,弥补自身发展短板,为"走出去"奠定坚实基础;最后,加强人才队伍建设,从政府的角度要出台房地产业行业高级人才的引进与落户措施,同时,加强职业人才队伍的培养工作,完善现有从业人员的再教育和持证上岗制度,提升整个行业从业人员的整体素质水平等。

唯有如此,才能在充分利用国际国内先进生产要素的同时,找准市场定位,将广东省房地产业的对外开放推向一个新的台阶。

第八章 广东省商务服务业对外开放现状、问题与对策建议

倪红福 胡东兰[*]

【摘要】在分析了广东省商务服务业发展现状的基础上,结合我国"入世"承诺中对商务服务业的开放承诺,对广东省商务服务业的开放现状进行了分析,并继而构建了一个量化指标,对开放对广东省商务服务业的影响进行了实证分析。研究发现:第一,广东省商务服务业发展势头整体向好,但抵御外部市场冲击的能力有待加强。第二,就会计服务业、管理咨询服务业和会展业等商务服务业来说,与外资企业相比,广东省会计服务业和法律服务业中内资企业的市场竞争力仍有待加强。而就法律服务来说,广东本土法律服务业企业的"走出去"步伐稳健。而"引进来"战略相对乏力。第三,开放度与广东省商务服务业的产值、固定资产投资和就业均有着显著的相关关系。

一、引言

从人类历史的发展历程来看,从原始农耕社会到工业化社会,再发展到后来的后工业化社会,社会化大生产为人们的生产生活提供了越来越丰富的可资享用的商品。而在这一过程中,商业活动的繁荣也催生出了对商业活动相关辅助配套的软硬件设施的需求,从历史的纵向维度来看,这是商务服务业发展的背景和土壤。

对于广东省来说,自 1757 年清朝政府正式实行闭关锁国的基本国策,仅限

---

[*] 倪红福,中国社会科学院财经战略研究院助理研究员,主要研究方向为服务经济与服务管理。胡东兰,合肥工业大学经济学院讲师,主要研究方向为服务经济与财税政策。

定广州一口通商以来,广东一直都是我国历史上重要的商品贸易集散地。在改革开放初期,广东基于其沿海及邻近港、澳的独特区位优势,更是一度成为全国商业活动最为繁华的地区。

而商业活动的繁荣也催生了对商务服务业的旺盛需求。从概念界定的角度来看,在现代社会,商务服务业主要包括咨询服务、专业技术服务、管理咨询、法律服务、会计服务、广告设计、知识产权服务等相关行业。

不难发现,从其内涵特征来看,商务服务业是为经济活动提供相关辅助服务的行业总称。广东作为全国的经济重镇和改革开放的前沿地区,其商务活动的规模和档次也一直走在全国的前列。因此,对于广东省商务服务业的研究不仅对于广东,而且对于全国其他省市和地区都有着极为重要的现实意义。

本章正是基于此观点,试图在全面解析广东省商务服务业发展和开放现状基础上,结合我国"入世"谈判中对商务服务业开放的具体承诺,就广东省商务服务业开放的影响和存在的问题展开深入分析,以求从历史、现在和未来三个角度对广东省商务服务业的未来发展和扩大开放提供有益的见解。

本章接下来的安排如下:第二部分是对广东省商务服务业发展和对外开放的现状分析;第三部分是从量化指标的角度,对开放对广东省商务服务业的可能影响展开的定量分析;第四部分是从产值、投资和就业角度对广东省商务服务业对外开放中存在的问题展开的研究;第五部分是简短的结论和未来广东省商务服务业扩大对外开放的路径和政策选择。

二、广东省商务服务业发展和对外开放现状

(一)广东省商务服务业的发展现状

首先,从产值来看。如图8-1所示,鉴于受统计制度所限,在衡量商务服务业的增加值时,我们按照GB-2002的统计标准,以广东省租赁和商务服务业的行业增加值作为衡量其商务服务业增加值的指标。可以看出,2003~2012年,广东省地区生产总值、广东省第三产业增加值和商务服务业增加值皆呈现出了明显的递增态势。

以2003年为例,在该年,广东省商务服务业的行业增加值为584.50亿元,2006年,其增长至887.88亿元,从后续数据的走势来看,其延续了自2003年的一贯风格。截至2012年,广东省商务服务业的行业增加值首次突破2000亿元大关,在该年,其数据为2132.42亿元,这也是自2003年以来的历史最高值。

第八章　广东省商务服务业对外开放现状、问题与对策建议

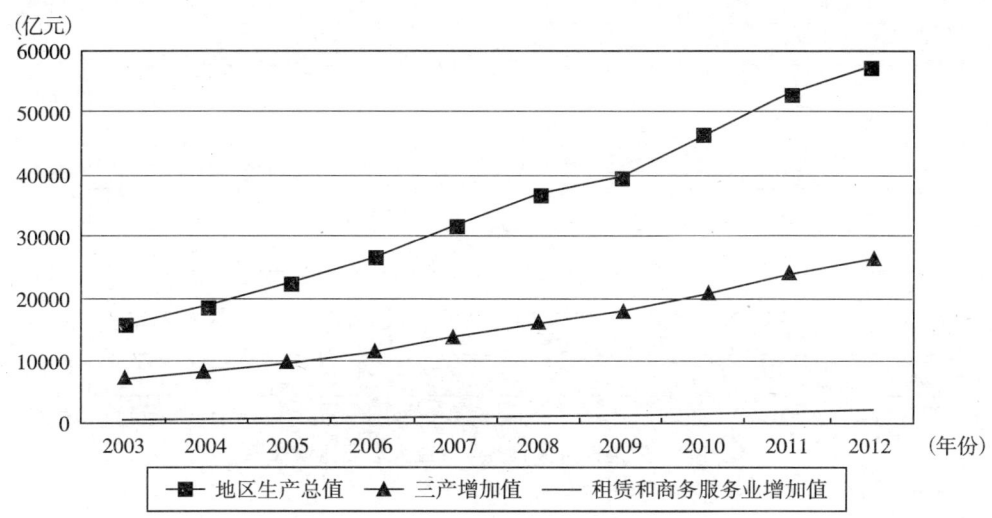

图 8-1　广东省商务服务业行业增加值走势

资料来源：国家统计局网站和相关年份《广东省统计年鉴》。

从数据的走势我们基本可以得出这样一个结论，即 2003~2012 年，从产值角度来看，广东省商务服务业的发展成果值得肯定。

其次，从就业来看。与处理产值数据的方法相同，受制于我国的统计制度，目前在省级层面的就业数据中没有专门针对商务服务业的统计指标。因此，我们同样以租赁和商务服务业的就业人数为例展开分析。

如图 8-2 所示，我们选取了 2004~2012 年就业人数的环比增长率。不难发现，2003~2012 年，广东省商务服务业的就业人数走势图可以被分为三个特征明显的区间。其一，2004~2008 年，广东省商务服务业的就业人数环比增幅保持在 8.38% 的水平区间，并且 5 年内的数据走势未发生大的波动。其二，2008~2011 年，广东省商务服务业的就业人数环比呈现出非常明显的下降趋势，并且 2008~2009 年的下浮趋势要明显高于 2009~2011 年。其三，自 2011 年以后再次上升。

结合在此期间的世界经济形势来看，2008 年美国发生了对世界经济金融格局影响深远的金融危机。作为依靠传统外向型经济发展战略模式发展起来的广东省而言，其对于外部市场的经济依存度非常高。因而，在外部需要发生波动的时候，自身的发展也不可避免地受到冲击。因此，这是广东省商务服务业就业人数在 2008 年后发生剧烈波动的重要原因。这也再次提示我们，对于外向型经济发展特征明显的广东省而言，其抵御外部市场风险的能力有待加强。

至此，对于广东省商务服务业的发展现状的分析基本可以得出两个结论。其一，广东省商务服务业的发展从产值角度来看整体向好；其二，从就业来看，其

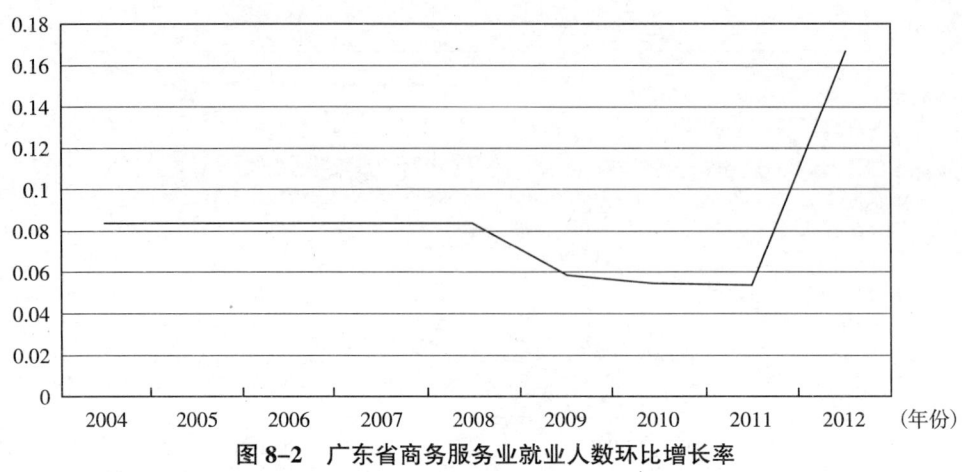

图 8-2 广东省商务服务业就业人数环比增长率

资料来源：国家统计局网站和相关年份《广东省统计年鉴》。

抵御外部市场需求变动的冲击的能力仍然较弱。

（二）广东省租赁和商务服务业对外开放现状

按照商务服务业的定义，并在综合考虑了数据的可得性之后，我们拟从会计相关服务业、管理咨询服务业、法律服务业和广告、设计及会展业四个角度对广东省商务服务业对外开放的现状展开分析。

1. 从会计行业的情况来看

（1）会计服务业对外开放的背景。会计是指以货币为主要计量单位，以凭证为主要依据，借助于专门的技术方法，对一定单位的资金运动进行全面、综合、连续、系统的核算与监督，向信息的需求和关联方提供会计信息、参与经营管理、旨在提高经济效益的一种商务活动。随着现代经济的发展，越来越多的企业试图从资本市场获得融资，也有越来越多的投资者在进行投资决策时将企业的财务信息作为重要的参考标的。这使得现代社会对会计信息的需求数量和质量都显著提高。鉴于会计对一国或地区经济社会发展的重要性，在我国"入世"谈判中，我们也对会计服务业的对外开放做出了具体的承诺。如在会计、审计和簿记服务（会计师事务所）业，我国的"入世"承诺为：第一，在中国只允许中国主管机关发出执照的注册会计师设立合伙或有限责任会计师事务所，但现有中外合作会计师事务所不仅限于中国主管机关批准的注册会计师。第二，允许外国会计师事务所与中国会计师事务所结成联合所，并与其在其他 WTO 成员中的联合所订立合作合同。第三，提供税务及管理顾问服务的事务所不受税收服务和管理咨询服务，只允许设立合资形式的限制。第四，外国人若通过注册会计师全国统一考试，可享受国民待遇，即可以设立合伙制或公司制会计师事务所。此外，对于

第八章 广东省商务服务业对外开放现状、问题与对策建议

会计相关的审计服务,也做出了如下的开放承诺:目前,在中国只允许设立合资企业,允许外方拥有多数股权;于"入世"后6年内取消限制,外国公司将被允许设立外商独资子公司。

可以看出,就我国会计服务业的开放来说,其基本遵循了在适度保护国内市场、循序渐进开放的总体路线方针指引下的总策略。在研究广东省会计服务业的对外开放中,这是我们首要考虑的前提和背景。

(2)广东省会计服务业"引进来"战略。在对广东省会计服务业对外开放中"引进来"问题的具体研究中,我们以国际会计服务业的标杆公司——四大会计师事务所为例,就广东省会计服务业的开放现状展开分析,如表8-1所示。

表8-1 四大会计师事务所在中国的分布情况

名称	总部所在地	简介及在中国的业务情况
普华永道	英国伦敦	由普华国际会计公司（Price Waterhouse）和永道国际会计公司（Coopers & Lybrand）于1998年7月1日合并而成。在中国大陆的经营实体名字为普华永道中天会计师事务所 截至1998年底,在中国大陆、中国香港地区和中国澳门地区共拥有员工8000人,其中包括接近330名合伙人,并在内地城市设立办事处,包括北京、重庆、大连、广州、青岛、上海、深圳、苏州、天津、宁波、厦门及西安
德勤会计	美国纽约	德勤全球2010财年的收入为266亿美元,超越普华永道成为全球最大会计师行,在中国拥有员工8000多人 自1972年,德勤在香港特别行政区拥有了办事机构,这是几次成功并购的结果。1989年,Deloitte Haskins & Sells International 和在1975年与日本的审计公司 Tohmatsu Awoki & Sanwa 联合的 Touche RossInternational 合并,形成了 Deloitte Touche Tohmatsu,即德勤全球 1997年,德勤与香港特别行政区最大的华人会计师事务所——关黄陈方会计师事务所合并 1983年10月在北京设立了第一家常驻代表机构 1992年12月与上海会计师事务所在上海合作开办了中外合作会计师事务所沪江德勤会计师事务所,并于1998年6月在北京设立了北京分所 现在在北京、重庆、大连、广州、杭州、香港、济南、澳门、南京、上海、深圳、苏州、天津、武汉和厦门共有15个分所
毕马威	荷兰阿姆斯特丹	毕马威(KPMG)是一家网络遍布全球的专业服务机构,专门提供审计、税务和咨询等服务。毕马威在全球150个国家拥有138000名员工。毕马威国际合作组织("毕马威国际")瑞士实体由各地独立成员组成,但各成员在法律上均属分立和不同的个体 现毕马威中国在北京、上海、沈阳、南京、杭州、福州、厦门、青岛、广州、深圳、成都、香港特别行政区和澳门特别行政区共设有13家机构（包括毕马威企业咨询（中国）有限公司）,专业人员约9000名 1983年10月在北京设立了第一家常驻代表机构,现在在沈阳、青岛、南京、成都、杭州、广州、福州、厦门和上海都建立了分所

续表

名称	总部所在地	简介及在中国的业务情况
安永会计	英国伦敦	1992年7月,安永国际会计公司与北京的华明会计师事务所在北京合作开办安永华明会计师事务所。安永早于1973年在香港设立办事处,1981年成为最早获中国政府批准在北京设立办事处的国际专业服务公司。1992年,安永在北京成立安永华明会计师事务所 目前,安永在中国拥有超过6500名的专业人员,在北京、香港、上海、广州、深圳、大连、武汉、苏州、成都及澳门均设有分所

资料来源:作者根据四大会计师事务所网站和相关网络新闻报道资料整理而得。

从进入时间来看,四大会计师事务所中,最早进入中国地区的是安永,其早在1981年就在中国成立了自己的专业服务机构,而其他三大公司也紧随其后进入中国市场。如德勤、毕马威在1983年,普华永道在1998年皆成立了自己的分支机构或办事处。

从"四大"进入的地区来看,广东省内,普华永道在广州和深圳设有办事处,德勤在广州、深圳设有分所,毕马威在广州、深圳设有分所,安永同样在广州、深圳设有分所。

从"四大"在广东省内的数量分布来看,如表8-1所示,广东省不仅是"四大"较早的进入地区,也是"四大"在中国区的主要营业场所之一。这也从侧面说明,在广东省的会计服务业中,对外资的开放程度较高。

(3)广东省会计服务业实施"走出去"的战略。我们以广东会计企业的发展水平与四大会计师事务所的经营情况的对比为例展开分析。如表8-2所示,在2013年,广东省所有内外资会计师事务所中,按本所业务收入指标的排行榜中,德勤华永深圳分所以26219.24万元名列第一,紧随其后的是毕马威华振广州分所,为24326.05万元,而普华永道中天深圳分所为22183.76万元。从排行榜看,外资企业蝉联了排行榜的前五名。

表8-2 2013年度广东省会计师事务所综合评价前百名信息(节选前20名)

单位:万元、人

2013年排名	2012年排名	会计师事务所名称	2012年业务收入指标		注册会计师人数指标
			事务所本身业务收入指标	与事务所统一经营的其他执业机构业务收入指标	
1	2	德勤华永深圳分所	26219.24	0	50
2	1	毕马威华振广州分所	24326.05	0	76
3	4	普华永道中天深圳分所	22183.76	0	52
4	3	安永华明深圳分所	21632.7	0	68
5	6	普华永达中天广州分所	21287.34	0	71
6	11	广东正中珠江	14702.74	500.64	133

第八章　广东省商务服务业对外开放现状、问题与对策建议

续表

2013年排名	2012年排名	会计师事务所名称	2012年业务收入指标		注册会计师人数指标
			事务所本身业务收入指标	与事务所统一经营的其他执业机构业务收入指标	
7	5	德勤华永广州分所	17200.53	0	57
8	7	安永华明广州分所	15937.46	0	67
9	8	大华深圳分所	13405.96	0	89
10	34	国富浩华深圳分所	12295.25	0	115
11	10	毕马威华振深圳分所	13555.29	0	32
12	12	立信广东分所	8717.48	1705.5	110
13	25	立信深圳分所	10711.67	0	93
14	32	中瑞岳华深圳分所	10997.91	785.52	72
15	15	天健深圳分所	8192.84	0	56
16	20	广东中诚安泰	6898.64	2584.51	87
17	14	广东中天粤	7100	2089.96	90
18	16	大信广东分所	5350.16	0	58
19	21	天职国际深圳分所	4456.26	0	65
20	19	广东中恒信	4297.38	2709.87	63

资料来源：广东省注册会计师协会。

内资企业中，广东正中珠江在全部内外资企业中排名第六，但其业务收入在该年仅为14702.74万元，与排名第五的普华永道中天广州分所相比，少了6584.6万元；而与排名第一的德勤华永深圳分所的差额更是高达11516.5万元。

此外，从排名前20的内外资企业数量来看。内资企业的家数虽然为12家，在数量上占据绝对优势地位，但其事务所本身业务收入的总数却仅为107126.29万元，在前20名排行榜总业务收入中占比39.75%。相比之下，外资企业8家，总业务收入却已高达162342.37万元，同期占比60.25%。

这说明，与外资企业相比，在广东省会计服务业中，内资企业的市场竞争力仍有待加强。换句话说，内资企业会计服务业企业实施"走出去"之路，任重道远。

2. 从管理咨询行业来看

（1）管理咨询行业的对外开放背景。在我国"入世"谈判中，曾对管理咨询业的对外开放做出如下承诺：第一，外资在中国只允许设立合资企业，外资可拥有多数股权。在中国"入世"后6年内取消限制，将允许外国公司设立外资独资子公司。第二，对于技术测试、分析服务和货物检验（不包括法定检验服务）。允许已在本国从事检验服务3年以上的外商设立合资技术测试、分析和货物检验公司，注册资本不少于35万美元。第三，中国"入世"后2年内允许外方在合

资企业持有多数股权,在"入世"后4年内允许设立外资独资子公司。对于广东省来说,其行政管辖范围内的众多民营企业由于管理水平落后,在经历了发展带来的辉煌与落寞的洗礼后,为求发展壮大,对管理咨询都提出了迫切的需求。这在客观上为广东省管理咨询行业的发展奠定了坚实的基础。

(2)中国和外资管理咨询业的对比。如表8-3所示,从世界主要管理咨询公司的公开资料来看,目前在广东地区设立营业分支机构的有:埃森哲管理咨询公司、毕博管理咨询公司、德勤管理咨询公司、盖洛普管理咨询公司。而且从其进入广东地区的时间来看,其最晚在2000年前后,都选择了将广东作为其开拓市场的重要战场。这基本上可以说明,随着我国"入世"时间的推移,我国的管理咨询市场逐步对外开放,国际行业巨头大量涌入中国地区。而作为改革开放前沿地区的广东省,由于经济发展水平所带来的旺盛市场需求,成为外资青睐的主要投资地区之一。而相比之下,内资管理咨询企业由于在资金、技术和管理水平方面和外资存在巨大的差距,其市场竞争力要显著落后于外资企业。从广东省企业管理咨询协会的数据来看,2012年,在广东省内资管理咨询企业排名中,靠前

表8-3 世界主要管理咨询公司及在中国市场的经营情况一览表

公司名称	公司简介
麦肯锡管理咨询公司	1926年成立,是世界级领先的全球管理咨询公司,世界最大的战略咨询公司。麦肯锡大中华区分公司包括北京、香港、上海与台北四家
罗兰·贝格管理咨询公司	创建于1967年,总部设在德国慕尼黑。目前已经发展成为全球最大的源于欧洲的战略管理咨询公司。罗兰·贝格已在欧洲、亚洲、南北美洲25个国家设有36家分支机构
埃森哲管理咨询公司	原是全球安达信(Arthur Andersen)会计师事务所的管理咨询部门,随着咨询业务的利润最终超过了审计部分,1989年成立安盛咨询公司(Andersen Consulting),2000年与安达信从经济上彻底分开,2001年公司更名为埃森哲(Accenture)。目前埃森哲在大中华区设有6家分公司(北京、上海、大连、广州、香港和台北)。2004年,埃森哲广州分公司成立
毕博管理咨询公司	毕博(Bearing Point)管理咨询公司,前身为毕马威咨询。总部设在美国弗吉尼亚州麦肯林市;毕博于2001年2月8日在美国纳斯达克上市(KCIN),2002年10月3日转至纽约证券交易所交易(BE)。毕博(Bearing Point)管理咨询于2001年8月正式进入中国市场,公司总部位于上海,在北京、广州和大连设有分公司
科尔尼管理咨询公司	成立于1926年,在欧洲的其他地区、北美、南美、亚洲和非洲等地设立分支机构
德勤管理咨询公司	为德勤有限公司成员。在大中华区设有21个办事处,分布于北京、香港、上海、台北、重庆、大连、广州、杭州、哈尔滨、台湾新竹、济南、台湾高雄、澳门、南京、深圳、苏州、台湾台中、台湾台南、天津、武汉和厦门
盖洛普管理咨询公司	成立于1935年。盖洛普咨询公司(Gallup)是全球著名的商业市场研究和咨询服务机构。于1993年与中方投资者在华成立合资企业——中国盖洛普咨询有限公司。总部设在北京,并在上海和广州设有办事处

注:①排名不分先后;②作者根据各公司官方网站资料整理而得。

的公司分别是：广东省电信规划设计院有限公司、广州曦达电力技术咨询有限公司、广州迅智电力技术咨询有限公司。

至此，我们可以得出如下结论：在广东省本土范围内，内资管理咨询企业的主要业务领域仍旧停留在某一专业的服务范围之内。与外资管理企业的综合性、跨行业性相比，其业务能力和业务规模都有待提升。

3. 法律服务业

（1）我国法律服务业对外开放的背景。从我国经济发展的历程来看，自改革开放以来，我国经济社会中一个变化明显的特征即是国内市场的逐步开放。这在很大程度上源于我国在2001年加入世界贸易组织。按照其对成员国的要求和我国的"入世"承诺，我国的法律服务业也需在"入世"协议规定的框架内对外资开放。

从"入世"承诺来看，我国对法律服务业的对外开放做出了如下承诺，具体为：第一，从合作方式来看，外资在中国只能设立代表处，外国律师事务所只能以代表处的形式提供法律服务，可以从事营利性活动。一家外国律师事务所只能在华设立一个代表处，该数量限制在"入世"后一年内取消。第二，代表处的业务范围：代表处不得从事中国法律事务或聘请中国注册律师，但可提供如下法律服务：就该律师事务所的律师从事律师业务的国家（地区）的法律，以及就国际公约和惯例提供咨询；应客户或中国法律事务所的委托，处理允许该律师事务所的律师从事律师业务的国家（地区）的法律事务；代表外国客户，委托中国律师事务所处理中国法律事务；与中国律师事务所订立长期委托合同，建立紧密工作关系；提供有关中国法律环境影响的信息。第三，地域限制。外国律师事务所只能在北京、上海、广州、深圳、海口、大连、青岛、宁波、烟台、天津、苏州、厦门、珠海、杭州、福州、武汉、成都、沈阳和昆明开展服务。该地域限制在"入世"后一年内取消。第四，对律师的要求，外国律师事务所的代表应为执业律师，并且为WTO成员的律师协会或律师公会的会员，且在中国境外执业不少于2年。首席代表应为WTO成员的律师事务所的合资伙伴或相同职位人员（如有限责任公司律师事务所的成员），且在中国境外执业不少于3年。所有代表在华居留时间每年不得少于6个月。

（2）广东本土法律服务业企业的国际化战略执行情况。如表8-4所示，我们以中国司法部律师公证工作指导司公布的2008~2010年广东省十大全国优秀律师事务所为例展开分析。可以看出，截至目前，在广东省十大全国优秀律师事务所中，有明确国际化战略目标的律所有四家，其中，广州金鹏律师事务所更是中国第一个在美国洛杉矶设立办事处的中国律师事务所。除此之外，广东东方昆仑律师事务所的业务范围也拓展到了国外，在此期间，其主要通过与国外同行合作的方式，为中国企业实施"走出去"战略提供法律服务。而同样是来自广东的另一家律师事务所,广东华法律师事务所则在香港开设了自己的分支机构。同时,从横向的对比角度来看,在广东省十大优秀律师事务所中,广东广和律师事务所的国际化战略实施的效果最为显著,目前,其除了积极与国外同行进行业务合作外,还在美国纽约设立了分所,并在英国伦敦设立有自己的固定联络处。

表8-4 2008~2010年度十大全国优秀律师事务所（广东省数据）

排名	律所名称	国际化战略简介
1	广州金鹏律师事务所	金鹏律师事务所于1997年经司法部批准,成为中国最早在美国洛杉矶设立办事处的律师事务所
2	广东东方昆仑律师事务所	主要以北京为基地,与在上海、广州、深圳各所的国际业务律师紧密协作,在国内外开展业务。与法国、美国、加拿大、德国等国外律师事务所或合作伙伴建立了长期合作关系,为中国企业"走出去",为在华的外国企业、境外企业来华发展提供了优质法律服务
3	广东胜伦律师事务所	NA
4	广东晟典律师事务所	NA
5	广东广和律师事务所	与中国内地各大城市及香港、澳门、台湾地区以及美国、加拿大、澳大利亚、英国、日本、新加坡等国家和地区的律师同行建立了广泛的业务协作或转委托关系,除在美国纽约、广东珠海正式设立分所外,还在英国伦敦设立了固定联络处
6	广东宝城律师事务所	NA
7	广东伟伦律师事务所	NA
8	广东陈梁永钜律师事务所	NA
9	广东华法律师事务所	华法所总部设在广东佛山,并于北京、广州、香港、江门、顺德、三水、高明设立了七家分支机构
10	广东众大律师事务所	NA

注：NA表示当年该数据资料缺失。
资料来源：中国司法部律师公证工作指导司和相关律所官方网站。

至此,我们基本可以得出如下结论,即在广东省法律服务业中,广东本土法律服务业企业的"走出去"步伐稳健。而法律服务业企业的"走出去"又为其他企业实施"走出去"战略奠定了坚实的基础。

4. 广告、设计及会展服务业情况

从广东省的经济发展特征来看,其业内的众多民营企业和从事外贸的各类公司对于广告、设计和会展服务业有着极为旺盛的需求。而随着我国加入世界贸易组织,我国广告、设计和会展等商务服务业的对外开放程度也会越来越高。

就我国的"入世"承诺来看,对于这些行业的具体开放承诺为：第一,对于广告服务业来说,外商在中国只能设立合资企业,而且外资股份不超过49%。在中国"入世"后2年内,将允许外资拥有多数股份,在"入世"后4年内,允许

第八章 广东省商务服务业对外开放现状、问题与对策建议

设立外商独资子公司。同时,跨境交付和境外消费的广告服务只能通过在中国注册的、有权提供外国广告服务的广告代理。第二,对建筑设计服务、工程服务、集中工程服务、城市规划服务的具体开放承诺为:外国公司如欲提供跨境服务,必须通过与中国专业团体合作进行,但方案设计除外;在开放初期,在中国只允许设立合资企业,允许外方拥有多数股权;"入世"后5年内,允许设立外商独资企业;外商应为在其本国从事建筑、工程、城市规划服务的注册建筑师、工程师或企业;同时,特别规定,上述城市规划服务不包括城市总体规划服务。

对广东省广告、设计及会展服务业对外开放现状的研究是我们需要重点关注的前提,也是开展研究的基础。

以会展业为例,如表8–5所示。从外资会展业企业进入中国的时间来看,最早进入广州地区的外资企业是来自中国香港的CMP亚洲公司广州分公司,其在2004年将其广州办事处升级为分公司。此外,在随后的2005年和2007年,来自德国、英国和中国香港的国际会展公司也大举进军广东市场。这从侧面佐证了广东省会展业的巨大市场空间。

表8–5 外资会展业进入广东省的基本情况一览表

企业名称	所属国家或地区	进入广东省的时间	进入方式	公司简介
广州光亚法兰克福展览公司	德国	2005年	中外合作	是首例国外展览公司在中国与民营企业合作成立的合资公司。截至2007年,其为亚洲最大,世界第二的国际性品牌展
广州美沙振威国际展览有限公司	德国	2005年	中外合作	举办品牌展、中国(广州)国际机床展GIMT+AMBChina
BMC商务传媒集团	德国	2005年	办事处	专注于在中国的会议、展览的组织,专业媒体的出版发行,市场营销策划有关的资源运作
CMP亚洲公司广州分公司	中国香港	2004年	分公司	2004年,CMP公司将其广州办事处升级为分公司
深圳贺戎美沙展览有限公司	德国	2007年	中外合资	中国国际光电博览会LED展是全球最具代表的LED行业专业盛会之一
励展华博展览(深圳)有限公司	英国	2007年	中外合资	由励展博览集团(全球最大的展览及会议主办机构)和深圳市华博展览有限公司(中国礼品行业最有影响力的民营展览公司)在中国组建的合资公司,是中国礼品行业最大的展会主办机构,也是励展博览集团的成员公司

资料来源:《国外展览巨头进入珠三角的不同战略》,《亚博会展》,2007年4月26日。

而从合作方式来看,如表 8-5 所示,在外资会展企业进入广东的方式中,设立办事处的为 1 家,设立分公司的为 1 家,而剩余的 4 家企业主要选择中外合作或者中外合资的方式在广东市场开疆拓土。

至此,我们也可以基本得出一个这样的结论,即在广东省会展业中,从内外资合作的时间来看,广东省本土和外资的合作时间相对较长,合作经营丰富。而从内外资合作的方式来看,中外合作和中外合资占据着合作方式的主导地位。这说明,在广东会展业的对外开放过程中,内外资合作的水平相对较高。

三、广东省商务服务业对外开放的实证分析

(一)对外开放度的测算

现有文献研究指出,衡量一国或一地区的对外开放度,实际上即是将其"入世"承诺中开放的部分和实际开放的部分进行比较。或者是从内资和外资的对比角度展开分析。但受统计数据所限,这些角度展开的研究都无法为继。

因此,与本报告研究其他行业的对外开放度指数相同,我们收集了 1990~2012 年广东省商务服务业外商直接投资中实际利用额的相关数据,并按照当年人民币兑美元的平均汇率进行了换算,最后,将商务服务业实际利用外资额与广东省当年的国民生产总值的数据进行了比较,以其二者的比例值作为衡量广东省商务服务业对外开放的指标,如表 8-6 所示。

表 8-6 广东省商务服务业对外开放度概况

年份	FDI(亿元)	FDI 环比增长率	GDGDP(亿元)	开放度
1990	19.605141	NA	500.21	0.039194
1991	4.722920	-0.7591	774.08	0.006101
1992	146.578068	30.0355	1040.34	0.140894
1993	654.5632	3.4656	3469.28	0.188674
1994	1291.512195	0.9731	4619.02	0.279607
1995	638.51746	-0.5056	5933.05	0.107620
1996	666.050562	0.0431	6834.97	0.097447
1997	585.934907	-0.1203	7774.53	0.075366
1998	396.131280	-0.3239	8530.88	0.046435
1999	206.780108	-0.4780	9250.68	0.022353
2000	298.574293	0.4439	10741.25	0.027797

第八章 广东省商务服务业对外开放现状、问题与对策建议

续表

年份	FDI（亿元）	FDI环比增长率	GDGDP（亿元）	开放度
2001	368.775823	0.2351	12039.25	0.030631
2002	313.1465	−0.1508	13502.42	0.023192
2003	873.623555	1.7898	15844.64	0.055137
2004	4111.169328	3.7059	18864.62	0.217930
2005	4311.537461	0.0487	22557.37	0.191137
2006	4836.251906	0.1217	26587.76	0.181898
2007	4060.76412	−0.1603	31777.01	0.127789
2008	5812.493092	0.4314	36796.71	0.157962
2009	6466.49784	0.1125	39482.56	0.163781
2010	6165.457515	−0.0466	46013.06	0.133994
2011	7493.112232	0.2153	53210.28	0.140821
2012	8432.36375	0.1253	57067.92	0.147760
均值	2528.4419	1.7819	18835.30	0.113197

注：①商务服务业 FDI 数据以租赁和商务服务业统计数据为准；②NA 表示当年该数据资料缺失。
资料来源：国家统计局网站和相关年份《广东省统计年鉴》。

可以看出，在1990年，广东省商务服务业的开放度仅为3.92%，而在我国服务业大发展的元年——1992年，其迅速攀升至14.09%，并且在随后的1994年达到了历史最高峰，为27.96%。从后续年份的数据走势来看，其自1995年开始，呈现出明显的递减趋势，1996年，广东省商务服务业的开放度降至9.74%。1999年，其继续下降至2.24%，从其后续的数值来看，这也是一个阶段性的历史低点。自2003年起，其数据的环比又出现了递增的趋势，到了2005年，广东省商务服务业的对外开放度为19.11%。截至2012年，在以外商直接投资实际利用额为标准的开放度指标中，广东省商务服务业的开放度为14.78%。

1990~2012年的开放度走势如图8-3所示。可以看出，排除了个别年份，如1992年、1993年的外资短时间内大量涌入造成的数据走高外，从拉长的动态区间来看，在此期间，广东省商务服务业的对外开放度呈现出明显的增长趋势。

（二）广东省商务服务业对外开放对行业本身发展的影响

从量化指标角度对广东省商务服务业对外开放度的分析可以看出，2003~2012年，广东省商务服务业的对外开放度在排除了极个别年份的极值后，从动态区间来看，其数据的增长趋势十分明显。那么，这不禁让我们产生了一个疑问，即在此期间，在广东省经济社会总体的发展水平走势向好的背景下，开放度对广东省商务服务业的可能影响是什么？带着这样的疑问，我们从产值、固定资产投资和吸纳就业人数三个角度，对广东省商务服务业的对外开放度对行业产生

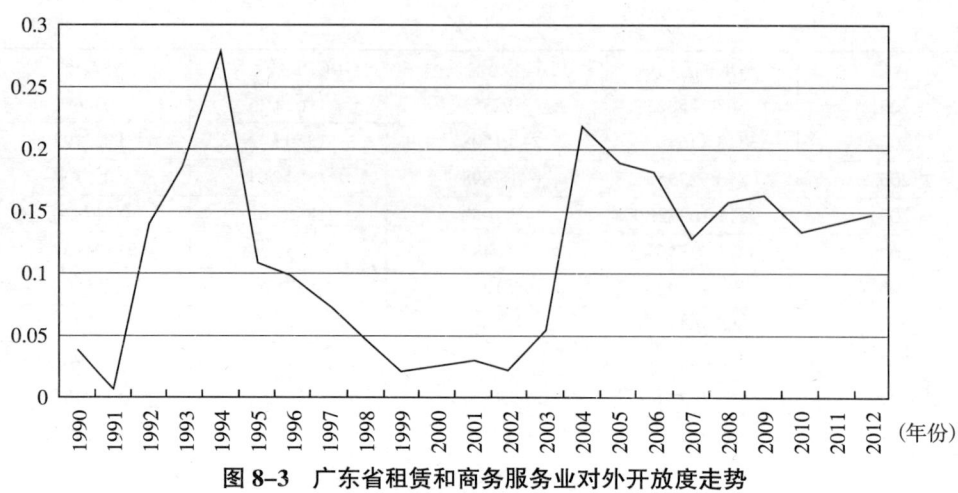

图 8-3 广东省租赁和商务服务业对外开放度走势

资料来源：国家统计局网站和相关年份《广东省统计年鉴》。

的影响展开分析。

1. 从产值的角度来看

首先，从广东省商务服务业行业增加值的数据来看。如表 8-7 所示，2003 年，广东省商务服务业的行业增加值仅仅为 584.50 亿元，2005 年，其增加至 773.08 亿元。从后续几年的数据来看，其延续了与其他经济指标基本相同的上升走势，2008 年，其首次突破 1000 亿元大关，在该年，广东省商务服务业的增加值达到了 1145.39 亿元，在随后不远的 2011 年，其数据再次攀升出新高，为 1932.21 亿元。截至 2012 年，广东省商务服务业的增加值达到了 2132.42 亿元。

表 8-7 广东省商务服务业产值及相关比例数据　　　　　单位：亿元

指标 年份	地区生产总值	三产增加值	商务服务业 增加值	增加值环比 增长率	商务服务业 占总产值比	商务服务业占 三产总值比
2003	15844.64	7178.94	584.4955	NA	0.036889	0.081418
2004	18864.62	8335.3	672.2067	0.150063	0.035633	0.080646
2005	22557.37	9772.5	773.0800	0.150063	0.034272	0.079108
2006	26587.76	11585.82	887.8800	0.148497	0.033394	0.076635
2007	31777.01	14076.83	954.8700	0.075449	0.030049	0.067833
2008	36796.71	16321.46	1145.3895	0.199524	0.031127	0.070177
2009	39482.56	18052.59	1317.2700	0.150063	0.033363	0.072968
2010	46013.06	20711.55	1563.3900	0.186841	0.033977	0.075484

第八章 广东省商务服务业对外开放现状、问题与对策建议

续表

指标 年份	地区生产总值	三产增加值	商务服务业 增加值	增加值环比 增长率	商务服务业 占总产值比	商务服务业占 三产总值比
2011	53210.28	24097.7	1932.2100	0.235910	0.036313	0.080182
2012	57067.92	26519.69	2132.4200	0.103617	0.037366	0.080409
均值	34820.19	15665.24	1196.3212	0.155559	0.034238	0.076486

注：①其中，2003年、2004年和2008年租赁和商务服务业数据缺失，我们算出了2003~2012年其他年份的平均变化率，然后进行了相应外推；②NA表示当年该数据资料缺失。

资料来源：国家统计局网站和相关年份《广东省统计年鉴》。

其次，从其他几个数据的占比来看。以商务服务业占总产值的比例和占三次产业总产值的比例为例，2003~2012年，广东省商务服务业占总产值的比例从走势来看基本稳定，即使在美国发生金融危机的2008年，其数据的波动幅度也不大。在此期间，其数据均值保持在3.4%的水平区间。此外，在此期间，广东省商务服务业占三次产业总产值的比例同样呈现出了稳健发展的平稳走势。截至2012年，广东省商务服务业产值占三产总值的比例为8.04%。

最后，就开放与产值的关系来看。如图8-4所示，从开放与增加值环比增长率的数据走势可以看出，其在2009年前后呈现出了两个截然不同的走势特征。2004~2009年，对外开放度与增加值环比增长率的走势基本一致，而在2009年以后，对外开放度走势呈略微的"U"形趋势，行业增加值的环比增长率却呈现出了明显的倒"U"形走势。二者在趋势上呈现出了截然相反的形态。

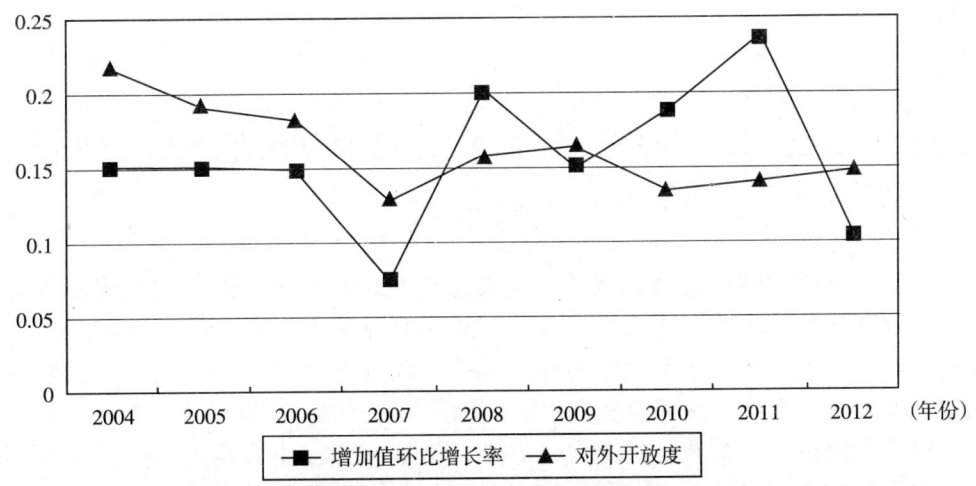

图8-4 广东省商务服务业增加值环比增长率与商务服务业对外开放度走势
资料来源：国家统计局网站和相关年份《广东省统计年鉴》。

这一发现基本可以验证一个经济直觉，即对于广东省而言，受资金、技术和管理水平的限制，其商务服务业企业的发展水平还相对较低。受 2008 年金融危机冲击较大，在后金融危机时代，虽然开放度有所回升，但其行业的系统性恢复还有待时日。这也再次说明了，以商业活动为依托的商务服务业对于系统性经济风险的脆弱应对力。

2. 从固定资产投资角度来看

首先，从商务服务业固定资产投资的数据来看。如表 8-8 所示，2003 年，广东省商务服务业固定资产投资为 30.88 亿元，到了 2006 年，其增长至 65.75 亿元，从此后几年的数据走势来看，其增长势头强劲。2009 年，其首次突破 100 亿元大关，为 147.52 亿元。2010 年，更是达到了 160 亿元。截至 2012 年，广东省商务服务业固定资产投资为 175 亿元。可以看出，2003~2012 年，商务服务业的固定资产投资呈现出明显的上升趋势。

表 8-8　广东省商务服务业固定资产投资数据及相关比例指标　　单位：亿元

指标 年份	全社会固定资产投资	服务业固定资产投资	商务服务业固定资产投资	固定资产投资环比增长率	占全社会总数比	占服务业总数比
2003	4813.2	3085.93	30.88	NA	0.006416	0.010007
2004	5870.02	3550.48	44.94	0.455311	0.007656	0.012657
2005	6977.93	3825.97	29.49	−0.343792	0.004226	0.007708
2006	7973.37	4628.59	65.75	1.229569	0.008246	0.014205
2007	9294.26	5723.25	78.19	0.189202	0.008413	0.013662
2008	10868.67	6834.03	92.63	0.184678	0.008523	0.013554
2009	12933.12	8313.36	147.52	0.592573	0.011406	0.017745
2010	15623.7	10150.1	160	0.084599	0.010241	0.015763
2011	17069.2	11216.02	202.94	0.268375	0.011889	0.018094
2012	18751.47	12347.97	175	−0.137676	0.009333	0.014172
均值	11017.49	6967.57	102.73	0.280315	0.008635	0.013757

注：NA 表示当年该数据资料缺失。
资料来源：国家统计局网站和相关年份《广东省统计年鉴》。

其次，从固定资产投资数据的相关占比情况来看。2003 年，广东省商务服务业固定资产投资占全社会总固定资产投资的比重为 0.64%，到了 2006 年，其上升至 0.82%，2009 年，更是上升至 1.14%。截至 2012 年，广东省商务服务业固定资产投资占全社会总固定资产投资的比例为 0.93%。再从其占服务业总固定资产投资的比重情况来看，2003~2012 年，其从 1% 平稳上升至 1.4%，在此期间的均值为 1.38%。

最后，从广东省商务服务业固定资产投资与开放度的基本走势来看。如图

8-5 所示，2004~2012 年，广东省商务服务业呈略微的下降走势，而在此期间，广东省商务服务业固定资产投资的环比增长率数据的波动幅度却非常大。从走势来看，在拉长的动态区间里，固定资产投资的环比增长率数据下降趋势非常明显。因而，基本可以得出二者的走势在某种程度上呈现出基本吻合趋势的结论。

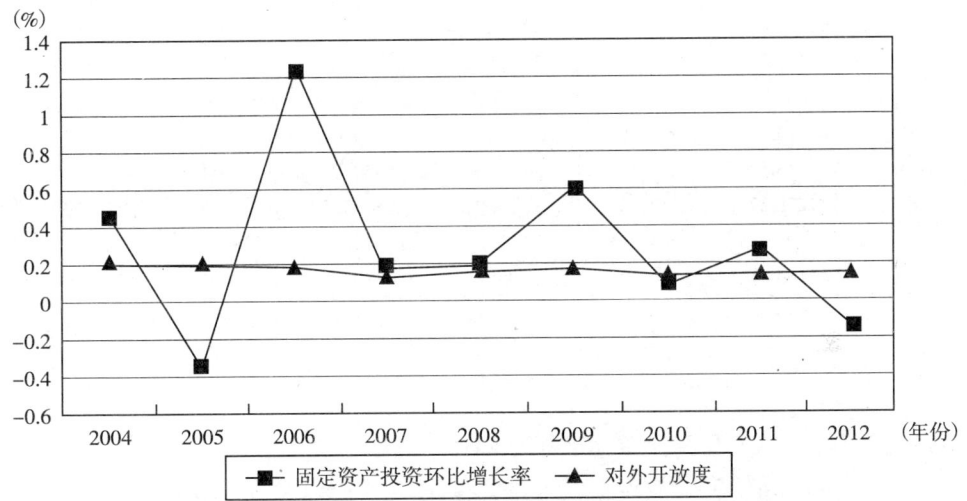

图 8-5　广东省商务服务业固定资产投资环比增长率和开放度走势
资料来源：国家统计局网站和相关年份《广东省统计年鉴》。

据此，我们基本可以认定，就广东省商务服务业而言，行业固定资产投资与行业开放度之间在走势上呈现出明显的吻合迹象。换句话说，其商务服务业的行业固定资产投资与开放度存在紧密的正相关关系。

3. 从吸纳就业人数的角度来看

首先，从广东省商务服务业吸纳就业人数的绝对值来看。如表 8-9 所示，2003 年，广东省商务服务业吸纳的就业人数为 18.02 万人，2005 年，其上升至 21.16 万人。从后续几年的数据走势来看，其延续了商务服务业相关其他指标的一贯走势，2008 年，其增加至 26.94 万人，并且在随后的 2010 年攀出新高，在该年，广东省商务服务业的就业人数为 30.10 万人。截至 2012 年，广东省商务服务业就业人数的绝对值已经高达 37.03 万人，从自 2003 年以来的数据来看，其也是自 2003 年以来的历史最高峰。

其次，从相关指标的占比情况来看。先以商务服务业就业人数占城镇总就业人数的比例来看，2003 年，广东省商务服务业就业人数占城镇就业总人数的比重为 1.49%，2007 年，其上升至 2.17%。从后续几年的数据走势来看，其呈现出非常明显的递增趋势，2010 年为 2.69%。截至 2012 年，广东省商务服务业就业

表 8-9 广东省商务服务业城镇就业人数及相关指标　　　　单位：万人

指标 年份	城镇就业总人数	服务业城镇就业总人数	商务服务业就业人数	就业人数环比增长率	商务服务业占总人数比	商务服务业占服务业总就业人数比
2003	1205.44	582.48	18.0150	NA	0.014945	0.030928
2004	1210.90	584.62	19.5248	0.083808	0.016124	0.033397
2005	1195.50	578.25	21.1611	0.083806	0.017701	0.036595
2006	1172.09	568.10	22.9346	0.083809	0.019567	0.040371
2007	1144.72	556.74	24.8568	0.083812	0.021714	0.044647
2008	1007.87	499.95	26.9400	0.083808	0.026730	0.053885
2009	1055.03	517.38	28.5300	0.059020	0.027042	0.055143
2010	1118.5	546.40	30.1000	0.055030	0.026911	0.055088
2011	1238.22	595.28	31.7300	0.054153	0.025625	0.053303
2012	1303.98	624.71	37.0300	0.167034	0.028398	0.059276
均值	1165.23	565.39	26.0822	0.083809	0.022476	0.046263

注：①受统计制度所限，国家统计局公布的广东省分行业城镇单位就业人数只有 2008 年以后的数据，我们算出了其 2008~2012 年的变化率均值，然后外推出了 2003~2007 年的数据；②NA 表示当年该数据缺失。
资料来源：国家统计局网站和相关年份《广东省统计年鉴》。

人数占城镇就业总人数的比重达到了 2.84%。

与此同时，在研究开放度对行业的影响时，我们以商务服务业就业人数的环比增长率为例展开分析。如图 8-6 所示，2004~2012 年，广东省商务服务业就业人数的环比增长率与在此期间的商务服务业对外开放度的走势呈现出基本吻合的态势。但需要注意的是，从二者数据的走势来看，对外开放度的走势图出现转折点的时间略早于就业人数环比增长率发生转向的时间。

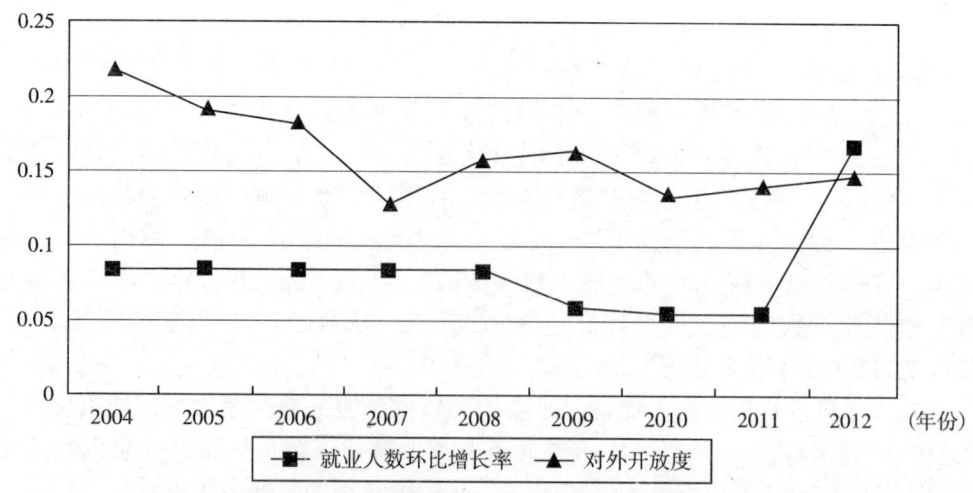

图 8-6　广东省商务服务业吸纳就业人数环比增长率和对外开放度走势
资料来源：国家统计局网站和相关年份《广东省统计年鉴》。

这一发现告诉我们，就广东省而言，对外开放与就业人数环比增长率之间存在显著的正相关关系。而且，从二者走势的时间差来看，对外开放度是就业人数环比增长率产生变动的原因之一。

四、广东省商务服务业对外开放中存在的问题

前面的研究显示，在广东省商务服务业的对外开放过程中，开放度对广东省商务服务业的产值、固定资产投资和就业均有着显著的作用关系。换句话说，开放对行业本身的发展起着重要的作用。为了更深入地了解广东省商务服务业开放中存在的问题，接下来，我们从外资进入广东的程度、资金来源地和外资进入中国的方式三个方面展开分析。

（一）从外资进入广东省商务服务业的程度来看

我们以广东省商务服务业按登记注册类型分组的法人单位数为例展开分析。如表8-10所示，先从纵向的角度来看，2006~2012年，广东省商务服务业法人单位总数、内资企业数和外资企业数（不含港、澳、台）皆呈现出了明显的递增趋势。截至2012年，在广东省商务服务业企业中，服务企业总法人数达到了96370个，其中，内资商务企业法人单位数为93274个，外资商务企业法人单位数为1387个。

表8-10 广东省商务服务业按登记注册类型分组的法人单位　　　　单位：个

年份	总计			内资企业		外资企业（不含港、澳、台）	
	三产总数	商务服务业总数	商务服务业占三产总数比	商务服务业总计	商务服务业占三产总数比	商务服务业总计	商务服务业占三产总数比
2006	337393	39354	0.116641	37920	0.112391	717	0.002125
2007	373188	43759	0.117257	41758	0.111895	938	0.002513
2008	401931	55995	0.139315	54159	0.134747	883	0.002197
2009	459585	63860	0.138951	61649	0.134141	1026	0.002232
2010	522286	72878	0.139537	70316	0.134631	1187	0.002273
2011	596143	84173	0.141196	81283	0.136348	1303	0.002186
2012	668166	96370	0.144231	93274	0.139597	1387	0.002076
均值	479813	65198.43	0.133875	62908.43	0.129107	1063	0.002229

注：商务服务业法人单位数为租赁和商务服务业数据，下文数据如未特别注明，皆如此。
资料来源：相关年份《广东省统计年鉴》。

此外，再从均值数据来看。在此期间，广东省商务服务企业法人单位总数均值为 65198 个，其中内资企业法人单位数为 62908 个，占三次产业法人单位总数的比例为 12.91%。而外资企业的法人单位数均值为 1063，占三次产业法人单位数的比例为 0.22%。

从数据的比较我们基本可以得出这样一个结论，即就广东省商务服务企业内外资法人单位数的对比来看，内资企业仍然占据着行业的主导地位。换句话说，外资企业在广东省的市场空间仍有较大的提升可能。实际上，这也从侧面说明，在广东省商务服务业企业中，外资进入的程度并不高，其开放程度有待加强。

（二）从资金来源地来看

如表 8-11 所示，在 2006 年，广东省商务服务业中，来自港、澳、台商投资企业的法人单位数为 717 个，占同期商务服务业总数的 1.82%。而相比之下，在该年，外商投资企业法人单位数同样为 717 个，同期占比和来自港、澳、台商的投资企业相同。

表 8-11　广东省商务服务业按登记注册类型分组的法人单位　　单位：个

年份	商务服务业总计	港、澳、台商投资企业		外商投资企业	
		总计	占比	总计	占比
2006	39354	717	0.018219	717	0.018219
2007	43759	1063	0.024292	938	0.021436
2008	55995	953	0.017019	883	0.015769
2009	63860	1185	0.018556	1026	0.016066
2010	72878	1375	0.018867	1187	0.016287
2011	84173	1587	0.018854	1303	0.015480
2012	96370	1709	0.017734	1387	0.014392
均值	65198.43	1227	0.019077	1063	0.016807

资料来源：相关年份《广东省统计年鉴》。

但从后续几年的数据走势来看，其数据发生了显著的变化，到了 2008 年，在广东省商务服务业企业中，来自港、澳、台商投资企业的总数为 953 个，同期占商务服务业总数的比例为 1.70%。而在该年，外商投资企业的法人单位数为 883 个，占同期商务服务业企业总数的比例为 1.58%。可以看出，来自港、澳、台商投资企业的数量超过了外商投资企业的数量。

到了 2010 年，这一差距越发明显，在该年，广东省商务服务业企业中，来自港、澳、台商投资企业的法人单位数为 1375 个，同期占商务服务业总数的比例为 1.89%。而相比之下，外商投资企业的法人单位数绝对值为 1187 个，占比

1.63%。截至 2012 年，广东省商务服务企业中，港、澳、台商投资企业和外商投资企业的法人单位数绝对值分别为 1709 个和 1387 个。占商务服务业总数的比例分别为 1.77%和 1.44%。

至此，我们基本可以得出如下结论，即在广东省商务服务业企业中，就外商投资资金来源地的分布情况来看，来自港、澳、台商地区的外商仍然占据着广东省服务业外商投资者的绝对主导地位，而相比之下，外商投资企业在广东省商务服务业中的市场优势与港、澳、台商相比并不明显。这也提醒我们，在未来的政策取向中，要出台相关对港、澳、台商投资企业以外的外商资金的扶持引导措施，使外商投资资金的来源更加多元化，规避资金来源地单一所可能带来的市场风险。

（三）从外资进入中国的方式来看

先以港、澳、台商投资企业按登记注册类型分组的法人单位数为例，如表8-12 所示。

表 8-12 广东省商务服务业按登记注册类型分组的法人单位（港、澳、台商投资企业）

单位：个

年份 \ 类别	港、澳、台商投资企业总计	合资经营企业（港、澳、台资）	合作经营企业（港、澳、台资）	港、澳、台商独资经营企业	港、澳、台商投资股份有限公司	其他港、澳、台商投资
2006	717	93	41	565	18	NA
2007	1063	122	54	860	27	NA
2008	953	104	34	787	28	NA
2009	1185	118	41	987	39	NA
2010	1375	129	42	1158	46	NA
2011	1587	150	42	1326	50	19
2012	1709	166	40	1430	50	23
均值	1227	126	42	1016.14	36.86	21

注：NA 表示当年该数据缺失。
资料来源：相关年份《广东省统计年鉴》。

从 2006 年的数据来看，港、澳、台商投资企业法人单位数总计为 717 个，其中，合资经营企业数为 93 个，合作经营企业数为 41 个，独资经营企业数为 565 个，投资股份有限公司数为 18 个。可以很明显地看出，外商投资企业中，来自港、澳、台的资金在广东省的经营方式以独资经营为主，合资经营和合作经营为辅。

这一趋势在后续的几年里得到了很明显的延续，从 2009 年的数据来看，在该年，来自港、澳、台商投资企业的法人单位总数为 1185 个，其中独资经营企业的法人单位个数为 987 个,同期占比 83.29%。而相比之下,合资经营企业法人单位数为 118 个,同期占比 9.96%。

截至 2012 年,在广东省商务服务业企业中,港、澳、台商独资经营企业、独资经营法人单位数已达到了 1430 个,占该年港、澳、台投资企业法人单位总数的比重为 83.67%。而相比之下,合资经营企业的个数为 166 个,同期占比 9.71%。

至此,我们可以初步得出一个结论,即在广东省商务服务业中,就来自港、澳、台的资金而言,独资经营的方式占据着主导地位。相比之下,合资经营企业和合作经营企业占据着辅助地位。

再以外商投资企业(非港、澳、台商)为例,如表 8-13 所示。

表 8-13 广东省商务服务业按登记注册类型分组的法人单位(外商投资企业)

单位:个

类别 年份	外商投资企业总计	中外合资经营企业	中外合作经营企业	外资企业	外商投资股份有限公司	其他外商投资
2006	717	129	59	508	21	NA
2007	938	171	64	675	28	NA
2008	883	106	41	698	38	NA
2009	1026	103	43	830	50	NA
2010	1187	112	46	974	55	NA
2011	1303	133	45	1062	58	5
2012	1387	141	46	1105	66	29
均值	1063	127.86	49.14	836	45.14	17

注:NA 表示当年该数据缺失。
资料来源:相关年份《广东省统计年鉴》。

首先,从外商投资企业的总数来看,广东省商务服务业中外商投资企业法人总数在 2006 年仅为 717 个,2009 年,其增长至 1026 个,2012 年更是增长至 1387 个。而在此期间,从其构成种类来看,除中外合作经营企业,无论是中外合资经营企业,还是外商投资股份有限公司,其数据的走势都呈现出了明显的递增趋势。

其次,从数据的横向比较来看,在 2006 年,外资企业(独资)以 508 个占据中外合作方式的榜首地位,其次分别是中外合资经营企业,为 129 个,中外合作经营企业为 59 个。从后续几年的数据走势来看,这一格局基本未发生变化。截至 2012 年,广东省商务服务业企业中,外资企业(独资)以 1105 个占据合作方式的榜首,此外,中外合资经营企业和中外合作经营企业分别以 141 个、46 个名列第二位和第三位。

至此，通过数据的分析我们基本可以得出这样一个结论，即在广东省商务服务业企业中，就中外合作方式和合作程度而言，外商投资企业中，来自港、澳、台的资金和非港、澳、台的资金虽然都是以独资的方式为主，都是合资经营的模式大于合作经营。

结合广东省经济社会发展的实际，这基本可以从两个方面加以解释：其一，广东省在地理位置上邻近港、澳、台，在吸引这些地区的资金时具有独特的地缘优势；其二，广东是个移民大省，从华侨的投资习惯和中国人的乡土观念来看，华侨大多会在自己实现资产自由化之后，将资金往自己的家乡或者是自己熟知的地方投，这是造成来自港、澳、台地区的法人单位数明显大于其他外资的一个重要原因。

但就其问题来说，给我们的警示是，资金来源地的单一势必会将资金来源地区的经济金融风险转移到资金的投入地区。而且，最为重要的是，可以看出，在广东省商务服务业企业中，外资独资的绝对优势地位也说明了中外合作的水平有待提高。而在外商占据优势的市场中，内资企业由于在资金、技术和管理水平方面的差距，也会进一步挤压内资商务服务业的市场空间，这些都是政策层在未来需要重点考虑的问题。

五、扩大广东省商务服务业对外开放的对策建议

(一) 基本结论

通过对前文的分析，在广东省商务服务业对外开放的研究中，我们基本可以得出如下几点结论：

第一，就广东商务服务业的发展而言，其取得的成果值得肯定，但广东省经济的外向依存度较高的特点，决定了广东商务服务业在受外部市场需求变动的冲击下，其免疫力较弱。

第二，就开放对广东省商务服务业的影响而言，对外开放是影响广东省商务服务业产值、固定资产投资和就业发生变化的影响因素之一。

第三，就广东省商务服务业对外开放中存在的问题而言，其存在着外商投资资金来源地单一（以港、澳、台资金为主）、中外资的合作水平不高、在商务服务业企业中内资仍然占据着市场主导地位等问题。

(二) 政策建议

关于开放对于一国或一地区经济社会发展的重要作用已经在理论和实践两个层面得到了充分的证明。而作为国民经济润滑剂的商务服务业所起的作用更是不容小觑。通过对广东省商务服务业对外开放的现状、开放对行业自身的影响和开放中存在的问题的分析，我们认为，在未来一段时间，扩大广东省商务服务业的对外开放，需要重点从以下几个方面加以考虑。

1. 会计服务业

鉴于会计服务业对国民经济的重要作用，而且从一国经济安全的角度来考虑，会计信息也对一国或一地区的经济安全至关重要。首先，从政府监督管理的角度来讲，对于广东省而言，在扩大会计服务业的对外开放过程中，需要在遵守"入世"承诺开放框架的前提下，结合当地实际，出台某些关乎国计民生的重要行业和重点企业的相关会计信息保护规章。其次，从广东乃至全国的会计行业发展来看，外资企业的市场优势仍然巨大。内资企业的市场竞争力和专业水准及市场认可度都有待提高。因此，在未来广东省会计服务业的对外开放过程中，我们仍然要以提高内资企业的行业竞争力为第一要务。唯有如此，才能在日益激烈的国际市场竞争中求得生存。

2. 管理咨询业

从管理咨询业的行业内涵来看，其行业产生的前提是企业不断增加对企业中长期发展战略的追求。而管理咨询业提供的产品正是基于历史和现状的分析，以及从纵向和横向的对比角度对服务对象未来的战略性提供方向性的指引。

从全球范围内的管理咨询机构来看，发达国际机构，尤其是美国的战略咨询机构凭借其完善的信息收集体系和先进的理论分析框架，在全球管理咨询市场中占据着绝对的主导地位。而相比之下，我国的内资管理咨询企业的市场竞争力普遍不高。并且从国内的市场来看，受传统文化的影响，我国企业对管理咨询的认可度也有待提升。

对于广东省来说，下一阶段管理咨询业对外开放的重点，应该是重点扶持具有相对市场竞争优势的内资管理咨询企业做大做强。针对有发展潜力的内资管理咨询企业，应该在财政、税收和金融相关方面出台明确可行的扶持措施。通过内资管理咨询企业的发展进而带动省内管理咨询行业的整体发展水平。

3. 法律服务业

市场经济从某种程度上说也是法治经济，随着现代社会的发展，契约精神和法律意识越来越成为更多人的行为选择。而这一变化反映在经济活动中，就是法律的市场深度和市场活力的空前增加。而从前文的分析中我们已经指出，法律服务业的发展壮大是广东省企业实施"引进来"和"走出去"的必备条件和重要保障。

因此,从某种程度上说,法律服务业的发展水平决定着一国或一地区的整体经济社会的发展水平。就广东省而言,作为我国改革开放的前沿地区,其经济的活力、社会发展的阶段和人口流动等特征更是对法律服务有着极为迫切的需求。

就下一阶段的对外开放重点来说,广东省应该在"入世"开放承诺的框架内,充分借助好市场、行业协会和公司三者的力量。除了在政府层面加大财税金融的扶持力度外,还要协助行业协会做好国际经验的交流借鉴,同时在尊重市场规律的基础上,积极扶持壮大,培育一批业内龙头企业。通过法制化建设来提升政府的行政管理能力和提升经济社会的发展水平。

4. 会展服务业

就会展业来说,目前广东省范围内已存在着为数众多、蜚声中外的大型会展企业和场馆,仅以省会广州为例,就存在着为数众多的国际性展览场馆,如琶洲国际会展中心、广东锦汉展览中心等。

这些会展中心依托于广东地区强大的经济活力和靠近港、澳,以及处于国际航道的重要枢纽地位的地缘优势,获得了快速的发展。而会展业的发展反过来又促进了广东的经济发展,尤其是促进了外向型经济的繁荣昌盛。

就下一阶段广东省会展业的对外开放来说,重点应该放在两个方面:其一,在继续保持对现存企业的政策空间的同时,加大对行业内国际企业的"引进来"问题,可以通过多元化的合作方式,借鉴国外企业的先进经验,求得自身的发展壮大;其二,在培育业内内资企业做大做强的同时,积极鼓励本土企业实施国际化发展的战略,抓住机会走出国门,参与国际市场竞争,在国际市场的摸爬滚打中提升自己的国际竞争力。

参考文献:

《国外展览巨头进入珠三角的不同战略》,《亚博会展》,2007年4月26日。

第九章 广东省科学技术服务业对外开放现状、问题与对策建议

李德升 渠慎宁[*]

【摘要】 本章在全面解析广东省科学技术服务业发展和开放现状的基础上,对广东省科技服务业的开放对行业本身的影响和科技服务业对外开放中存在的问题展开了深入研究。研究发现:第一,就行业发展和开放的现状而言,自改革开放以来,广东科学技术服务业的自身发展和对外开放都呈现出向好的基本走势。第二,就开放对行业本身的影响而言,对外开放与行业产值和广东省的产业转型升级之间存在着显著的正相关关系。而相比之下,开放对固定资产投资和吸纳就业的作用相对有限。第三,就开放中存在的问题而言,广东省科学技术服务业存在着对外资开放提升空间较大、外资来源地单一和中外合作程度和合作水平有待提高等问题。

一、引言

从概念界定的角度来讲,科学技术服务业是指以基础学科创新和新发明新技术的投入应用为载体的高智力、高资本和高科技含量的一类产业的总称。从人类历史的发展历程来看,自第一次产业革命爆发以来,人类社会的生产力水平得到了突飞猛进的提高,这在很大程度上归功于人类社会不断革新的技术水平,突出表现即是第三次与第四次科学技术革命。实际上,人类历史的发展过程已经雄辩地证明,科学技术始终是社会发展进步的第一生产力。

而鉴于科学技术对经济社会发展的重要作用,我国在新中国成立初期就制定

---

[*] 李德升,工业和信息化部电子科学技术情报研究所高级工程师,主要研究方向软件与信息服务业。渠慎宁,中国社会科学院工业经济研究所助理研究员,主要研究方向为产业经济学。

了关于科学技术发展的第一个五年规划。20世纪90年代初期,我国出台了第一部《中华人民共和国科学技术进步法》,从法律角度确立了国家对于发展科学技术的重视力度。

而在全球经济一体化步伐日益加快的今天,各国市场在竞争中融合,在融合中竞争的趋势也日臻明显。但如果认真观察在国际竞争中具有核心竞争力,处于绝对优势地位的国家、地区和行业企业,它们都存在着一个明显的共性特征,即拥有所在行业的核心技术,或者拥有比其他国家或地区更强大的核心研发实力,如美国微软公司和苹果公司等。

就广东省而言,作为我国改革开放的前沿地区,其在改革开放初期的市场定位即是依靠劳动力成本优势和资源优势承接西方发达国家的制造业转移,依靠这种外向型加工的发展模式参与国际市场竞争。这种发展模式在当时的经济社会条件下,毫无疑问对广东省乃至我国经济社会的发展产生了巨大的推动作用。

但随着国际经济形式的变化和国内经济社会发展水平的提升,在面临劳动力成本上升和原材料价格上涨,以及国外市场需求变动等多种因素综合作用下,这种传统的发展模式越来越难以为继。

就广东省而言,其依靠国际代工和外向型经济发展模式为主导的经济结构在2008年美国金融危机爆发后遭到了致命的冲击。这迫使广东全省上下深刻反思这一发展模式的利弊与未来的前进方向。在随后的2009年,广东省政府在政府工作报告中明确提出:"大力发展现代服务业,突出发展金融、物流、会展、电子商务、工业设计等生产性服务业。"从这些行业的内涵特征不难发现,其皆具有较高的资金、技术和智力资本含量。

换句话说,广东省要想摆脱现阶段的发展模式带来的束缚,实现产业链的突围,必须大力发展科学技术服务业,通过科学技术水平的提高实现全球价值链的攀升。这是后金融危机时代摆在广东面前的主要问题。本章正是基于此点,在全面分析广东省科学技术服务业发展和对外开放现状的基础上,对开放对广东省科学技术服务业行业本身的可能影响和存在的问题展开分析,试图全面解析在我国对外开放程度不断提升的大背景下,广东省科学技术服务业的未来开放之路。

接下来的内容安排如下:第二部分是对广东省科学技术服务业发展和对外开放的现状分析;第三部分是开放对广东省该行业本身影响的实证分析;第四部分是对广东科学技术服务业对外开放中存在问题的讨论;行文最后,是简短的结论和未来进一步开放的政策建议。

二、广东省科学技术服务业发展和对外开放现状

(一) 广东省科学技术服务业的发展现状

首先,从产值来看,如图 9-1 所示。可以看出,2003 年,广东省科学技术服务业行业增加值为 166.39 亿元,2005 年,其为 209.11 亿元,从后续几年的数据走势看,其增长趋势非常明显。2007 年,其数据增长至 256.95 亿元,并在随后的 2008 年首次突破 300 亿元大关,在该年,广东省科技服务业的行业增加值为 371.08 亿元。而从后续 2009 年的数据走势来看,其增长势头依然强劲,为 416.00 亿元,可以看出,在 2008 年美国金融危机对以外向型经济为主导的广东省发生严重冲击的大背景下,广东省科学技术服务业的发展并未受到非常明显的影响。再从后续三年的数据来看,2011 年,其增长势头丝毫未减,在该年为 546.10 亿元。截至 2012 年,广东省科学技术服务业增加值的数据已接近 600 亿元,为 597.72 亿元。

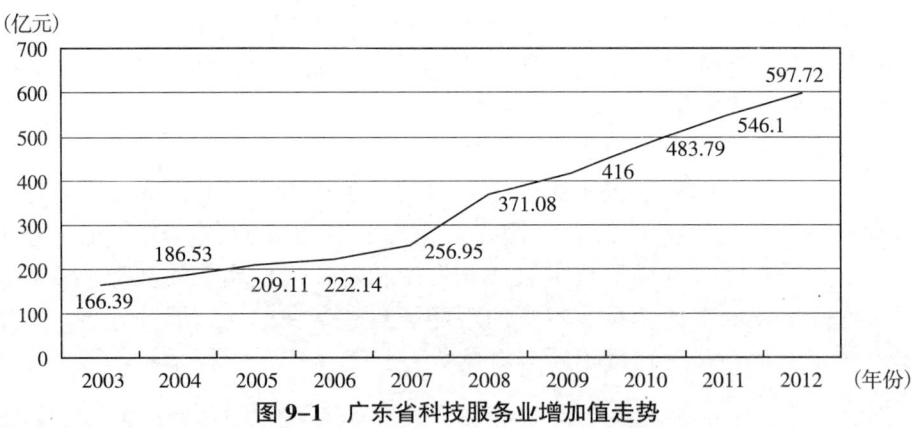

图 9-1 广东省科技服务业增加值走势

资料来源:国家统计局网站。

至此,我们基本可以得出这样一个结论,即 2003~2012 年,从行业增加值来看,广东省科学技术服务业整体呈现出一个明显向好的发展趋势。而且尤为值得我们注意的是,在 2008 年美国发生金融危机后,在面临广东省整个省域范围内经济遭受严重冲击的大背景下,广东省科学技术服务业的行业增加值却持续增长。这在很大程度上说明,科学技术服务业的内涵特征决定了其对于外部市场发

生系统性风险冲击下的顽强应对力。对于后金融危机时代的广东省而言,这是一个值得重点关注的方向。

其次,从技术市场成交额来看。如图9-2所示,1990年,广东省科学技术服务业的技术市场成交额仅为2.03亿元,1992年,其迅速增长至6.39亿元。从后续几年的数据走势来看,其增长势头异常强劲,1998年,其首次突破20亿元大关,为24.81亿元。2000年,其再次创出新高,数值为48.21亿元,从后续来看,这一新高仍然被不断刷新,到了2004年,在历经了一个波峰的增长与下滑后,其数据再次攀升到60亿元关口附近,在该年其值为57.27亿元。自2005年起,广东省科学技术服务业市场成交额不断刷出新高,2006年,继之前一年的迅猛增长后,其值稍微回落,但仍然在100亿元以上,在该年其为107.03亿元。2008年,其首次突破200亿元关口,为201.63亿元。在随后的2010年,其在历经了2009年数据走势回落的背景下,再次创出新高,为235.89亿元。截至2012年,广东省技术市场成交额已达到364.94亿元,这也是自1990年以来的历史最高峰值。

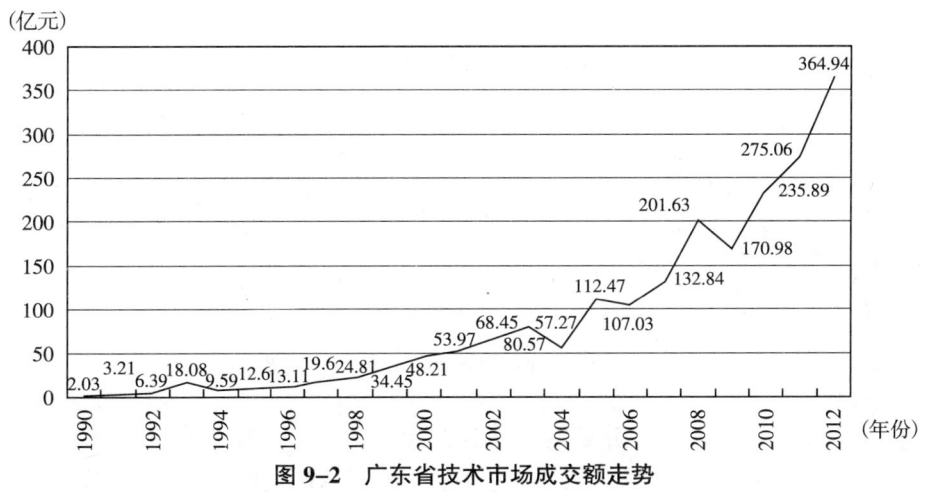

图9-2 广东省技术市场成交额走势

资料来源:国家统计局网站。

可以很明显地看出,1990~2012年,广东省技术市场成交额虽然在个别年份环比增幅呈现出下降趋势,但从整个时间区间的走势来看,其增长势头非常明显。这在很大程度上说明,自1990年以来,广东省在引进和输出技术服务或产品方面的既存成果值得肯定,并且从整体而言呈现出非常明显的向好发展态势。

最后,从研究与试验发展经费投入强度来看。如图9-3所示,2006年,广东省研究与试验发展经费投入强度数值为1.18,全国为1.39,广东落后全国

0.21。2007年，广东省研究与试验发展经费投入强度数值为1.27，同年全国的数值为1.40，广东虽然仍然落后全国同期水平，但其差距正在降低，为0.13。2008年，广东省研究与试验发展经费投入数值为1.37，而在当年全国该数据的值为1.47，广东省落后全国的差距再次缩小，为0.1。从后续几年的数据走势来看，从绝对数来看，无论是广东省还是全国，研究与试验发展经费投入强度都呈现出了明显的递增态势。

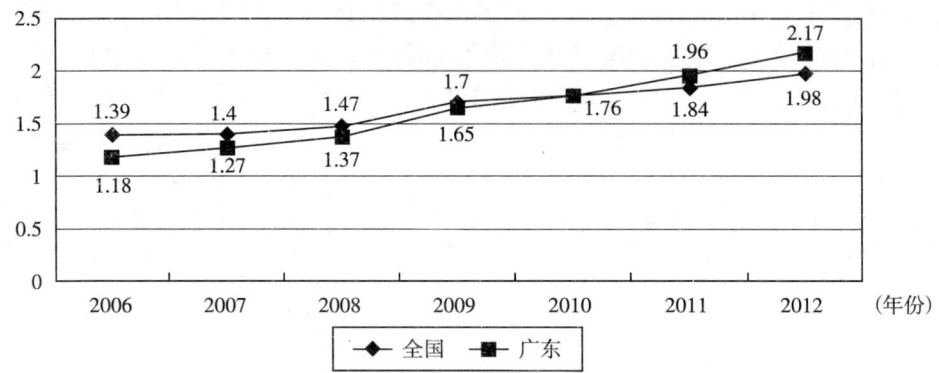

图9-3 广东省研究与试验发展经费投入强度走势

资料来源：《中国科技统计年鉴》（2013）。

2009年，广东省落后全国的差距再次减少，在该年，其为0.05。随后的2010年，广东省研究与试验发展经费投入强度数值完全相同，都为1.76。并且在随后的2011年，广东省研究与试验发展经费投入强度首次高出全国水平，为1.96，而当年全国的数据为1.84。截至2012年，这一走势得到了成功的延续，在该年，广东省研究与试验发展经费投入强度为2.17，而全国为1.98，广东省继续高于全国水平。

可以很明显地看出，在此期间，从纵向角度来看，广东省研究与试验发展经费投入强度和全国研究与试验经费投入强度的走势都呈现出了明显的上升趋势。但就广东省与全国的横向对比来看，其经历了三个阶段。其一是2008年以前，广东落后全国的差距较大；其二是2008~2010年，广东虽然仍然落后全国，但其差距迅速缩小；其三是2010年以后，广东高于全国。

对于这一走势，可以从2008年广东省在美国发生金融危机后所遭受的严重冲击角度加以理解。众所周知，研究与试验发展经费投入强度是衡量一国或一地区科研投入的重要指标。在经历了2008年美国金融危机带来的阵痛后，广东省开始觉醒，并在次年提出了双轮驱动和产业转型升级的战略目标。在前文的分析中我们也已经指出，科学技术的研发实力是决定一国或一地区产业转型升级目标能否实现，以及产业发展的结构特征等众多问题的决定因素。对于广东省而言，其数据的这一走势恰好是政府宏观发展战略在科学技术服务业中的完美体现，这也说明，广东省对待金融危机的处理措施是得当有力的。从这个角度来讲，我们对未来广东省产业转型升级目标的实现抱有非常大的期待。

（二）广东省科学技术服务业开放现状

从我国"入世"谈判和最后"入世"协议的签订情况来看，我国对科学技术服务业的开放做出了如下承诺和具体规定：[①] 首先，就股权比例而言。在相关科学技术咨询服务中，外商在中国只能设立合资企业，允许外资拥有多数股权。其次，就具体细节问题而言。在相关科学技术勘探服务领域中，其一，在近海石油服务方面，该项服务包括地质、地球物理和其他科学勘探服务、地下勘测服务，外方只能与中国合资伙伴合作开采石油。其二，在陆上石油服务方面，外商只能与中国石油天然气总公司（GNPC）合作，在经中国政府批准的指定区域内开采石油。其三，为执行石油合同，外商应在中国领土内设立分公司、子公司或代表处，并依法完成注册手续。所述机构的设立地点应通过与中国石油天然气总公司协商确定。再次，就监管而言。在科学技术、地质勘察的相关领域，外商应在经中国政府批准在中国领土内从事外汇业务的银行开设银行账户。并且，外商应准确并迅速地向中国石油天然气总公司提供关于石油经营的报告，并应向中国石油天然气总公司提交与石油经营有关的所有数据和样品以及各种技术、经济、会计和管理报告。中国石油天然气总公司应对在实施石油经营过程中获得的数据记录、样品、凭证及其他原始信息拥有所有权。最后，就外商投资的支付方式而言。外商的投资应以美元或其他硬通货支付。

实际上，从宏观国际环境来看，我国"入世"承诺中对科学技术服务业相关领域的开放承诺为我们从整体上对科学技术服务业的对外开放提供了一个有力的背景了解。在对广东省科学技术服务对外开放问题的研究中，这是我们不容忽视的前提和展开研究的重要基础。接下来，我们拟从研究与试验发展（R&D）经费内部支出、外部支出和按地区分的国外技术引进合同三个角度对广东省科学技术服务业的开放现状展开分析。

1. 研究与试验发展（R&D）经费内部支出的角度

如表9-1所示，首先，从2009年的数据来看，在该年，全国研究与试验发展经费内部支出总额为58021608万元。而从其内部结构来看，其中来自政府的资金占比达到了23%，而相比之下，企业资金仍然占据着绝对优势地位，为72%，而国外资金占比仅为1.3%。

[①] 资料来源：作者根据商务部网站文件资料库"入世"承诺相关文字资料整理而得。

表 9-1 按资金来源分研究与试验发展（R&D 经费内部支出）　单位：万元

年份	区域	R&D 经费内部支出	政府资金	占比	企业资金	占比	国外资金	占比	其他资金
2009	全国	58021608	13582710	0.23	41627182	0.72	780999	0.013	2030155
	广东	6529820	572882	0.09	5778450	0.88	53968	0.008	124500
	北京	6686351	3494931	0.52	2411603	0.36	291490	0.044	488328
	上海	4233774	1129246	0.27	2829970	0.67	120018	0.028	154541
2010	全国	70625775	16962977	0.24	50631435	0.72	921427	0.013	2109939
	广东	8087478	657617	0.08	7089332	0.88	213405	0.026	127125
	北京	8218234	4720749	0.57	2704275	0.33	300646	0.037	492569
	上海	4817031	1427831	0.30	3182831	0.66	68024	0.014	138345
2011	全国	86870093	18829656	0.22	64206443	0.74	1161963	0.013	2672030
	广东	10454872	941883	0.09	9127247	0.87	186689	0.018	199056
	北京	9366439	4978522	0.53	3229608	0.34	460907	0.049	697404
	上海	5977131	1759264	0.29	3920499	0.66	102312	0.017	195058
2012	全国	102984090	22213950	0.22	76250233	0.74	1004006	0.010	3515899
	广东	12361501	1079004	0.09	10909494	0.88	88863	0.007	284141
	北京	10633640	5659921	0.53	3686332	0.35	478994	0.045	808393
	上海	6794636	2257639	0.33	4136044	0.61	71938	0.011	329015

资料来源：相关年份《中国科技统计年鉴》。

其次，为了研究广东省科学技术服务业对外开放的现状，我们接下来重点关注表 9-1 中来自国外资金的数据走势与横向对比。从 2009 年广东省的数据来看，广东省研究与试验发展经费内部支出中，来自国外资金的占比为 0.8%。而相比之下，北京在该年的此数据为 4.4%，上海为 2.8%。可以很明显地看出，广东省在该年的数据落后于全国和北京以及上海。

从后续几年数据的走势来看，无论是广东省，还是全国以及北京和上海，其研究与试验发展的绝对数自 2009 年以来都呈现出了明显的递增趋势。但就国外资金占比而言，到了 2010 年，其数据的横向对比发生了一个显著的变化，在该年全国研究与试验经费内部支出中国外资金占比为 1.3%，而相比之下，广东省迅速增长至 2.6%，高出全国整整一倍的水平。

截至 2012 年，在广东省研究与试验发展经费的内部支出中，全国总金额已高达 102984090 万元，其中来自政府的资金占比为 22%，来自企业资金的占比为 74%，而相比之下，来自国外资金的占比仅 1%。就广东来看，其企业资金占比来源最高，在该年的值为 88%，政府资金为 9%，相比之下，国外资金占比在历经了两年的飞速发展之后略有回落，为 0.7%。从其横向的对比来看，2009～

第九章 广东省科学技术服务业对外开放现状、问题与对策建议

2012年,其在2010年和2011年的比重高于全国水平,但与北京和上海的占比相比,其除了在2010年和2011年略微高于上海外,在大多数年份都落后于上海和北京的比重。

最后,从按资金来源分布的研究与试验发展经费内部支出角度来看,我们基本可以得出这样的结论,即从我国全国范围和主要省市的对比来看,研究经费中政府资金和企业资金占据着科研资金来源的主要部分。而相比之下,国外资金的占比相对较低,并且广东省的国外资金占比自2009年以来基本落后于全国和北京及上海的水准。换句话说,从国外资金来源占比的角度来看,广东省科学研究技术服务业对外开放水平还比较低。

2. 研究与试验发展(R&D)经费外部支出的角度

如表9-2所示,首先,从2011年的数据来看,在该年,全国研究与试验发展经费外部支出的总额为4943405万元,从其内部结构来看,其中对境内研究机构支出的绝对数为2016277万元,占比41%,对境内高等学校支出的绝对数为1012463万元,占比20.5%,对境内企业支出的绝对数为1139091万元,占比23%。而相比之下,在该年,在全国研究与试验发展经费外部支出中,对境外机构支出的绝对数为607788万元,占比12.3%。而从广东省的情况来看,其在该年的研究与试验发展经费外部支出总数为655766万元,从其内部结构来看,四

表9-2 研究与试验发展(R&D)经费外部支出   单位:万元

年份		R&D经费外部支出	对境内研究机构支出	对境内高等学校支出	对境内企业支出	对境外机构支出	对境外机构支出占总支出比
2011	全国	4943405	2016277	1012463	1139091	607788	0.123
	广东	655766	225223	127946	202402	98027	0.149
	占比	0.132655	0.111702	0.126371	0.177687	0.161285	
	北京	812140	419732	99394	194566	10264	0.013
	占比	0.164288	0.208172	0.098171	0.170808	0.016887	
	上海	311554	94673	27971	78430	107893	0.346
	占比	0.063024	0.046954	0.027627	0.068853	0.177517	
2012	全国	5842075	2328783	1210256	1408465	678984	0.116
	广东	591226	107622	63624	297138	122115	0.207
	占比	0.101201	0.046214	0.052571	0.210966	0.179850	
	北京	946235	501049	133337	174010	13597	0.014
	占比	0.161969	0.215155	0.110173	0.123546	0.020026	
	上海	461167	85297	38125	191265	142577	0.309
	占比	0.078939	0.036627	0.031502	0.135797	0.209986	

资料来源:相关年份《中国科技统计年鉴》。

个数据的占比分别为34%、19.5%、31%和14.9%。可以看出,从占比数据来看,广东省对境外机构支出的比例显著高于全国水平。

其次,为了探究其数据结构之间可能存在的规律,我们再以2012年的数据为例展开分析。从绝对数来看,无论是广东省,还是全国以及北京和上海,其研究与试验发展经费中外部支出的总数都呈现出明显的上升趋势。为了研究广东省科学技术服务业对外开放的现状,我们重点就研究与试验发展经费外部支出中对境外机构支出的数据为例展开纵向和横向的对比分析。可以看出,在2011年,广东该数据的占比为14.9%,高于全国及北京的水平,但与上海相比,差距非常明显。2012年,这一走势得到了很好的延续,在该年,广东省研究与试验发展经费中对于境外机构支出的比例为20.7%,高于全国11.6%的水平,领先北京19.3%,落后上海10.2%。

最后,从研究与试验发展经费外部支出的数据中,我们基本可以总结出这样的结论,即就广东省研究与试验发展经费来看,其对于境外机构的支持力度要显著高于全国平均水平,甚至高于首都北京。但与上海相比还有较大的差距。这也说明,在以研究与试验发展经费外部支出为标准衡量广东省科学技术服务业的对开放水准中,广东省的既定成果值得肯定,但与全国其他发达地区相比,其同样存在比较大的提升空间。

3. 按地区分的国外技术引进合同的角度

接下来,我们以从国外引进的技术合同相关数据为例,对广东省科学技术服务业对外开放的现状展开分析,如表9-3所示。

表9-3 按地区分的国外技术引进合同　　单位:件、万美元

年份		合同数	合同金额	技术费	设备费
2003	全国	7130	1345121	951127	393994
	广东	373	124396	115744	8652
	广东占比	0.0523	0.0925	0.1217	0.0220
2004	全国	8650	1385558	962528	423145
	广东	418	57858	57215	643
	广东占比	0.0483	0.0418	0.0594	0.0015
2005	全国	9901	1904303	1182654	721658
	广东	537	84708	64463	20245
	广东占比	0.0542	0.0445	0.0545	0.0281
2006	全国	10538	2202323	1475616	726707
	广东	668	154320	149493	4827
	广东占比	0.0634	0.0701	0.1013	0.0066

第九章 广东省科学技术服务业对外开放现状、问题与对策建议

续表

年份		合同数	合同金额	技术费	设备费
2007	全国	9773	2541535	1940610	600924
	广东	557	233255	177330	55925
	广东占比	0.0570	0.0918	0.0914	0.0931
2008	全国	10170	2713347	2354718	358630
	广东	805	324714	322783	1931
	广东占比	0.0792	0.1197	0.1371	0.0054
2009	全国	9964	2157179	1860788	296391
	广东	918	338243	328022	10221
	广东占比	0.0921	0.1568	0.1763	0.0345
2010	全国	11253	2563557	2184667	378889
	广东	1059	330415	315428	14987
	广东占比	0.0941	0.1289	0.1444	0.0396
2011	全国	9420	2696812	2285214	NA
	广东	211	101510	84070	NA
	广东占比	0.0224	0.0376	0.0368	NA
2012	全国	12988	4427370	4169095	NA
	广东	198	303675	301729	NA
	广东占比	0.0152	0.0686	0.0724	NA

注：①国外技术引进合同有一部分无法按地区分类，所以分地区之和不等于全国总计；②NA 表示当年该数据缺失。

资料来源：相关年份《中国科技统计年鉴》。

先从纵向的时间序列来看。以 2003 年的数据为例，在该年，广东省引进的国外技术合同为 373 件，引进的技术合同金额为 124396 万美元，其中，技术费 115744 万美元，设备费 8652 万美元。而到了 2007 年，广东省引进的技术合同件数增加到了 557 件，合同金额为 233255 万美元，其中，技术费为 177330 万美元，设备费为 55925 万美元。从后续几年的数据走势来看，广东省的该数据呈现出了非常明显的递增趋势。截至 2009 年，在广东省引进的技术合同中，合同件数为 918 件，其中合同金额增加至 338243 万美元，技术费增加至 328022 万美元，设备费增加至 10221 万美元。在随后的 2010 年，其在引进合同数达到最高峰后，其他各项数据呈现出上升走势。但从整个时间区间来看，2003~2012 年，广东省引进的技术合同无论是从数量还是从量比来看，其走势皆呈现出了明显的递增态势。而且尤为需要注意的是在 2008 年以后，各项数据出现了短期内冲高的走势，这在很大程度上说明了金融危机后，广东省的觉醒以及对技术的极大需求。

再从横向的对比来看。以广东在全国的占比数时间序列变化趋势为例，在

2003年,广东省引进的技术合同数占全国的比例为5.23%,合同金额占全国的比例为9.25%,其中技术费所占比例为12.17%,设备费所占比例为2.20%。而到了金融危机发生后的2009年,该数据占比发生了显著的变化,在该年广东省引进的技术合同数占全国的比例为9.21%,就其构成结构来看,合同金额占全国的比例为15.68%,技术费所占比例为17.63%,设备费所占比例为3.45%。

至此,从数据走势的分析中,我们基本可以得出这样一个结论,即就广东省而言,2003~2012年,其在技术市场的引进方面呈现出整体向好的发展态势。而且需要注意的是2008年以后数据的短期冲高,这一方面是广东在遭受金融危机影响阵痛的觉醒后采取的积极措施所造成的影响;另一方面也说明了广东省的科学技术发展水平与国外先进国家或地区相比还有较大的差距。

三、对外开放对广东省科技服务业影响的实证分析

前文对广东省科技服务业发展和对外开放的研究使我们从宏观层面对广东省对外开放的情况有了一个大致的了解。通过数据的纵向和横向的对比,我们发现,就广东省科技服务业而言,自2003年以来,无论是从基于纵向和自身的对比,还是从基于横向与全国其他地区的对比来看,广东省都走在全国的前列。

因此,在接下来的分析中,我们重点就广东省科学技术服务业对外开放对行业发展可能带来的影响展开研究,试图对开放有一个更加全面的了解。

(一)广东省科技服务业对外开放度的测算

与本报告研究其他行业对外开放的量化指标相同,我们以广东省科学技术服务业中外商直接投资实际利用额与当年广东省国民生产总值的比例,作为衡量广东省科学技术服务业对外开放的量化指标。实际上,诚如前文的研究所指出的那样,在衡量一国或一地区的某一行业的对外开放过程中,并未有一个一成不变的衡量指标。但就目前的研究文献来看,以外资在GDP的占比或者国内企业市场份额、外资企业市场份额或者按照"入世"承诺对外开放的范围领域与实际对外开放的范围领域之间的比例关系,皆是可资展开的研究视角。

但就我国"入世"承诺来看,随着我国加入世界贸易组织的时间越来越久,在科技技术服务业领域,对外资开放的时间限制基本已经全部取消。从宏观层面来看,我国服务业整体已经形成了多角度、全方位的对外开放新格局。因此,以实际开放与承诺开放比例作为衡量广东省科技服务业对外开放度的指标已基本没有意义。此外,从内资企业市场份额与外资企业市场份额与总市场份额的占比来

看,受制于我国统计制度的缺陷,这一研究目前仍无法为继。因此,在综合了数据的可得性与广东省科学技术服务业的发展与开放现状的分析后,我们拟从外商投资实际利用额的角度展开分析。

如表9-4所示,在我国服务业大发展的1992年,广东省科学技术服务业的对外开放度仅为0.000318,1995年,其数据增长至0.006221,从后续几年的数据走势来看,其增长势头非常明显。2000年,广东省科学技术服务业的对外开放度达到了0.0102,并且以迅猛的增长势头发展,2005年,其迅速增长至0.0434,这一数据也是自1990年以来的历史最高值。2009年,其再次创出新高,在该年,广东省科学技术服务业对外开放度为0.1155,实际上,这也是1990~2012年的最高值。随后,其呈现出轻微的下调趋势,截至2012年,广东省科学技术服务业的对外开放度为0.0588。其走势如图9-4所示,1990~2012年,从整个时间区间来看,广东省科学技术服务业的对外开放度整体呈现出十分明显的上升趋势。

表9-4 广东省科学技术服务业对外开放度及相关指标概况

年份	FDI(亿元)	FDI环比增长率	GDGDP(亿元)	开放度
1990	19.605141	NA	500.21	0.039194
1991	4.152174	−0.7882	774.08	0.005364
1992	0.330876	−0.9203	1040.34	0.000318
1993	5.012940	14.1505	3469.28	0.001445
1994	43.352061	7.6480	4619.02	0.009386
1995	36.911420	−0.1486	5933.05	0.006221
1996	90.624780	1.4552	6834.97	0.013259
1997	2.818532	−0.9689	7774.53	0.000363
1998	44.458767	14.7737	8530.88	0.005212
1999	286.594746	5.4463	9250.68	0.030981
2000	109.688800	−0.6173	10741.25	0.010212
2001	82.770000	−0.2454	12039.25	0.006875
2002	250.875870	2.0310	13502.42	0.018580
2003	309.559800	0.2339	15844.64	0.019537
2004	669.593120	1.1630	18864.62	0.035495
2005	978.252814	0.4610	22557.37	0.043367
2006	1220.323144	0.2475	26587.76	0.045898
2007	2261.049400	0.8528	31777.01	0.071154
2008	2084.919020	−0.0779	36796.71	0.056660
2009	4560.648840	1.1874	39482.56	0.115510
2010	2882.046930	−0.3681	46013.06	0.062635

续表

年份	FDI（亿元）	FDI 环比增长率	GDGDP（亿元）	开放度
2011	3447.772028	0.1963	53210.28	0.064795
2012	3355.409375	-0.0268	57067.92	0.058797
均值	988.990025	2.0766	18835.30	0.031359

注：NA 表示当年该数据缺失。
资料来源：国家统计局网站和相关年份《广东省统计年鉴》。

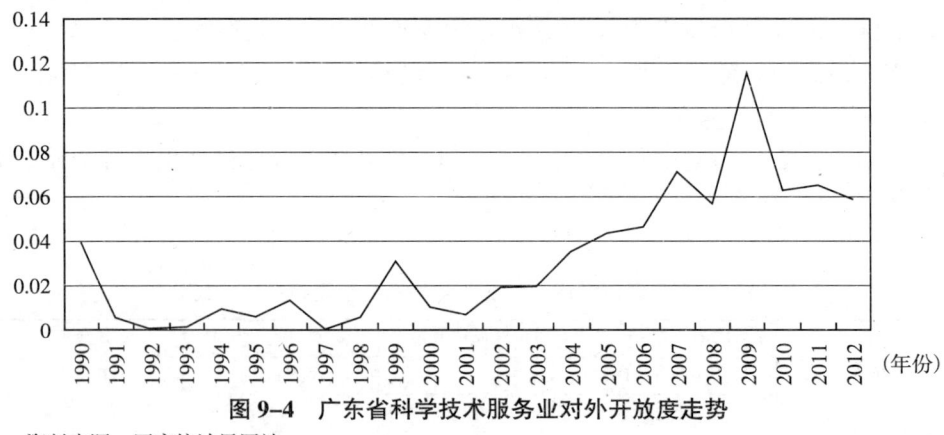

图 9-4　广东省科学技术服务业对外开放度走势

资料来源：国家统计局网站。

（二）广东省科学技术服务业对外开放对该行业的影响

1. 从产值的角度来看

如表 9-5 所示，2004 年，广东省科学技术服务业的行业增加值为 186.53 亿元，当年环比增长为 12.11%。2007 年，其行业增加值的绝对数为 256.95 亿元，环比增加值 15.67%。可以看出，无论是绝对数还是相对数，广东省科学技术服务业的行业增加值都呈现出了明显的递增趋势。从后续几年的数据走势来看，环比增加值在 2008 年达到了一个历史最高峰，为 44.42%。到了 2010 年，广东省科学技术服务业的增加值继续增长至 483.79 亿元，并且在该年起环比增长率为 16.30%。截至 2012 年，广东省科学技术服务业行业增加值的绝对数已高达 597.72 亿元，环比增长率为 9.45%。而相比之下，从占比来看，2003~2012 年，广东省科学技术服务业占总产值的比例和占三次产业总值的比例均呈现出在一定均值区间内平稳波动且幅度轻微的走势。

第九章　广东省科学技术服务业对外开放现状、问题与对策建议

表 9-5　广东省科学技术服务业行业增加值及相关指标　　单位：亿元

年份\指标	地区生产总值	三产增加值	科技服务业增加值	科技服务业增加值环比增长率	科技服务业占总产值比	科技服务业占三产比
2003	15844.64	7178.94	166.3866	NA	0.010501	0.023177
2004	18864.62	8335.3	186.5291	0.121058	0.009888	0.022378
2005	22557.37	9772.5	209.1100	0.121058	0.009270	0.021398
2006	26587.76	11585.82	222.1400	0.062312	0.008355	0.019173
2007	31777.01	14076.83	256.9500	0.156703	0.008086	0.018253
2008	36796.71	16321.46	371.0779	0.444164	0.010085	0.022736
2009	39482.56	18052.59	416.0000	0.121058	0.010536	0.023044
2010	46013.06	20711.55	483.7900	0.162957	0.010514	0.023358
2011	53210.28	24097.7	546.1000	0.128796	0.010263	0.022662
2012	57067.92	26519.69	597.7200	0.094525	0.010474	0.022539
均值	34820.19	15665.24	345.58036	0.156959	0.009797	0.021872

注：NA 表示当年该数据缺失。
资料来源：国家统计局网站和相关年份《广东省统计年鉴》。

为了研究对外开放对行业产值的影响，我们以行业增加值环比增长率为例，并将其走势图与对外开放的走势图结合在一起进行研究，如图 9-5 所示。可以看出，由于受个别年份数值突然走高的影响，2003~2012 年，广东省科学技术服务业环比增长率呈现出了一个明显的倒"U"形结构，但从拉长的动态区间来看，其走势实际上呈现出明显的上升趋势。而相比之下，此段时间的对外开放度的走势虽然在个别年份有所波动，但从整个区间来看，其向上递增的趋势也是十分明显的。更为重要的是，如果仔细研究二者的走势，不难发现其存在较高的吻合度，如相继在 2008 年前后达到历史最高峰，在 2010 年以后又同时下降。

分析至此，我们基本可以得出这样一个结论，即在广东省科学技术服务业开放所带来的影响中，开放是促进其行业增加值增长或回落的重要原因。换句话说，开放度的提高能够促进产业的增加，而开放度的降低也是造成产值环比增长率回落的重要原因之一。

2. 从固定资产投资角度来看

在从产值的角度加以研究之后，我们再从固定资产投资的角度对开放本身对行业的可能影响展开分析。

如表 9-6 所示，在 2004 年，广东省科学技术服务业的固定资产投资数据为 21.18 亿元，环比增长率为 -0.43，2007 年，该数据的绝对数上升至 28.6 亿元，环比增长率为 0.18。从后续几年的数据走势来看，2004~2011 年，除了 2006 年

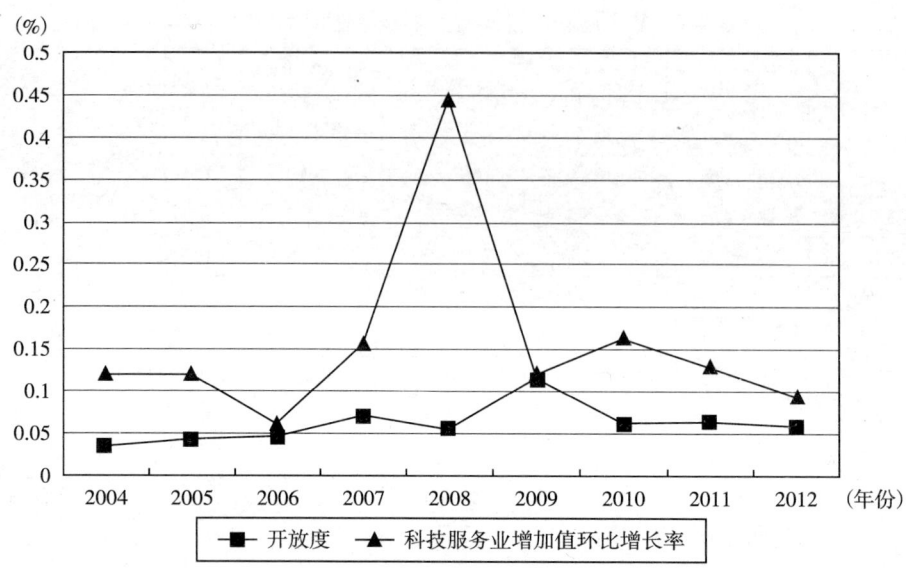

图 9-5 广东省科学技术服务业对外开放度与行业增加值环比增长率
资料来源：国家统计局网站。

之外，广东省科学技术服务业固定资产投资的绝对数都呈现出了明显的递增趋势，而环比增长率除了在 2004 年、2006 年和 2012 年出现负值之外，其他年份皆明显为正。再从占比数来看，2003~2012 年，其占全社会总固定资产投资的比

表 9-6 广东省科学技术服务业固定资产投资相关数据 单位：亿元

指标 年份	全社会	服务业固定资产投资	科技服务业固定资产投资	科学技术服务业固定资产投资环比增长率	全社会比	服务业比
2003	4813.2	3085.93	36.97	NA	0.007681	0.011980
2004	5870.02	3550.48	21.18	-0.427103	0.003608	0.005965
2005	6977.93	3825.97	26.18	0.236072	0.003752	0.006843
2006	7973.37	4628.59	24.22	-0.074866	0.003038	0.005233
2007	9294.26	5723.25	28.6	0.180842	0.003077	0.004997
2008	10868.67	6834.03	51.93	0.815734	0.004778	0.007599
2009	12933.12	8313.36	67.88	0.307144	0.005249	0.008165
2010	15623.7	10150.1	100.2	0.476134	0.006413	0.009872
2011	17069.2	11216.02	124.04	0.237924	0.007267	0.011059
2012	18751.47	12347.97	118.24	-0.046759	0.006306	0.009576
均值	11017.49	6967.57	59.944	0.189458	0.005117	0.008129

注：NA 表示当年该数据缺失。
资料来源：国家统计局网站和相关年份《广东省统计年鉴》。

例和占服务业总固定资产投资的比例皆在一定的均值区间内稳定波动,并呈现出轻微的上升趋势。

为了研究对外开放对行业固定资产投资的可能影响,我们将2004~2012年广东省科学技术服务业固定资产投资的环比增长率走势图与在此期间的科学技术服务业对外开放度走势图结合在一起进行研究,如图9-6所示。

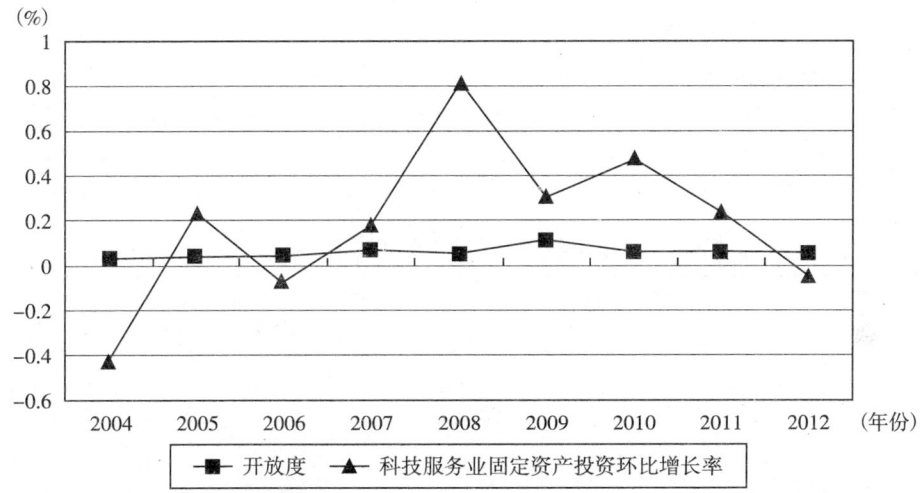

图9-6 广东省科学技术服务业固定资产投资环比增长率与开放度走势
资料来源:国家统计局网站。

可以很明显地看出,在此时间区间内,广东省科学技术服务业固定资产投资的环比增长率虽然在个别年份有所下调,但2004~2012年,其整个走势呈现出明显的倒"U"形形态。但如果将时间区间拉长,可以看出,在此时间范围内,广东省科学技术服务业的固定资产投资环比增长率呈现出明显的上升趋势。而再结合此段时间该行业的对外开放度指数变动趋势来看,在此期间,广东省科学技术服务业的对外开放度呈现出在轻微波动中稳步上升的发展形态。这说明,从二者的走势来看,其基本存在相吻合的发展态势。

至此,我们也可以基本得出如下结论,即就广东省科学技术服务业固定资产投资而言,其行业开放度对行业固定资产投资的影响是基本存在的,而且在某种程度上呈显著的正相关关系。尤为需要注意的是,在此期间开放度走势基本稳定,而固定资产投资环比增长率的波动幅度较大,这也说明固定资产投资的影响因素不止对外开放度一个。或者说,对外开放度只是影响行业固定资产投资的因素之一。

3. 从吸纳就业人数的角度来看

如表9-7所示,先从2004年的数据来看,在该年广东省科学技术服务业吸纳的就业人数为10.62万人，与上年相比其环比增长率为9.17%。2007年，该数据的绝对数上升至13.81万人，同期的环比增长率为9.17%。从后续几年的数据走势来看，其绝对数呈现出了明显的递增态势，但环比增长率的波动幅度却比较大。2010年，其绝对数达到了18.10万人，相比之下的环比增长率为17.46%。从历年数据的走势来看，这一环比增长率也是历史最高值。截至2012年，广东省科学技术服务业的就业人数绝对数已经高达21.25万人，环比增长率为14.37%。与此同时，2003~2012年，从占比数据来看，广东省科学技术服务业吸纳的就业总人数与城镇就业总人数的比例均值为1.26%，占服务业总就业人数的比重为2.60%，并且走势平稳，呈现出在轻微波动中稳定递增的发展态势。

表9-7　广东省科学技术服务业吸纳就业相关数据　　　　　单位：万人

指标 年份	城镇就业总人数	服务业城镇就业总人数	科技服务业就业人数	科技服务业就业人数环比增长率	科技服务业占总人数比	占服务业总就业人数比
2003	1205.43888	582.4841984	9.7264	NA	0.008069	0.016698
2004	1210.9024	584.616832	10.6180	0.091668	0.008769	0.018162
2005	1195.502	578.24736	11.5913	0.091665	0.009696	0.020046
2006	1172.09	568.1028	12.6538	0.091664	0.010796	0.022274
2007	1144.72	556.744	13.8137	0.091664	0.012067	0.024812
2008	1007.87	499.95	15.0800	0.091670	0.014962	0.030163
2009	1055.03	517.38	15.4100	0.021883	0.014606	0.029785
2010	1118.5	546.4	18.1000	0.174562	0.016182	0.033126
2011	1238.22	595.28	18.5800	0.026519	0.015005	0.031212
2012	1303.98	624.71	21.2500	0.143703	0.016296	0.034016
均值	1165.23	565.39	14.6823	0.091666	0.012645	0.026029

注：NA表示当年该数据缺失。
资料来源：国家统计局网站和相关年份《广东省统计年鉴》。

再从开放对就业人数的影响来看。我们以广东省科学技术服务业就业人数环比增长率为例，将其在2004~2012年的走势图与此段时间的对外开放度结合起来进行研究。

如图9-7所示，可以很明显地看出，广东省科学技术服务业就业人数环比增长率与对外开放度的关系可以被区分为两个特征鲜明的时间区间。其一，2004~2008年，可以看出，在此期间，广东省科学技术服务业环比增长率基本维持在一个不变的区间。而相比之下，广东省科学技术服务业对外开放度却呈现出明显的递增态势。从这段时间二者的走势来看，二者的关系并不明显。其二，2008~

第九章 广东省科学技术服务业对外开放现状、问题与对策建议

2012年,通过数据的走势图我们不难发现,在此期间,广东省科学技术服务业的对外开放度呈倒"U"形反转形态的后半段,即表现出非常明显的下降趋势。而相比之下,在此期间的广东省科学技术服务业就业人数环比增长率却呈现出了"W"形的走势。并且,对外开放度的下降部分恰好是就业人数环比增长的上升时期,而开放度的上升区间,如2009年前后,又恰好是就业人数环比增长率的阶段性低点。

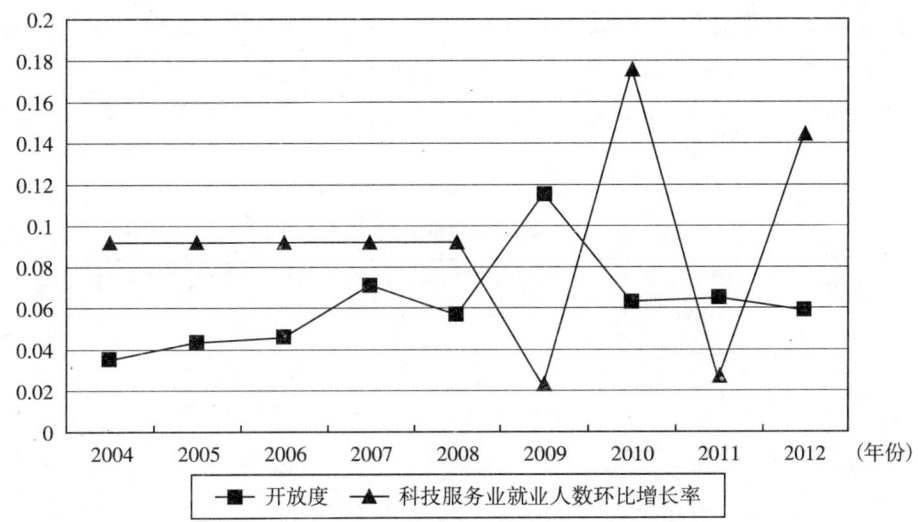

图 9-7 广东省科技服务业就业人数环比增长率与开放度走势

资料来源:国家统计局网。

行文至此,我们基本可以得出这样一个结论,即从就业人数而言,广东省科学技术服务业的对外开放与行业就业人数之间关系不大,甚至在某些年份具有负向作用。对于这一原因,从外资科学技术服务业的内涵特征即可以得到解释。我们知道,在科学技术领域,就目前国外的发展现状来看,与西方发达国家还有一定的差距,开放度的提高能够显著促进国外先进技术的引进,但其内涵特征决定了其对于劳动力素质有着极高的要求。因此,在这种情况下,外资技术引进程度越高,对高素质劳动力的需求就越大。以广东省为例,其现阶段的产业发展模式在很大程度上仍然处于人力资本密集型,因此外资技术毫无疑问会降低普通劳动者的数量需求,这是造成二者关系在2008年以后不显著,在2008年以后呈负相关的一个重要原因。

4. 从产业转型升级的角度来看

鉴于科学技术服务业的内涵特征,在对广东省科学技术服务业对外开放对行业本身所带来的可能影响进行研究时,我们从产业转型升级的角度对其加以剖析。

从广东省产业转型升级的衡量指标来看，依据目前的研究文献，衡量一国或一地区产业转型升级的主要指标即是以该国或者该地区的第二、第三产业产值与国民生产总值的比例为标准。在本章的研究中，我们同样遵循此方法，即将广东省第二、第三产业产值占地区生产总值的比重作为衡量广东省产业转型升级的指标。

如表9-8所示，1993年，广东省产业转型指标的数值为0.84。2000年，其为0.91，并且在此期间其走势呈现出了明显的递增趋势。2006年，广东省产业转型升级指标上升至0.94。从此后几年的数据走势来看，其增长势头虽然有所放缓，但从整体上来看仍然呈现出向好的发展态势。2010年，其值为0.95，从整个时间区间来看，这也是自1993年以来的历史最高峰。截至2012年，广东省产业转型升级指标稳定在0.95的水平。从拉长的动态区间来看，1993~2012年，该指标呈现出明显的递增趋势。

表9-8 广东省产业转型升级的相关指标　　　　　　单位：亿元

年份	地区生产总值	第一产业增加值	第二、第三产业总值	产业转型升级指标
1993	3469.28	558.7	2910.58	0.838958
1994	4619.02	692.25	3926.77	0.850131
1995	5933.05	864.49	5068.56	0.854292
1996	6834.97	935.24	5899.73	0.863168
1997	7774.53	978.32	6796.21	0.874163
1998	8530.88	994.55	7536.33	0.883418
1999	9250.68	1009.01	8241.67	0.890926
2000	10741.25	986.32	9754.93	0.908175
2001	12039.25	988.84	11050.41	0.917865
2002	13502.42	1015.08	12487.34	0.924822
2003	15844.64	1072.91	14771.73	0.932286
2004	18864.62	1248.59	17616.03	0.933813
2005	22557.37	1428.27	21129.1	0.936683
2006	26587.76	1532.17	25055.59	0.942373
2007	31777.01	1695.57	30081.44	0.946642
2008	36796.71	1973.05	34823.66	0.946380
2009	39482.56	2010.27	37472.29	0.949085
2010	46013.06	2286.98	43726.08	0.950297
2011	53210.28	2665.2	50545.08	0.949912
2012	57067.92	2847.26	54220.66	0.950108
均值	21544.86	1389.15	20155.71	0.912175

资料来源：国家统计局网站和相关年份《广东省统计年鉴》。

相比之下,从该段时间区间的对外开放度来看,1993~2012年,广东省对外开放度也呈现出了一个明显递增的发展态势。如图9-8所示,在此时间区间内,虽然广东省产业转型升级指标在绝对数上相比对外开放度要高出许多,但从二者的走势来看,其皆呈现出非常明显的递增发展态势,并且其走势在时间区间上基本高度吻合。

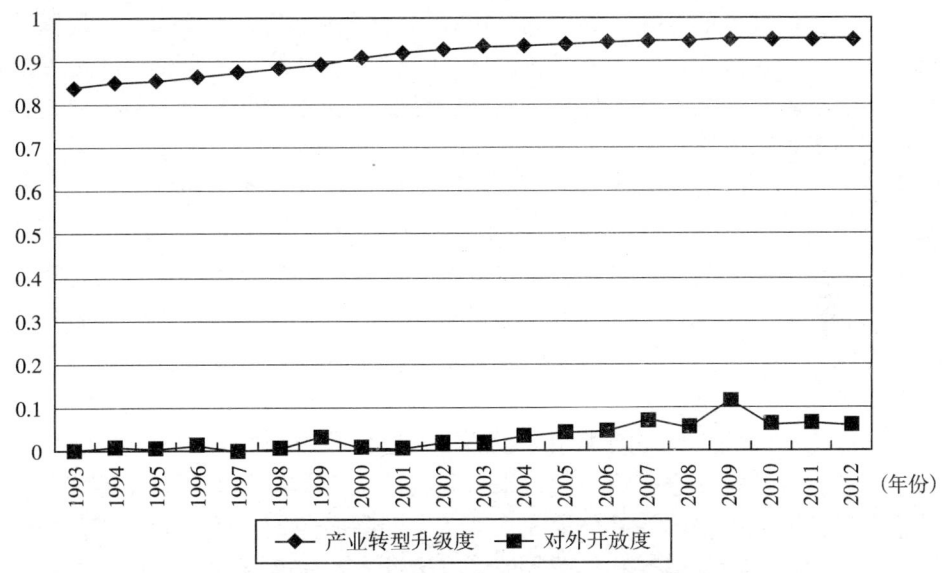

图9-8 广东省产业转型升级度与对外开放度走势

资料来源:国家统计局网站和相关年份《广东省统计年鉴》。

结合科学技术服务业的内涵特征,这一发现基本印证了我们一个经济直觉,即对外开放是提升产业转型升级的主要影响因素之一。实际上,其作用机理可以这样解释,鉴于科学技术服务业在生产效率、人力资本形成方面的独特作用,其通过劳动生产率的提高显著作用于一国或一地区的产业转型升级。

至此,可以得出这样的结论,即就广东省而言,其科学技术服务业的对外开放是促进其产业转型升级的重要推动力量之一。

四、广东省科学服务业对外开放中存在的问题

从全球范围内来看,服务贸易主要有四种形式,即跨境交付、商业存在、境外消费和自然人流动。从其概念界定来看,按照WTO于1994年签署的《服务贸

易总协定》,其对服务贸易四种形式给出的定义①是:跨境交付是指服务的提供者在一成员方的领土内,向另一成员方领土内的消费者提供服务的方式,如在中国境内通过电信、邮政、计算机网络等手段实现对境外的外国消费者的服务;商业存在是指一成员方的服务提供者在另一成员方领土内设立商业机构,在后者领土内为消费者提供服务的方式,如外国服务类企业在中国设立公司为中国企业或个人提供服务;境外消费是指服务提供者在一成员方的领土内,向来自另一成员方的消费者提供服务的方式,如中国公民在其他国家短期居留期间,享受国外的医疗服务;自然人流动是指一成员方的服务提供者以自然人的身份进入另一成员方的领土内提供服务的方式,如某外国律师作为外国律师事务所的驻华代表到中国境内为消费者提供服务。

因此,在对一国或一地区服务贸易的研究中,从上述四个角度展开的分析理论基础最为扎实。但就广东省科学技术服务业而言,受省级层面统计数据的制约,从这一角度展开的研究难以为继。故在对广东省科学技术服务业对外开放存在问题的研究中,在综合了统计数据的可得性之后,我们拟以中外合资企业法人单位数为例,分别从内外资的对比、外资资金的来源地和中外资合作程度三个角度展开分析。

之所以选择以按登记注册类型分组的法人单位数为例展开研究,主要原因在于对于广东省科学技术服务业来说,来自外资的法人单位在华开展业务和获得利润的整个经营过程中,恰如其分地完全涵盖了国际服务贸易的四种形式,即跨境交付、商业存在、境外消费和自然人流动。因此,以按登记注册类型分组的法人单位数内涵特征的分析,基本可以作为衡量广东省科学技术服务业对外开放中存在问题的一个有力佐证。

(一)从内外资的对比来看

如表9-9所示,我们收集了2006~2012年广东省科学技术服务业按登记注册类型分组的法人单位数据。

可以看出,在2006年,从总数来看,在该年,广东省科学技术服务业按登记注册类型分类的法人单位总数中,三次产业法人总数为337393个,其中科技服务业法人单位数为13664个,同期占比4.05%。而从该年的内外资法人单位的结构构成来看,在该年广东省科学技术服务业中,内资企业绝对数为12998个,同期占科技服务业总数的比重为95.13%。而相比之下,外资企业(不含港、澳、台)的法人单位数绝对值为298个,同期占比仅为2.18%。从该年的数据基本可以看出,在广东省科学技术服务业中,来自内资的法人单位在数量上与来自外资

---

① 资料来源:WTO网站。

第九章　广东省科学技术服务业对外开放现状、问题与对策建议

表9-9　广东省科学技术服务业按登记注册类型分组的法人单位数　单位：个

年份	总计			内资企业		外资企业（不含港、澳、台）	
	三次产业法人	科技服务法人	占比	科技服务业总计	占科技服务业总数比	科技服务业总计	占科技服务业总数比
2006	337393	13664	0.040499	12998	0.951259	298	0.021809
2007	373188	15526	0.041604	14463	0.931534	432	0.027824
2008	401931	16713	0.041582	15823	0.946748	383	0.022916
2009	459585	20150	0.043844	19090	0.947395	448	0.022233
2010	522286	23379	0.044763	22207	0.949870	488	0.020873
2011	596143	26966	0.045234	25593	0.949084	573	0.021249
2012	668166	30980	0.046366	29536	0.953389	593	0.019141
均值	479813.14	21054	0.043413	19958.57	0.947040	459	0.022292

资料来源：相关年份《广东省统计年鉴》。

的法人单位相比呈现出了非常明显的差距。换句话说，单就数量而言，内资企业在市场中比外资企业更有优势，也可以说，在广东科学技术服务业中，外资的开放度还有较大的提升空间。

然而，这一数据的对比趋势是否具有持续性呢。我们从接下来的数据走势展开分析。到了2009年，众所周知，在此之前美国发生的金融危机对全球市场产生了深远的影响，尤其是对以外向型经济发展模式为主导的广东省而言，其所受冲击更为严重。从数据来看，在该年，广东省科学技术服务业的法人单位总数绝对数为20150个，占当年三次产业法人单位总数的比重为4.38%。而从内外资法人单位的结构对比来看，在该年，广东省科学技术服务业法人单位中内资企业的法人单位数为19090个，占科学技术服务业法人单位总数的比重为94.74%，而相比之下，外资企业（不含港、澳、台）的法人单位数绝对数为448个，占比2.22%。

可以看出，2009年的数据延续了2006年的数据走势。截至2012年，在广东省科学技术服务业中，法人单位总数为30980个，达到了自2006年以来的历史最高峰，占三次产业总法人单位数的比重为4.64%。在该年，内资法人企业单位绝对数为29536个，占该年科学技术服务业法人单位数的比例为95.34%。而相比之下，外资企业（不含港、澳、台）的法人单位数仅为593个，同期占比为1.91%。

至此，通过数据的分析我们基本可以得出如下结论，即在广东省科学技术服务业中，从内外资的对比情况来看，相比于外资企业较少的法人单位数，内资企业仍然在该行业占据着数量上的绝对优势地位。这也说明，在广东省科学技术服务业中，内外资法人单位的结构不平衡是该行业发展中存在的问题之一。

（二）从资金来源地的结构来看

我们再从资金的来源地角度对广东省科学技术服务业对外开放中存在的问题展开研究，如表9-10所示。

表9-10　广东省科学技术业按登记注册类型分组的法人单位数　　单位：个

指标 年份	科学技术服务业总计	港、澳、台商投资企业		外商投资企业	
		总计	占比	总计	占比
2006	13664	368	0.026932	298	0.021809
2007	15526	631	0.040642	432	0.027824
2008	16713	507	0.030336	383	0.022916
2009	20150	612	0.030372	448	0.022233
2010	23379	684	0.029257	488	0.020873
2011	26966	800	0.029667	573	0.021249
2012	30980	851	0.027469	593	0.019141
均值	21054	636.14	0.030668	459.29	0.022292

资料来源：相关年份《广东省统计年鉴》。

先从2006年的数据来看。与上面的数据处理相同，我们同样以国家统计局公布的科学研究、技术服务和地质勘察业按不同登记类型划分的法人单位数为例。可以看出，在该年，在广东省科学技术服务业中，来自港、澳、台商的投资企业法人单位数绝对值为368个，占该年广东省科学技术服务业法人单位总数的比重为2.69%。而相比之下，外商投资企业法人单位数绝对值为298个，同期占比为2.18%。

从后续几年的数据走势来看，这一数据的趋势基本得到了很好的延续。2009年，来自港、澳、台商投资企业法人单位数的个数在该年的绝对值为612个，占当年科学技术服务业法人单位总数的比重为3.04%。而相比之下，外商投资企业法人单位总数在该年的绝对值为448个，占当年科学技术服务业法人单位总数的比重为2.22%。可以很明显地看出，在广东省科学技术服务业中，来自港、澳、台商投资企业的法人单位在数量上要明显大于来自其他外商投资企业的法人单位数。这也说明，在广东省科学技术服务业中，港、澳、台资金在市场中处于相对占优的地位。

截至2012年，在广东省科学技术服务业中，来自于港、澳、台商投资企业的法人单位数个数绝对值为851个，占当年广东省科学技术服务业法人单位总数的比重为2.75%。而相比之下，外商投资企业的法人单位总数为593个，同期占比为1.91%。

第九章 广东省科学技术服务业对外开放现状、问题与对策建议

至此,在对广东省科学技术服务业对外开放的研究中,我们基本可以得出这样一个结论,即从资金来源的角度来看,在广东省科学技术服务业中,从外商资金来源地的结构来看,来自港、澳、台商投资企业在数量上要明显高于来自于其他地区的外商投资企业。这也说明,就该行业而言,在外商投资企业中,港、澳、台商投资企业的市场势力强于其他外商投资企业。但是,这种外商投资的来源地结构同样也说明了其可能暗含的市场风险,即资金来源地单一可能使得资金引入地区和资金来源地区的经济发生系统性风险的同步性提高。对于下一阶段广东省科学技术服务业扩大开放来说,这同样是需要政策层重点关注的问题之一。

(三)从外资进入广东省的方式来看

我们再从外资进入广东省的角度对广东省科学技术服务业开放中可能存在的问题展开分析。从我国目前对外资的不同划分来看,国家统计局对来自港、澳、台商投资企业和其他外商投资企业的统计数据进行了区别统计。我们的研究同样遵循此分类展开。

其一,以港、澳、台商投资企业为例。如表9-11所示,2006年,港、澳、台商投资企业法人单位总数为368个。就其内部结构来看,其中港、澳、台独资经营企业的个数为299个,占总数的比重为81.25%。而相比之下,合资经营企业的法人单位绝对值数据为55个,同期占比为14.95%。与此同时,合作经营企业的个数为14个,同期占比3.80%。可以很明显地看出,在该年,就来自港、澳、台的投资企业来说,独资经营是其进入广东市场的最主要模式。

表9-11 广东省科学技术服务业按登记注册类型分组的法人单位(港、澳、台商投资企业)

单位:个

类别 年份	港、澳、台商投资企业总计	合资经营企业(港或澳、台资)	合作经营企业(港或澳、台资)	港、澳、台商独资经营企业	港、澳、台商投资股份有限公司	其他港、澳、台商投资
2006	368	55	14	299	NA	NA
2007	631	77	17	536	1	NA
2008	507	47	5	439	16	NA
2009	612	62	6	528	16	NA
2010	684	67	8	592	17	NA
2011	800	75	11	684	25	5
2012	851	83	15	720	23	10
均值	636.14	66.57	10.86	543.57	16.33	7.5

注:NA表示当年该数据缺失。
资料来源:相关年份《广东省统计年鉴》。

从后续几年的数据来看,各项数据的绝对值数据虽然都持续增加,但各数据之间的比例关系反映出的结构却基本稳定。2009年,在广东省科学技术服务业中,来自港、澳、台商投资企业的法人单位数总值为612个。从其结构来看,其中,港、澳、台独资经营企业的绝对值为528个,占总数的比重为86.27%。相比之下,合资经营企业以绝对值62个、占比10.13%位居第二。而合作经营企业以绝对值6个、占比0.98%位列第四,而位列第三的是港、澳、台投资股份有限公司,其在该年的数据绝对数为16,占比2.61%。

截至2012年,这一数据的相对结构基本未发生大的变化。从2006~2012年的数据均值来看,在此期间,无论是绝对值还是占比,在来自港、澳、台的投资企业中,就经营方式而言,独资经营占据着主导地位,其次分别是合资经营企业、股份有限公司、合作经营企业和其他。

其二,从外商投资企业来看。如表9-12所示,在2006年,广东省科学技术服务业中,外商投资企业法人单位总数为298个。从其内部结构来看,在该年,外资企业(外商独资)的绝对值为195个,占当年外商投资企业总数的比例为65.44%。而相比之下,中外合资经营企业的法人单位个数为81个,占比27.18%。此外,中外合作经营企业为14个,占比4.70%。股份有限公司个数为8个,占比2.68%。可以很明显地看出,在该年,就广东省科学技术服务业来说,外资企业(独资)占据外资进入广东市场的主导地位,中外合资经营企业和中外合作经营企业以及股份有限公司分别居第二、第三和第四位。

表9-12 广东省科学技术服务业按登记注册类型分组的法人单位(外商投资企业)

单位:个

类别 年份	外商投资 企业总计	中外合资 经营企业	中外合作 经营企业	外资企业	外商投资股 份有限公司	其他外商 投资
2006	298	81	14	195	8	NA
2007	432	111	16	298	7	NA
2008	383	80	10	279	14	NA
2009	448	93	10	327	18	NA
2010	488	100	11	357	20	NA
2011	573	124	11	419	18	1
2012	593	132	11	424	15	11
均值	459.29	103	11.86	328.43	14.29	6

注:NA表示当年该数据缺失。
资料来源:相关年份《广东省统计年鉴》。

此外,从后续几年的数据走势来看,虽然各数据的绝对值皆有所增加,但其比例所构成的结构关系基本维持不变。截至2012年,在广东省科学技术服务业中，外商投资企业总数升至 593 个。就其构成结构来看，外资企业（独资）以绝对数 424 个，同期占总数比 71.5%，居外商投资企业进入广东市场方式的主导地位。然后，绝对值从大往小的排名分别是：中外合资经营企业、外商投资股份有限公司、中外合作经营企业和其他。

行文至此，在对广东省科学技术服务业对外开放中存在问题的分析中，我们基本可以得出如下结论，即就外资进入广东省的方式而言，港、澳、台商投资企业和其他外商投资企业在广东省的法人单位数皆以独资经营为主，以中外合资或者是中外合作居辅。

这说明，单就科学技术服务业来说，中外合作的方式比较单一。如果从该行业内涵特征出发，鉴于中外科学技术服务业的技术水平差距，独资经营与中外合资或者中外合作经营最为显著的不同就是，其对广东省的"技术溢出"效应存在显著区别。具体来说，中外合资或者中外合作对本行业乃至本地区经济社会的发展水平带来的溢出效应肯定显著大于外商独资。因此，从这个角度来讲，就科学技术服务业来说，广东省在对外开放中存在的一个显著问题即是其合作水平和合作程度有进一步提升的空间。

五、扩大广东省科技服务业对外开放的对策建议

（一）从政府层面来看，努力推行"科教兴省"的中长期战略措施

随着科学技术是第一生产力的观点越来越得到人们的共识，我国从宏观战略方面对科学技术发展的重视力度也越来越大。从全国范围来看，早在新中国成立初期的第一个五年计划中，我国即提出了发展科学技术的具体目标规划。20世纪 90 年代初期，随着《中华人民共和国科学技术进步法》（1993 年 7 月）的颁布实施，我国更是从法律上确立了发展科学技术、实施"科教兴国"的基本国策。

就广东省而言，想要实现现阶段发展模式的转型升级，唯一的途径就是通过提升自身的科学技术水平，摆脱现阶段发展模式的桎梏，实现在全球产业链中的价值攀升。而这一目标的实现离不开从政府层面推进的一系列中长期的综合配套战略做支撑。

鉴于对外开放对产业发展和转型升级方面的重要作用，对于广东省来说，下一阶段的政策重点应该是着力从以下三个方面加以综合考虑：首先，要在加强对省内经济社会和行业发展特征进行准确调研的基础上，制定有针对性的行业中长

期发展战略,尤其是对外开放的中长期发展战略,以图从宏观角度对广东省科学技术服务业的对外开放提供一个方向性的路径指导。其次,要加强教育服务业的发展,从某种程度上讲,科学技术服务业发展的载体是教育,同时,教育的发展繁荣也是促进科学技术发展繁荣的必备条件。最后,要切实抓紧落实"科教兴省"的中长期战略目标,确保政策措施的落实到位。

(二)积极实施"引进来"和"走出去"战略

受我国的经济社会发展水平和现阶段的国情所限,就科学技术而言,我国与西方发达国家在不少技术领域都存在着显著的代差。而当今世界的发展事实告诉我们,对外开放、积极参与国际市场竞争,是学习国外先进技术和管理经验的主要途径。

对于广东省来说,其在2008年美国金融危机期间的脆弱应对力已经很大程度上说明了其现阶段粗放经营的发展模式具有的不可持续性。换句话说,从全球价值链分工来看,广东省处于产品附加值较低的"微笑曲线"的低端,要想实现产业链的突围,唯一的途径就是依靠科学技术水平的提升。

因此,下一阶段广东省科学技术服务业对外开放的重点应该是在认清自身不足的基础上,积极实施"引进来"的发展战略;加大财税金融的扶持力度,从软、硬件建设方面减少对国外先进技术引进的各种壁垒。同时,也要积极创造条件,紧盯市场动态,抓住机会鼓励省内先进企业实施"走出去"的发展战略。通过实施"引进来"与"走出去"两步走的发展战略,将广东省科学技术服务业的对外开放水平提升到一个新的阶段。

(三)同等重视高等教育与职业教育

在我国教育领域,受传统文化思想和我国现阶段教育行业发展短板等众多因素的综合制约,从全国范围来看,教育行业存在着明显的两个极端,即职业教育发展严重滞后于经济社会的发展需求,而相比之下,高等教育,尤其是普通高等教育的市场又严重饱和。这一现象体现在国民经济生活中,即是企业的"用工荒"与普通高校学生的"就业难"。

实际上,这一现象从根本上体现了我国教育行业与企业实际用工需求方面的严重信息不对称。对于企业来说,尤其是以广东省内企业为例,其存在大量的对熟练技术劳动工人的需求,而受我国传统文化的影响,以培育熟练技术工人为主体的职业类院校又在生源质量和自身发展方面受到种种因素的制约。因此,在下一阶段,广东省科学技术服务业对外开放的重点,应该是借鉴国外职业技能培训的先进管理经验,积极助推省内以培养职业工人为主体的职业类院校的发展。为企业提供更多、更适合市场需要的熟练技术工人。

第九章　广东省科学技术服务业对外开放现状、问题与对策建议

在前文的分析中我们也已经指出,从全球产业链分工来看,广东省目前处于"微笑曲线"中附加值较低的生产制造环节,而附加值较高的产品设计、研发和营销、策划、商务服务业等皆被欧美发达国家所垄断。而从这些行业的发展内涵特征来看,其恰好又是高等教育所擅长的领域。因此,对于广东省来说,下一阶段科学技术服务业的对外开放重点之一是在强化职业技能培训的同时,同样也要重点加强高等教育的对外开放与合作。两手抓,两手都要硬,这是在通过扩大开放提升广东省科学技术服务业整体竞争实力方面的有力途径。

第十章 广东省教育服务业对外开放现状、问题与对策建议

王 娜 瞿 华 李小热[*]

【摘要】 广东教育服务业的发展和对外开放在全国居前列水平,并且有着显著的特征。研究发现:第一,就广东省教育服务业发展自身而言,自2000年至今,除了固定资产投资相对值出现轻微的下调走势外,从教育经费和在校学生人数为标准的衡量过程中,广东省教育服务业呈现出整体向好的宏观走势;第二,开放对教育服务业的正向刺激作用是不容置疑的,但其作用效果在短期内并不明显;第三,在广东省教育服务业对外开放的过程中,同样存在着内外资结构失调、合作程度不高、资金来源地单一等问题。

一、文献综述

科学技术是人类社会第一生产力的观点早已在人类社会的发展历程中得到了雄辩的证明,而从科学技术发展的内涵特征与制约因素来看,其一方面与当时的社会生产力发展水平息息相关,并且二者相互作用;另一方面对其产生显著制约的则是整个社会的教育文化水平。一般而言,教育是人力资本形成的最重要因素,教育投资越多,则人力资本水平越高;反之,人力资本积累就少(于凌云,2008)。

从这个逻辑角度来理解,教育对一国或一地区的经济社会发展水平具有重要的作用。实际上,在理论研究领域,关于教育对经济社会的正向溢出作用的作用

---

[*] 王娜,北京联合大学管理学院讲师,主要研究方向为服务经济与服务管理。瞿华,华南师范大学旅游管理学院副教授,主要研究方向为服务经济与旅游管理。李小热,深圳市龙岗区发展和改革局,主要研究方向为服务经济与财税政策。

机理和路径的研究，也一直是从经济学角度切入教育研究或者说是经济增长理论与教育经济学领域的重要研究方向。

从现有文献来看，在关于教育对经济增长或经济社会发展的重要作用的研究中，Schultz（1956，1975）通过估算 1929~1957 年美国教育投资的成本和收益率，把资本分解为物质资本和人力资本两部分，并继而得出了人力资本也是促进经济增长的重要原因的著名结论。在后续的研究中，Aschauer（1993）利用 1960~1985 年 107 个市场经济国家的横截面数据进行统计分析后指出，公共教育资本存量具有正的产出效益，换句话说，即用于教育领域的投资可以创造经济价值。此后，Blankenau 和 Simpson（2004）从公共教育投资的视角出发，重点阐述了政府教育支出和人力资本与经济增长之间的内在运行机制，他们认为，政府教育支出、人力资本和经济增长之间存在着显著的相互作用关系。

而鉴于教育对经济社会发展的重要作用，国内学者也针对教育与经济增长和经济社会发展的问题展开了来自中国的经验研究。王俊、孙蕾（2005）通过 VAR 模型对我国预算内教育支出和 GDP 之间的长期关系进行分析后发现，经济增长是预算内教育支出增长的关键因素，当年 GDP 的增长将影响第二年预算内教育支出的增长，弹性大约为 0.85，预算内教育支出的增长对经济增长也有影响，从长期来看，前者将促进后者的增长。祝树金、虢娟（2008）利用 1987~2004 年中国省际面板数据进行经验研究，结果表明教育支出对地区经济增长有显著的正向作用，其生产弹性要大于物质资本的生产弹性；存在教育部门的技术溢出效应。这种教育溢出与区域人力资本、研发投入和贸易开放等因素相互结合，共同推动地区经济增长。

为了更全面地了解我国教育与经济增长和经济社会发展之间的关系，有不少学者将研究的视角转向了其既存问题的研究上来。袁连生和王善迈（2002）分别用"省际间义务教育生均经费的基尼系数和变异系数"，以人均财政支出作为一个解释变量的双变量线性回归模型，对我国政府义务教育支出发展不平衡进行了研究，结果表明：中国省区之间义务教育的公用经费水平相对差异明显，其中生均预算内公用经费基尼系数已超过 0.15，属于严重的不平等。研究强调了加大中央财政对经济不发达地区进行财政性教育经费转移支付力度的重要性。解垩（2005）通过面板数据分析显示，我国高等教育对经济的贡献率只有 0.13%，国家高等教育投资的溢出效果并不显著，东部、中部、西部地区高等教育产出弹性和对经济增长的贡献率依次递减。其继而指出，推进高等教育大众化、增加国家高等教育投入、发展高低重心不同的高等教育是促进高等教育与经济增长良性互动的正确选择。

而在国际比较的对比研究中。陆根尧、朱省娥（2004）运用教育与非教育两部门模型，测定中国教育部门对经济增长的全部作用和教育部门对经济中其他部门的外溢作用。结果表明，中国教育对经济增长的全部作用参数估计值，与国际相比是低的。而对于造成这一现象的原因，李玲（2004）给出了自己的见解，其利用静态指标体系计算了我国教育投资对经济增长的贡献率与贡献度，并继而通过建立动态回归模型进一步证明了教育投资对经济增长的贡献水平。然后从教育投资总量、教育投资结构和教育投资效益三方面详细剖析了教育投资对经济增长低贡献水平的成因。最后其指出，我国经济发展水平不高，发展资金较为紧张；长时期内对教育基础建设的投资比例以及我国东、西部地区经济发展的不平衡是造成这一现象的主要原因。

然而，众所周知，随着全球经济一体化步伐的推进，各国市场在此过程中相互融合互动，对外开放，参与国际市场竞争，成为21世纪世界经济中最为显著的特征。就教育服务业来说，我国"入世"承诺中同样对其做出了具体的开放承诺，随着我国加入世界贸易组织的时间逐步增加，当初的开放承诺也基本得到了兑现。而对于这一过程，尤其是省级层面的教育行业对外开放问题，基本存在一个事实上的研究空白。

本章的研究正是基于此问题，试图在对广东省教育服务业发展和对外开放的现状进行准确把握的基础上，对广东省教育服务业对外开放对行业本身的影响和既存的问题展开全面分析，以图为政策层面制定有针对性的扩大开放政策提供有益的参考借鉴。

行文接下来的安排如下：第二部分是对广东省教育服务业发展和对外开放的现状分析；第三部分是对广东省教育服务业对外开放的实证影响分析；第四部分是对广东省教育服务业对外开放中存在问题的研究；第五部分是简短的结论和未来进一步扩大开放的政策建议。

二、广东省教育服务业发展和对外开放现状

（一）广东省教育服务业的发展现状

对既存现状的把握是我们展开一切研究的前提。接下来，在对广东省教育服务业发展现状的分析中，我们拟从经费类型和来源、教育基本建设投资和各类学校学生在校人数三个角度展开分析。

1. 广东省教育经费类型和来源情况

如表10-1所示，从广东省教育经费按类型和资金来源分类的情况来看，在2000年，广东省教育经费总数为3144558万元，而从其结构来看，来自国家财

政性教育经费的部分为1868330万元，同期占教育经费总数的比例为59.41%。此外，国家财政预算内教育经费在该年的数据为1574512万元，占同期教育经费的总数比重为50.07%。而相比之下，在该年广东省教育经费中，来自社会捐赠的经费总数为175377万元，占同期教育经费的总比例为5.58%。与此同时，在该年，广东省教育经费学杂费绝对数为615608万元，同期占教育经费总数的比重为19.58%。而其他教育经费的绝对数在该年的值为373891万元，占同期教育经费的总数比重为11.89%。

表10-1 广东省教育经费按类型和资金来源分类概况　　　　单位：万元

指标 年份	教育经费	国家财政性教育经费	国家财政预算内教育经费	民办学校办学经费	教育经费社会捐赠经费	教育经费事业收入	教育经费学杂费	其他教育经费
2000	3144558	1868330	1574512	NA	175377	NA	615608	373891
2001	4213487	2566792	2218269	NA	114835	NA	843063	486899
2002	5203412	3247693	2910766	NA	118281	NA	1009222	575274
2003	6222727	3800235	3485442	NA	97030	NA	1278988	640582
2004	7087101	4217379	3898844	NA	88704	NA	1547999	686124
2005	8066357	4692174	4358518	NA	109373	NA	1687384	905805
2006	8654359	5290233	4921750	NA	93439	NA	1539028	240542
2007	10734751	6614097	6221849	179245	99518	3481229	2171005	360662
2008	11661554	8013744	7526041	119170	89064	3088448	2272900	351128
2009	12843085	9071029	8554350	140275	112402	3223522	2394395	295858
2010	15327348	10440230	9808383	216728	106776	4234065	3310218	329549
2011	18846365	13592334	12282084	174940	105231	4655227	3769241	318634
均值	9333758.67	6117855.83	5646734	166071.6	109169.17	3736498.2	1869920.92	463745.67

注：NA表示当年该数据缺失。
资料来源：国家统计局网站和相关年份《广东省统计年鉴》。

这一结构基本可以说明，在广东省教育经费的来源分布中，国家财政性教育经费和国家财政预算内教育经费是主要形式，此外，学杂费收入所占的比例也比较高，而相比之下，来自社会捐赠的教育经费占比相对较小。从后续几年的数据走势来看，这一结构趋势基本得到了延续。在美国发生金融危机前的2007年，从数据来看，在该年，广东省教育服务业的教育经费总数已高达10734751万元，而从其构成来看，来自于国家财政性教育经费的绝对值为6614097万元，同期占教育经费总值的比例为61.61%。此外，来源于国家财政预算内教育经费的绝对数为6221849万元，同期占比为57.96%。而相比之下，民办学校办学经费在该年的数据为179245万元，占同期教育经费总数的比例为1.67%。与此同时，在该年，广东省教育经费社会捐赠经费收入的绝对数为99518万元，占同期总经费的比重为0.93%。另外，广东省教育经费事业收入在该年的值为3481229万元，同期占总经费的比例为32.43%，教育经费学杂费和其他教育经费的绝对数分别是2171005万元和360662万元，同期占教育经费总数的比例分别为20.22%和3.36%。

从后续几年的数据走势来看，虽然各数据的绝对值都在明显提升，但这一比例关系的结构基本稳定。截至2012年，在广东省教育经费构成中，来自国家财政性教育经费的比例为72.12%，来自国家财政预算内教育经费的比例为65.17%，而相比之下，民办学校的办学经费比例仅为0.93%。此外，来自社会捐赠的教育经费比例为0.56%，教育经费事业收入为24.70%，教育经费学杂费占比为20%，其他教育经费为1.69%。

可以看出，在此期间，从均值数据来看，在广东省教育经费按类型和资金来源的分类中，国家财政性教育经费仍然占据经费来源的主导地位，此外，教育经费事业收入占比数据也相对较高。而相比之下，民办学校和教育经费社会捐赠收入来源占比数据相对较低。这也再次说明，在广东省教育服务业中，政府财政收入和学费自缴是教育经费的主要来源。

2. 教育基本建设投资情况

我们以广东省教育服务业基本建设投资情况为例展开分析，在具体处理中，我们以广东省教育服务业固定资产投资数据为例，如表10-2所示。

表10-2 广东省教育服务业基本建设投资概况（以固定资产投资为例）

单位：亿元

类别 年份	全社会固定资产投资	农、林、牧、渔业全社会固定资产投资	采矿业全社会固定资产投资	制造业全社会固定资产投资	电力燃气及水生产和供应业全社会固定资产投资	建筑业全社会固定资产投资	服务业全社会总固定资产投资	教育服务业全社会固定资产投资
2003	4813.2	56.94	24.48	1250.88	291.95	103.02	3085.93	147.04
2004	5870.02	87.23	14.9	1645.14	491.19	81.08	3550.48	207.7
2005	6977.93	47.46	19.95	2292.03	670.9	121.62	3825.97	208.06
2006	7973.37	60.74	53.46	2486.48	675.03	69.07	4628.59	168.32
2007	9294.26	86.89	74.41	2776.97	573.59	59.15	5723.25	181.35
2008	10868.67	131.9	106.97	3058.32	681.99	55.46	6834.03	195.56
2009	12933.12	149.2	114.12	3106.79	1205.91	43.74	8313.36	203.01
2010	15623.7	219	79.1	3772.5	1329.3	73.7	10150.1	255.7
2011	17069.2	302.07	74.71	4523.32	924.52	28.56	11216.02	279.16
2012	18751.47	340.61	82.6	4923.94	1018.99	37.36	12347.97	299.04
均值	11017.49	148.20	64.47	2984.64	786.34	67.28	6968.57	214.49

注：从2011年起，城镇固定资产投资数据发布口径改为固定资产投资（不含农户），固定资产投资（不含农户）等于原口径的城镇固定资产投资加上农村企事业组织的项目投资。

资料来源：国家统计局网站和相关年份《广东省统计年鉴》。

可以看出,在 2003 年,从广东省教育服务业固定资产投资数据的横向比较来看,在该年,广东省全社会固定资产投资的绝对数为 4813.2 亿元,广东省服务业全社会总固定资产投资的绝对数为 3085.93 亿元,教育服务业全社会总固定资产投资的绝对数为 147.04 亿元。在该年,教育服务业全社会固定资产投资占全社会总固定资产投资的比例为 3.05%,相比之下,就横向对比而言,其远远高于农、林、牧、渔业,采矿业,甚至比建筑业绝对数也要高出约 44 亿元。这一数据结构可以告诉我们一个基本结论,即在广东教育服务业基本建设投资中,与第一、第二产业相比,教育服务业的总投资绝对数占据着绝对的优势地位。但与此同时,我们也不难得出另一个结论,即在服务业细分行业固定资产投资中,教育服务业占服务业全社会总固定资产投资的比重却相对较小,在该年,其仅为 4.76%。

再从后续的 2008 年来看,在该年,广东省教育服务业基本建设投资中,全社会总固定资产投资规模为 10868.67 亿元,相比之下,在该年广东省服务业全社会总固定资产投资规模为 6834.03 亿元,教育服务业全社会总固定资产投资为 195.56 亿元。从占比数据来看,教育服务业占全社会总固定资产投资的比例为 1.80%,占服务业总固定资产投资的比例为 2.86%。可以很明显地看出,在此期间,虽然教育服务业总固定资产投资的绝对数呈现出了较为明显的递增态势,但就相对数而言,其占服务业总固定资产投资的比例和占全社会总固定资产投资的比例都在明显下降。

截至 2012 年,广东省教育服务业全社会总固定资产投资的绝对数已升至 299.09 亿元,从数据的纵向对比来看,这也是自 2003 年以来的历史最高峰。与此同时,2003~2012 年,服务业全社会总固定资产投资和全社会总固定资产投资的绝对数都呈现出了非常明显的递增趋势,并且在 2012 年都达到了自 2003 年以来的历史最高值。但从相对数来看,在该年,教育服务业全社会总固定资产投资占服务业总固定资产投资的比例为 2.42%,与 2004 年的占比最高值 5.85% 相比,整整下降了 3.43%。

至此,我们基本可以得出这样的结论,即就广东省教育服务业的基础建设投资而言,虽然其自 2003 年以来的总量呈现出了明显的递增态势,但其相对比重则下降趋势明显。这在很大程度上说明了两个问题:其一,广东省全省的经济社会发展水平在此期间有了一个很大档次的提升;其二,政府或者教育投资者在固定资产投资角度对教育服务业的重视有所下降。

3. 学生在校人数情况

在对广东省教育服务业既存现状的研究中,我们从各类学校在校人数的角度展开分析,如表 10-3 所示。

表 10-3 广东省各类学校在校学生人数概况

指标 \ 年份	2000	2005	2010	2011	2012
普通本专科在校学生数（万人）	29.95	87.47	142.66	152.73	161.69
成人本专科在校学生数（万人）	20.14	29.56	46.4	46.05	48.9
中等学校在校学生数（万人）	541.72	715.52	939.23	931.04	906.49
普通中学在校学生数（万人）	460.69	611.69	709.05	699.47	668.4
高等教育毛入学率（%）	11.35	22	28	28	28.2
高中毛入学率（%）	38.7	57.5	86.2	90.34	95
小学毕业生升学率（%）	96.15	97.15	95.5	95.1	93.52
学龄儿童入学率（%）	99.7	99.68	99.95	99.96	99.94
每万人口普通高校在校学生数（人）	41.19	105	148.02	146.28	153.91
各级学会及研究会（个）	3780	2901	2371	2630	2301
专业技术人员数（万人）	129.7804	139.9042	145.8	144.8	145.9
各级学会及农技协会员（万人）	70.4094	72.9671	39.37	41.32	57.05

注：全省小学毕业生升学率，按照教育部统一口径，根据教育统计报表中当年本省初中招生数除以小学毕业生数计算，不考虑学生跨省因素。

资料来源：《广东省统计年鉴》(2013)。

可以看出，在 2000 年，广东省在校学生中，中等学校的学生人数以 541.72 万人名列人数排行榜榜首，普通中学以 460.69 万人位居第二。相比之下，普通本专科学生以 29.95 万人名列第三，而成人本专科学生人数以 20.14 名列第四。从入学率来看，在该年，高等教育毛入学率为 11.35%，高中毛入学率为 38.7%，就入学率而言，这些数据远低于小学毕业生升学率 96.15% 和学龄儿童入学率 99.7%。从其他数据来看，在该年，广东省每万人口普通高校在校学生数为 41.19 人，各级学会及研究会有 3780 个，专业技术人员数为 129.78 万人，各级学会及农技协会员有 70.41 万人。

从后续几年数据发展走势的对比来看，到了 2010 年，在经历了 10 年的变化后，广东省教育服务业中各类学校学生在校人数都发生了非常显著的变化。先从在校学生人数来看，该年广东省中等学校的在校学生人数以 939.23 万人排名第一，其次是普通中学学生人数，为 709.05 万人，相比之下，普通本专科学生人数为 142.66 万人，成人本专科为 46.4 万人。可以看出，在此期间，广东省各类学校的就业学生人数都发生了显著的变化，并呈现出了明显的递增趋势。与此同时，从其他数据的纵向对比来看，高等教育毛入学率上升至 28%，高中毛入学率上升至 86.2%，学龄儿童毛入学率上升至 99.95%。每万人口普通高校在校学生数上升至 148.02 人，专业技术人员数上升至 145.8 万人。而相比之下，数据呈现出下降趋势的有小学毕业生升学率，由 96.15% 降至 95.5%，各级学会及研究会降至 2371 个，各级学会及农技协会会员降至 39.37 万人。

但从整体而言，广东省教育服务业中，若以人数为标准来进行衡量，其发展

第十章 广东省教育服务业对外开放现状、问题与对策建议

呈现出明显的向好势头。截至2012年,广东教育服务业在校学生中,在校普通本专科学生总数已上升至161.69万人,相比于2000年,其增幅达到了近4.40倍。此外,在该年,广东省成人本专科的在校人数为48.9万人,相比于2000年,其增幅达到了1.43倍。中等学校的在校学生人数为906.49万人,增幅为67.34%,普通中学的在校学生人数为668.4万人,增幅为45.09%。

至此,我们基本可以得出如下结论,即就各类学校学生人数而言,自2000年至今,广东教育服务业的发展呈现出了非常明显的向好势头。

(二)广东省教育服务业的对外开放现状

对广东省教育服务业对外开放的研究,必定绕不开对我国教育服务业对外开放历史与宏观开放背景的讨论。从我国教育服务业对外开放的历程来看,自1992年我国做出加快发展现代服务业的重要决定以来,服务业发展的宏观环境发生了很大的变化。在服务业内部,国外同行从各个领域涌入中国市场,就教育服务业来说也不例外,在此过程中,服务业经历了一个缓慢有限开放的过程。

而随着我国加入世界贸易组织开始的"入世"谈判,我国在部分地区、部分行业开始了教育服务业的小范围试点扩大开放的试验。到2001年我国成功加入世界贸易组织时,我国对教育服务业的对外开放做出了如下承诺:[①]

第一,从承诺开放的范围来看。教育服务业的对外开放不包括国家规定的《中华人民共和国义务教育法》中的九年制义务教育(目前中国的小学教育和初中教育)和特殊教育服务(如军事、警察、政治和党校教育等)。第二,在跨境支付方面,对跨境支付方式下的市场准入和国民待遇均未作承诺。因此,对外国机构通过互联网或跨境发行教育软件等手段向中国公民提供教育服务,中国可以完全自主地决定开放尺度,不受WTO协议的约束;并对境外消费方式下的市场准入和国民待遇没有限制,即不采取任何措施限制中国及其他WTO成员的公民出境(入境)留学或者接受其他教育服务。第三,在商业存在方面,不允许外国机构单独在华设立学校及其他教育机构,在市场准入上允许中外合作办学,并允许外方获得多数拥有权,但不承诺国民待遇。第四,在自然人流动方面,要求外国个人教育服务提供者入境提供教育服务,必须受中国学校和其他教育机构邀请或雇用,对其资格要求是:必须具有学士及以上学位,具有相应的专业职称或证书,具有2年专业工作经验。除以上承诺外,还有以下一些与教育服务有关的内容:在市场准入和国民待遇承诺方面,中国保留了对外资企业从事相关业务的审批权,在教育服务方面,政府将依据中国专门法规,对承诺的中外合作办学进行审批与管理,同时,对其他教育服务进行管理。教育服务无过渡期和地域限制,

---

① 作者根据商务部网站文件资料库《我国'入世'承诺教育服务业》部分相关文字资料整理汇总而得。

应当视为从 2001 年 12 月 10 日起生效。但是,由于中国保留了审批权,实际上须等待有关法律法规正式颁布以后才能执行。对初等、中等和高等教育服务实行政府定价。

可以看出,就教育服务业的对外开放承诺而言,我国已基本形成了一个全方位、多角度、宽层次的对外开放承诺框架。在研究我国教育服务业对外开放的过程中,这是我们不能忽视的前提和基础。

就广东省教育服务业对外开放而言,2012 年,时任广东省委书记汪洋在考察澳大利亚昆士兰大学时强调,广东尽管是中国第一经济大省,但教育事业与长三角、环渤海地区相比仍有不小差距,广东的高等教育要走出一条科学发展、跨越发展的新路子,其中一个很重要的方面就是要坚持对外开放。[①]

实际上,处于改革开放前沿地区的广东省在教育服务业对外开放方面起步远远早于全国,从中国留学生的来源地分布来看,广东省和泛珠三角地区也一直是中国在境外学生的主要来源地区之一。而相比之下,就广东省境内教育服务业来说,也存在着众多中外合作办学的新教育发展模式。

而鉴于高等教育在一国或一地区经济社会发展中的重要作用,在接下来的分析中,我们以广东省内的高校为例,对广东省教育服务业的对外开放展开深入分析。

首先,从中山大学的情况来看。作为广东地区的老牌名校,中山大学在教育领域的对外交流与合作中一直走在广东乃至全国同类高校的前列。

第一,从教育服务业的"引进来"情况来看。从公开资料来看,截至目前,中山大学和境外高校合作成立了两所新设学院,即中法核工程与技术学院和中山大学—卡内基梅隆大学联合工程学院。其中,前者是在中法双方政府的直接推动下,由中山大学与法国以格勒诺布尔国立综合理工学院为首的五所法国工程师学校合作组建。学院引入法国工程师培养的精英教育模式,结合法国在核能工程师培养上的先进经验、产业优势以及国内的优质教学资源,旨在培养国际一流的涉核相关产业的高级工程技术研发和管理人才,以服务于快速发展的涉核产业。获教育部批准,由中山大学与法国格勒诺布尔国立综合理工学院等五所法国高等教育机构合作设立的中山大学中法核工程与技术学院于 2010 年正式纳入全国普通高等学校招生计划对外招生。2010 年 7 月,学院迎来首届学生。此外,在 2012 年,教育部正式批复中山大学—卡内基梅隆大学联合工程学院,这一学院的设立,将中山大学中外合作办学推向了一个新高潮。此外,从留学生人数来看,截至 2012 年 11 月,中山大学共有来自 113 个国家或地区的在校留学生 1666 人、进修生 769 人。

第二,从教育服务业的"走出去"情况来看。中山大学专门设立了国际汉语

---

① 胡键:《广东高等教育要坚持对外开放》,《南方日报》,2012 年 6 月 10 日。

学院,该学院主要承担学校外国留学生的汉语教学、汉语国际教育硕士专业学位学生培养和相关的涉外教育合作项目。自 2006 年以来,我校与海外高校先后合作共建了五家孔子学院:菲律宾亚典耀大学孔子学院、墨西哥尤卡坦自治大学孔子学院、美国印第安纳波利斯孔子学院、法国里昂孔子学院和南非开普敦大学孔子学院。五家孔子学院因地制宜,灵活地在当地社区开展汉语教学,推广汉语和中华文化,满足了当地对学习汉语和认识中华文化的需求。

从暨南大学的情况来看。众所周知,作为国内外著名的涉外性重点大学,暨南大学是由国务院侨办、教育部、广东省三方联合共建,国务院侨务办公室、国家教育部领导的一所综合性大学。截至目前,暨南大学是中国第一所招收外国留学生的大学,也是中国境外生最多的大学。

从公开资料来看,暨南大学作为中国第一所由国家创办的华侨最高学府,其在教育领域的对外开放中有许多可资借鉴的经验。[①]

以其 2012 年对外交流合作统计报告为例。2012 年,其与境外名校间的实质性合作不断加深,在该年,新签订各类协议 35 项,其中包括英国伯明翰大学、俄罗斯圣彼得堡大学等世界名校。此外,不断从海外引进智力成果,落实了多位高层次人才到该校落户的工作,并且成果显著,如药学院日本籍外教栗原博教授获得"国际科学技术合作奖"等。与此同时,在实施"引进来"的同时,也不断推进师资队伍国际化建设。2012 年,暨南大学鼓励教学科研人员出国(境)交流、学习,参与各类国际学术活动。在该年,全校资助出国进修人员达 101 人次,因公出国(境)短期访问达 1377 人次,其中因公出国人次较 2011 年增长了 55%。此外,学校还分别组织学院分管教学副院长和院长、处长组团前赴美国进行专项培训,促进管理队伍的国际化。在国际科研合作方面,2012 年,暨南大学举办了 10 场国际会议及多场各类研讨会,邀请了来自不同国家和地区的专家学者与会。其中,在该年,暨南大学重大工程灾害与控制教育部重点实验室和美国加州大学圣地亚哥鲍威尔结构实验室共同建立"城市生命线工程结构安全国际联合实验室"。最后,其充分借助于靠近港澳台的地缘优势,深化与港澳台的交流合作,时年成功举办香港特别行政区中级管理人员国家事务研习课程班、华裔新生代企业家中国经济高级研修班。另外,还举办粤港青年学生领袖研习营、两岸四地青年领袖研习营和海外华裔青少年中国语言文化学习冬令营、夏令营等活动。同时,还积极进行境外办学模式的创新,截至 2012 年 12 月,暨南大学境外 25 个教学点在读学生约有 3000 人,教学点分布于美国、德国、英国、新加坡、马来西亚、泰国、印度尼西亚、菲律宾、乌克兰 9 个国家及中国香港、澳门地区等。在汉语教育方面,截至 2012 年,暨南大学已派遣 10 批次 338 人次汉语教育

---

① 作者根据《2012 年暨南大学国际及港澳台交流合作工作年报》整理而得。

志愿者前往世界各地开展汉语教学工作,并且与南非罗德斯大学共建了一所孔子学院。

可以看出,以高等教育为例,处于全国改革开放前沿地位的广东省,在教育服务业对外开放的过程中,围绕"引进来"和"走出去",立足广东,放眼全球,在教育服务业的对外开放中取得了令世人瞩目的成绩。

三、广东省教育服务业对外开放的实证分析

(一)广东省教育服务业对外开放度的测算

前文对广东省教育服务业行业发展和对外开放的现状进行了初步分析,在本部分,我们拟从实证研究的角度对广东省教育服务业的对外开放对行业本身的可能影响展开分析。

先是对广东省教育服务业对外开放度指标的测算,在具体数据的处理中,与本报告其他章节的处理方法相同,我们以省级层面的分行业外商直接投资实际利用额与当年广东省国民生产总值的比例作为衡量教育服务业的对外开放度。其计算结果如表10-4第四列所示。

表10-4 广东省教育服务业对外开放度指数一览表

年份	FDI(亿元)	FDI环比增长率	GDGDP(亿元)	开放度
1990	4.663620	NA	500.21	0.009323
1991	1.091277	−0.766002	774.08	0.001410
1992	4.770129	3.371144	1040.34	0.004585
1993	14.232140	1.983596	3469.28	0.004102
1994	142.725672	9.028406	4619.02	0.030900
1995	170.193380	0.192451	5933.05	0.028686
1996	212.843520	0.250598	6834.97	0.031140
1997	436.375072	1.050215	7774.53	0.056129
1998	185.037885	−0.575966	8530.88	0.021690
1999	98.511770	−0.467613	9250.68	0.010649
2000	86.923200	−0.117636	10741.25	0.008092
2001	9.104700	−0.895256	12039.25	0.000756
2002	30.790440	2.381818	13502.42	0.002280
2003	59.015010	0.916667	15844.64	0.003725

第十章 广东省教育服务业对外开放现状、问题与对策建议

续表

年份	FDI（亿元）	FDI环比增长率	GDGDP（亿元）	开放度
2004	1.241520	−0.978963	18864.62	0.000066
2005	13.516305	9.886901	22557.37	0.000599
2006	23.516810	0.739885	26587.76	0.000884
2007	10.341440	−0.560253	31777.01	0.000325
2008	3.472550	−0.664210	36796.71	0.000094
2009	4.576770	0.317985	39482.56	0.000116
2010	1.150815	−0.748553	46013.06	0.000025
2011	0.839644	−0.270392	53210.28	0.000016
2012	1.010000	0.202891	57067.92	0.000018
均值	65.91059	1.103532	18835.30	0.009374

注：NA表示当年该数据缺失。
资料来源：国家统计局网站和相关年份《广东省统计年鉴》。

就开放度而言，1991年，其仅为0.0014，1995年，其在波动起伏中上升至0.0287，从后续几年的数据走势来看，其阶段性高峰值出现在1997年，在该年，广东省教育服务业对外开放度达到了自1990年以来的最高峰，为0.0561。

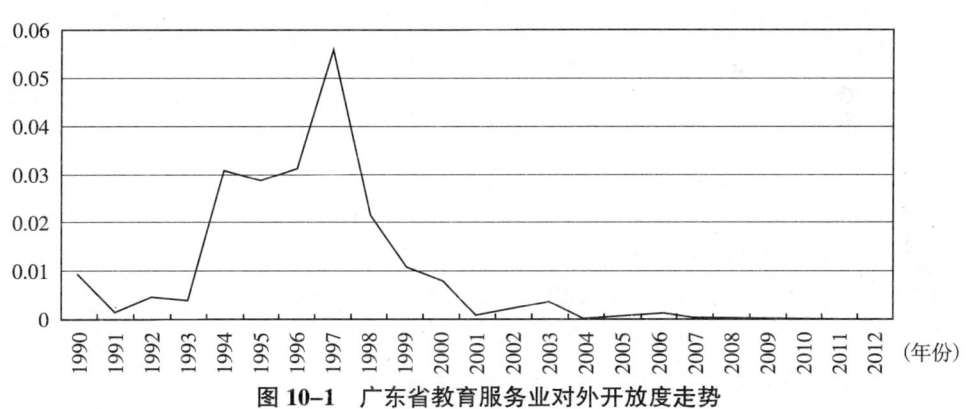

图10-1 广东省教育服务业对外开放度走势

资料来源：国家统计局网站和相关年份《广东省统计年鉴》。

而在此后，其走势又呈现出明显的下降趋势，2000年，广东省教育服务业的对外开放度为0.0081，2003年，其继续下降至0.0037，从后续数据的走势来看，其自此一直呈现出明显的下降趋势。到了美国发生金融危机的2008年，其数据降至自1990年以来，除2004年以外的历史最低值，为0.000094。截至2012年，虽然其数据相比于2008年环比已略有上升，但从拉动的动态时间区间

来看，其仍然呈现出非常明显的下降趋势，在该年，广东省教育服务业的对外开放度为 0.000018。

从整体来看，1990~2012 年，广东省对外开放度的走势呈现出一个非常明显的倒"U"形结构，其阶段性的最高点出现在 1997 年，最低点出现在 2004 年，此外 2008 年的值也相对较低。

对于造成这一现象的原因，结合当时的国内国际经济形势可以很容易得出解释。2004 年是我国汇率制度改革历程中的重要一年，2008 年又恰逢美国爆发金融危机。因此，在广东省教育服务业外商投资中外商实际利用外资额的下降幅度较大。而需要注意的是 1997 年，在该年的亚洲金融危机中，广东省教育服务业的开放度不仅没有降低，反而一反常态的达到了历史最高值。实际上，结合当时我国政府做出的人民币不贬值的承诺即可轻松得到解释，正是在此期间，我国货币汇率保持稳定，在亚洲其他国家或地区货币发生贬值的情况下，外资纷纷涌入中国内地市场，这是造成该年广东省教育服务业对外开放度指数数值走高的最为重要的可能原因之一。

（二）广东省教育服务业对外开放对自身的影响

1. 从产值的角度来看

廖楚晖（2004）认为，世界各国经济学家对教育经济学的研究，大体形成了三种理论体系，即"边际价值体系"、"劳动价值体系"和"价值分配体系"。各种思想体系的教育对经济增长的研究，大都承认教育经济对经济增长的两重属性，即教育是生产劳动能力，影响个人未来收入与福利，从而促进国民经济增长的生产性活动；同时，教育通过一系列规则，界定人们的选择空间，约束人们的相互关系，从而减少经济环境中的不确定性和交易费用，进而促进制度创新，增进生产性活动。

从这个逻辑角度出发，不难得出这样的结论，即教育服务业的发展除了可以通过直接形成人力资本外，还能够通过多种渠道促进其他部门的生产，教育部门对其他部门生产的外溢效应与教育所生产的人力资本同样重要。

我们同样可以从这一逻辑推出一个这样的假设，即鉴于开放对一国或一地区经济社会发展的重要推动作用，我们认为在对广东省教育服务业的对外开放的影响中，开放是促进广东省教育服务业产值增加的重要原因，而且二者之间在数据走势上应该呈显著的正相关关系。

带着这样的假设，我们到表 10-5 和图 10-2 中去寻找答案。可以很明显地看出，在此期间，广东省教育服务业增加值的环比增长率在 2004 年的数据为 13.48%，2006 年环比下降至 9.15%，2008 年，环比增长率达到自 2003 年以来的历史最高值，为 22.89%，并在随后的两年里稳定在 13% 左右。截至 2012 年，广

第十章 广东省教育服务业对外开放现状、问题与对策建议

表 10-5 广东省教育服务业增加值相关数据一览表   单位：亿元

指标 年份	地区生产总值	三产增加值	教育服务业增加值	教育服务业增加值环比增长率	教育服务业占总产值比	教育服务业占三产比
2003	15844.64	7178.94	409.5552	NA	0.025848	0.057050
2004	18864.62	8335.3	464.7750	0.134829	0.024637	0.055760
2005	22557.37	9772.5	527.4400	0.134829	0.023382	0.053972
2006	26587.76	11585.82	575.7000	0.091499	0.021653	0.049690
2007	31777.01	14076.83	672.6700	0.168438	0.021168	0.047786
2008	36796.71	16321.46	826.6358	0.228888	0.022465	0.050647
2009	39482.56	18052.59	938.0900	0.134829	0.023760	0.051964
2010	46013.06	20711.55	1062.090	0.132183	0.023082	0.051280
2011	53210.28	24097.7	1226.170	0.154488	0.023044	0.050883
2012	57067.92	26519.69	1382.550	0.127535	0.024226	0.052133
均值	34820.19	15665.24	808.5676	0.145280	0.023327	0.052116

注：NA 表示当年该数据缺失。
资料来源：国家统计局网站和相关年份《广东省统计年鉴》。

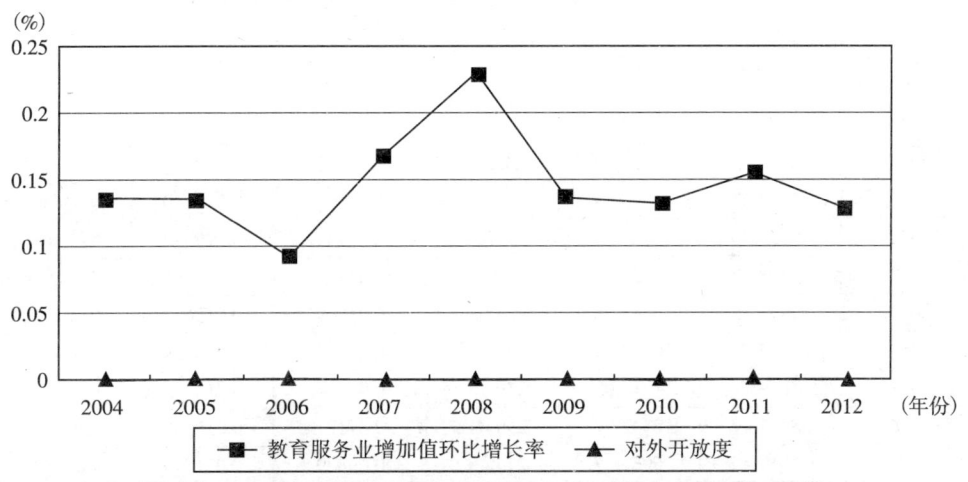

图 10-2 广东省教育服务业增加值环比增长率与对外开放度走势

资料来源：国家统计局网站和相关年份《广东省统计年鉴》。

东省教育服务业的环比增长率为 12.75%。

而再从对外开放度指数来看，在此期间，广东省教育服务业对开放度指数的走势基本稳定。2004~2012 年，其均值稳定在 0.000238 的水平。从二者走势的吻合度来看，可以基本得出这样的结论，即从整个拉长的动态区间来看，二者的走势除了在个别特殊的年份外，基本呈现出平稳发展的态势，整个区间变化幅度非常轻微。并且在 2010 年以后，二者均呈现出轻微下调的趋势。

至此我们基本可以得出这样的结论，即就教育服务业增加值与对外开放度而

言,二者的走势从时间区间来看基本吻合。这说明开放度是影响产值发生变化的重要原因之一,这一发现也再次印证了我们前文的逻辑推理。

2. 从固定资产投资角度来看

此外,我们再从固定资产投资的角度就开放对广东省教育服务业固定资产投资所可能产生的影响展开分析。

如表10-6所示,2004年,广东省教育服务业固定资产投资的环比增长率为0.41,这一数据在随后即呈现出明显的下降趋势。2006年,其环比增长率更是下降至-0.19。从后续几年的数据走势来看,这也是2004~2012年的历史最低点,2007年,其环比增长率随即呈现出明显的走高趋势。2008年,其达到了0.078,在经历了2009年的下降调整之后,2010年,其再次上升,并在该年达到了仅次于2004年的历史高峰,为0.2595。截至2012年,广东教育服务业固定资产投资的环比增长率为0.0712。

表10-6 广东省教育服务业固定资产投资相关数据一览表　　单位:亿元

指标 年份	全社会	服务业	教育服务业	教育服务业固投环比增长率	全社会比	服务业比
2003	4813.2	3085.93	147.04	NA	0.030549	0.047649
2004	5870.02	3550.48	207.7	0.412541	0.035383	0.058499
2005	6977.93	3825.97	208.06	0.001733	0.029817	0.054381
2006	7973.37	4628.59	168.32	-0.191003	0.021110	0.036365
2007	9294.26	5723.25	181.35	0.077412	0.019512	0.031687
2008	10868.67	6834.03	195.56	0.078357	0.017993	0.028616
2009	12933.12	8313.36	203.01	0.038096	0.015697	0.024420
2010	15623.7	10150.1	255.7	0.259544	0.016366	0.025192
2011	17069.2	11216.02	279.16	0.091748	0.016355	0.024889
2012	18751.47	12347.97	299.04	0.071214	0.015948	0.024218
均值	11017.49	6967.57	214.49	0.093294	0.021873	0.035591

注:NA表示当年该数据缺失。
资料来源:国家统计局网站和相关年份《广东省统计年鉴》。

再从对外开放度与教育服务业固定资产投资的环比增长率二者走势来看,如图10-3所示。可以很明显地看出,即使排除2004年环比增长率异常突高和2006年异常突低的两年数据,从整个动态区间来看,固定资产投资环比增长率也呈现出明显的下降趋势。与此同时,在此期间,对外开放度也呈现出虽然轻微但趋势明显的下调走势。这说明,就广东省教育服务业而言,其行业对外开放度与固定资产投资的走势也基本吻合,在某种程度上还呈现出完全相同的走势。

第十章　广东省教育服务业对外开放现状、问题与对策建议

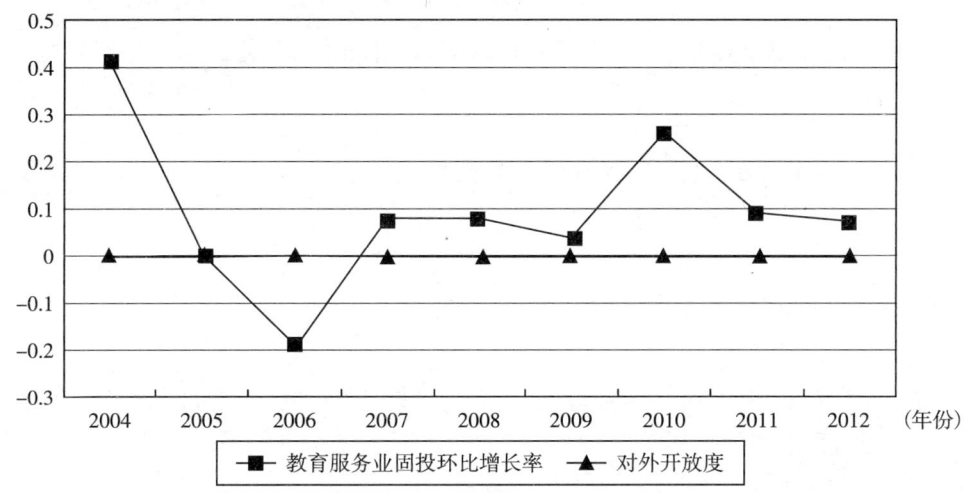

图 10-3　广东省教育服务业固定资产投资环比增长率与对外开放度走势
资料来源：国家统计局网站和相关年份《广东省统计年鉴》。

由此我们可以得出这样的结论，即就固定资产投资而言，对外开放对广东省教育服务业固定资产投资的影响是显著的。对于这一现象，结合外资具有的高资本、高技术等内涵特征，我们不难得出解释，即就广东省教育服务业而言，外资的大量涌入可以非常明显地缓解其基础建设资金缺乏的现实。

3. 从吸纳就业人数的角度来看

如表 10-7 所示，2004 年，广东省教育服务业就业人数的环比增长率为 0.0272，2006 年，其值仍然为 0.0272，再从后续几年的数据走势来看，其走势呈现出非常平稳的发展态势。2008 年，广东省教育服务业就业人数的环比增长率仍然为 0.0272，在随后的 2009 年，其首次突破 0.03 的关口，在该年，其为 0.0312。截至 2012 年，在经历了 2011 年的上涨后，其再次回调，在该年，广东省教育服务业就业人数的环比增长率为 0.0135。

表 10-7　广东省教育服务业吸纳就业人数相关数据一览表　　单位：万人

指标 年份	城镇就业总人数	服务业城镇就业总人数	教育服务业就业人数	教育服务业就业环比增长率	教育服务业占总人数比	占服务业总就业人数比
2003	1205.43888	582.4841984	92.4405	NA	0.076686	0.158700
2004	1210.9024	584.616832	94.9558	0.027210	0.078417	0.162424
2005	1195.502	578.24736	97.5394	0.027208	0.081589	0.168681
2006	1172.09	568.1028	100.1934	0.027210	0.085483	0.176365
2007	1144.72	556.744	102.9196	0.027209	0.089908	0.184860
2008	1007.87	499.95	105.7200	0.027210	0.104894	0.211461
2009	1055.03	517.38	109.0200	0.031215	0.103334	0.210716

续表

年份 指标	城镇就业总人数	服务业城镇就业总人数	教育服务业就业人数	教育服务业就业环比增长率	教育服务业占总人数比	占服务业总就业人数比
2010	1118.5	546.4	112.3000	0.030086	0.100402	0.205527
2011	1238.22	595.28	116.1200	0.034016	0.093780	0.195068
2012	1303.98	624.71	117.6900	0.013520	0.090254	0.188391
均值	1165.23	565.39	104.8899	0.027209	0.090475	0.186219

注：NA 表示当年该数据缺失。
资料来源：国家统计局网站和相关年份《广东省统计年鉴》。

再从开放度与环比增长率的走势来看，如图 10-4 所示。可以看出，在此期间，广东省教育服务业就业人数的环比增长率数据在 2008 年以前的波动幅度非常轻微，而从 2008 年以后，其在经历了三年的增长后，呈现出下调的走势。从整个区间的数据走势来看，其下降趋势明显。而就开放度而言，2004~2012 年，广东省教育服务业的对外开放度走势下降趋势明显。这说明，二者的走势在某种程度上呈现出基本吻合的趋势。

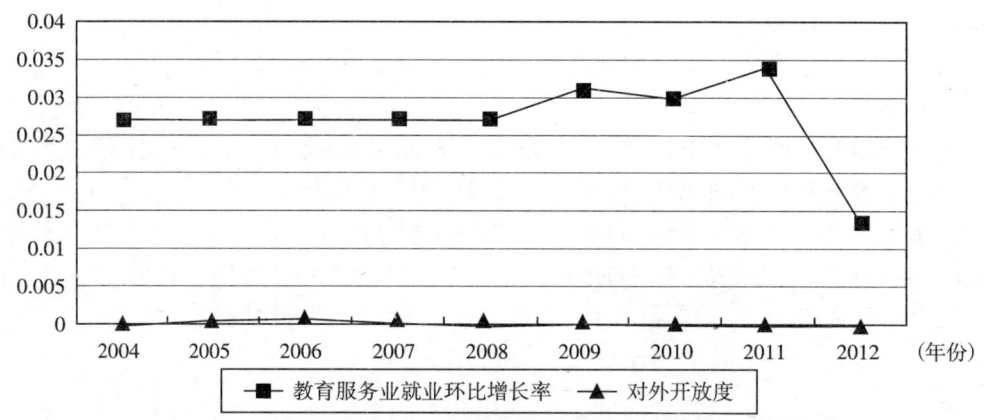

图 10-4　广东省教育服务业就业人数环比增长率与对外开放度走势
资料来源：国家统计局网站和相关年份《广东省统计年鉴》。

通过对外开放对产值、固定资产投资和就业三者可能存在的影响的分析，我们基本可以得出这样一个结论，即开放对教育服务业行业本身的影响是明显存在的。但从二者数据的差异和走势的时间差我们也可以得出一个更为重要的结论，即受制于"技术溢出"的时间差，对外开放对行业产生的影响并继而作用于经济社会的正向刺激作用并不是一蹴而就的。

四、广东省教育服务业对外开放中存在的问题

(一) 从内外资对比的角度来看

如表 10-8 所示，我们以广东省教育服务业按登记注册类型分组的法人单位数为例展开分析。

表 10-8 广东省教育服务业按登记注册类型分组的法人单位　　单位：个

年份 类别	总计			内资企业		外资企业（不含港、澳、台）	
	三产	教育服务业	占比	内资教育服务业总计	占教育服务业总比	外资教育服务业总计	占教育服务业总比
2006	337393	28586	0.084726	28488	0.996572	36	0.001259
2007	373188	29272	0.078438	29169	0.996481	37	0.001264
2008	401931	29205	0.072662	29139	0.997740	33	0.001130
2009	459585	29954	0.065176	29883	0.997630	35	0.001168
2010	522286	30790	0.058952	30716	0.997597	35	0.001137
2011	596143	31500	0.052840	31422	0.997524	36	0.001143
2012	668166	32585	0.048768	32506	0.997576	38	0.001166
均值	479813.14	30270.29	0.065937	30189	0.997303	35.71	0.001181

资料来源：相关年份《广东省统计年鉴》。

可以看出，在 2006 年，广东省教育服务业法人单位总数为 28586 个，其中内资教育服务业法人单位数绝对数为 28488 个，占教育服务业法人单位总数的比重为 99.66%。而相比之下，外资教育服务业企业（不含港、澳、台）的绝对数为 36 个，占同期教育服务业法人单位总数的比重为 0.13%。

可以看出，在广东省教育服务业法人单位数中，内资企业法人单位数占据着市场的绝对主导地位。从后续几年数据的走势来看，虽然广东省教育服务业企业法人单位总数的绝对值和内资企业以及外资企业（不含港、澳、台）的绝对值数量都呈现出平稳增长的发展态势，但这一比例关系构成的内部结构基本未发生质的变化。

截至 2012 年，在广东省教育服务业法人单位中，教育服务业法人单位总数为 32585 个，其中，内资教育服务业法人单位数为 32506 个，占教育服务业法人单位总数的比例为 99.76%，而相比之下，外资企业（不含港、澳、台）法人单

位数的绝对值为 38 个,占同期教育服务业法人单位总数的比重为 0.12%。

至此,我们基本可以得出这样的结论,即在广东省教育服务业中,内资企业仍然占据着市场数量的绝对领导地位。外资企业在进入中国大陆的数量方面仍有较大的提升空间。

(二)从资金来源地的分布情况来看

接着,我们从外商直接投资法人在华登记注册的法人单位数的对比来看,如表 10-9 所示。可以看出,在 2006 年,在广东省教育服务业中,来自港、澳、台商投资企业的法人单位数为 62 个,占同期教育服务业法人单位数的比例为 0.22%,而相比之下,在该年,外商投资企业(非港、澳、台商)的法人单位数为 36 个,占同期教育服务业法人单位总数的比例为 0.13%。

表 10-9 广东省教育服务业按登记注册类型分组的法人单位   单位:个

年份 \ 类别	教育服务业总计	港、澳、台商投资企业		外商投资企业	
		总计	占比	总计	占比
2006	28586	62	0.002169	36	0.001259
2007	29272	66	0.002255	37	0.001264
2008	29205	33	0.001130	33	0.001130
2009	29954	36	0.001202	35	0.001168
2010	30790	39	0.001267	35	0.001137
2011	31500	42	0.001333	36	0.001143
2012	32585	41	0.001258	38	0.001166
均值	30270.29	45.57	0.001516	35.71	0.001181

资料来源:相关年份《广东省统计年鉴》。

这一比例关系很明显地告诉我们,在广东省教育服务业中,港、澳、台商投资企业无论在绝对数还是在相对数上都要显著高于外商投资企业(非港、澳、台)。从后续几年数据的走势来看,这一趋势得到了很好的延续。截至 2012 年,在广东省教育服务业中,在按登记注册类型分组的法人单位数中,教育服务业法人单位总数为 32585 个,就其构成结构来看,来自港、澳、台商投资企业的法人单位数绝对数为 41 个,占同期教育服务业法人单位总数的比重为 0.13%,而相比之下,外商投资企业(非港、澳、台商)法人单位数绝对数为 38 个,占同期教育服务业法人单位总数的比重为 0.12%。

至此,我们也可以很容易地发现一个结论,即就外商资金的来源地构成来看,广东省教育服务业外商投资中,来自港、澳、台商投资的法人单位在总量上略微大于来自其他地区的外商投资法人单位数。这说明,在广东省教育服务业外商直接投资中,就其资金的来源看,港、澳、台商投资仍然占据着行业的主导地位。换句话说,其外商投资存在着来源地单一的问题。

(三) 从外资进入中国的合作方式来看

首先,从港、澳、台商投资企业合作方式来看。如 10-10 所示,在 2006 年,广东省教育服务业中,港、澳、台商投资企业法人单位总数为 62 个,就其构成结构来看,独资经营企业以 30 个名列第一,合作经营企业以 17 个名列第二,合资经营企业以 15 个名列第三。可以看出,在广东省教育服务业按登记注册类型分组的法人单位中,以港、澳、台投资为例,其中独资经营是其进入广东省教育服务业市场的主要方式。

表 10-10 广东省教育服务业按登记注册类型分组的法人单位 (港、澳、台商投资企业)

单位:个

年份 \ 类别	港、澳、台商投资企业总计	合资经营企业 (港、澳、台资)	合作经营企业 (港、澳、台资)	港、澳、台商独资经营企业	港、澳、台商投资股份有限公司	其他港、澳、台商投资
2006	62	15	17	30	NA	NA
2007	66	16	19	30	1	NA
2008	33	5	10	16	2	NA
2009	36	6	10	18	2	NA
2010	39	6	10	21	2	NA
2011	42	7	9	24	2	NA
2012	41	7	8	24	2	NA
均值	45.57	8.86	11.86	23.29	1.83	NA

注:NA 表示当年该数据缺失。
资料来源:相关年份《广东省统计年鉴》。

从后续几年的数据走势来看,这一趋势得到了很好的延续。截至 2012 年,在广东省教育服务业中,来自港、澳、台投资企业的法人单位总数为 41 个,其中,独资企业法人单位以 24 个名列第一,其次分别是合作经营企业和合资经营企业,其数据分别是 8 个和 7 个,港、澳、台投资股份有限公司以 2 个名列最后。

由此我们可以得出结论,即在广东省教育服务业企业中,就港、澳、台商投资企业而言,其进入广东省教育服务业市场的主要方式是以独资经营为主,合作经营和合资经营为辅。

其次,我们以外商投资企业(非港、澳、台商)按登记注册类型分组的法人单位数为例展开分析,如表 10-11 所示。

表 10-11　广东省教育服务业按登记注册类型分组的法人单位（外商投资企业）

单位：个

类别 年份	外商投资企业总计	中外合资经营企业	中外合作经营企业	外资企业	外商投资股份有限公司	其他外商投资
2006	36	9	13	13	1	NA
2007	37	9	13	14	1	NA
2008	33	6	14	11	2	NA
2009	35	6	13	13	3	NA
2010	35	6	13	13	3	NA
2011	36	6	13	15	2	NA
2012	38	6	14	16	2	NA
均值	35.71	6.86	13.29	13.57	2.00	NA

注：NA 表示当年该数据缺失。
资料来源：相关年份《广东省统计年鉴》。

可以看出，2006年，来自外商投资企业（非港、澳、台商）中，外资企业（独资）法人单位数为13个，中外合作经营企业法人单位数也为13个，而相比之下，中外合资经营企业法人单位数为9个，即就其内部结构构成来看，外资独资和中外合作是外商投资企业（非港、澳、台商）进入广东省教育服务业市场的主导模式。

从后续几年的数据走势来看，与前文分析的港、澳、台商投资企业法人数相同，外商投资企业（非港、澳、台商）法人单位数的绝对数呈现出平稳变化中轻微上调的走势。截至2012年，在广东省教育服务业外商投资企业（非港、澳、台）法人单位数中，外资企业（独资）法人单位数为16个，紧随其后的是中外合作经营企业，为14个，而中外合资经营企业和外商投资股份有限公司的数量分别为6个和2个。

根据以上分析，我们不难得出这样的结论，即就广东省教育服务业外商投资企业中进入广东市场的合作方式而言，无论是来自港、澳、台商的投资者还是来自其他国家或地区的投资者，外商独资都是其进入广东省的主要方式。这也说明，在广东省教育服务业对外开放的过程中，存在合作方式单一、合作水平低等原因。在未来进一步扩大广东省教育服务业对外开放的政策研究中，这是需要我们重点关注的方向之一。

五、扩大广东省教育服务业对外开放的对策建议

（一）基本结论

通过对广东省教育服务业对外开放的分析，我们基本可以得出如下结论：

第一，就广东省教育服务业的发展和开放现状而言，自20世纪90年代以来，广东省教育服务业本身的发展历经了从弱到强的历程，在我国加入世界贸易组织等综合因素的催生下，截至目前，广东省教育服务业已经基本形成了全方位、多角度、深层次的对外开放新格局。

第二，就广东省教育服务业对外开放的影响而言，其对于教育服务业的产值、固定资产投资和就业作用虽然为正，但其作用效果并不十分明显。这基本符合我们的经济直觉，即教育业对外开放对一国或一地区经济社会发展的积极作用并不是直接和立竿见影的，其需要有一个内在的作用时间去酝酿。但就教育服务业对外开放对经济社会的积极作用这一结论是不容置疑的。

第三，就广东省教育服务业对外开放中存在的问题而言，其与广东省其他服务业相同，都存在合作方式较为单一，外资资金来源地以港、澳、台为主，资金来源地的多元化有待加强，内资与港、澳、台资金在和外资的对比中占据着一定的相对优势等问题。

（二）进一步扩大广东省教育服务业的政策建议

1. 完善教育立法，增加教育软实力投入，提升自身的发展水平

自20世纪90年代中期我国首次提出实施"科教兴国"的战略以来，在国家层面对教育服务业的法制化管理日臻完善。截至目前，我国已针对教育行业制定了《中华人民共和国教育法》（1995年）以及涵盖了义务教育、高等教育、职业教育、教育促进等多部相关法律和相关具体法规。这些法制层面规章制度的制约，是我国教育服务业发展壮大的建设基础和保证。

现代经济社会的发展已经雄辩地证明，契约精神与法制化是任何一个行业乃至一国或一地区经济社会发展的重要"软件"保障。对于广东省来说，在发展和扩大教育服务业的对外开放过程中，首先要做的就是在不同宪法、法律、行政法规相抵触的情况下，根据本行政区域的具体情况和实际需要，制定和颁布涉及教育行业相关细节问题的地方性法规。比如，针对广东省经济社会发展中外向型特征明显的实际情况，可以在加强对广东省教育服务业行业实际调研的基础上，出

台具体的教育服务业"引进来"和"走出去"的相关地方性法规,为广东省教育服务业对外开放提供坚实的制度保障。

2. 积极借鉴国际经验,大力实施多层次的"引进来"发展战略

从世界范围的横向对比来看,我国作为全球范围内最大的发展中国家,其经济社会的发展水平在许多方面与西方发达国家相比还有较大的差距。

就教育服务业来说,先从我国教育业发展的自身特征来看。在我国国内,受传统文化及人们思想观念的影响,我国的教育在很大程度上仍然是以培养"应试型"人才为主,在这种教育模式下培养出来的学生,自身的独立思考、批判精神和动手能力都相对欠缺。而从科学研究人员的必备素质来看,这些恰恰是进行科学研究所不可或缺的宝贵要素。

相比之下,国外的教育模式则更多是以"素质教育"为主,在这种培养模式下成长起来的学生,其动手能力、独立思考的能力和批判的人文主义精神涵养较高。从某种程度来讲,这是目前中外科学技术差异从教育领域进行解释的一个重要维度。

因而,在我国大力提倡实施"素质教育"的今天,就广东省而言,其还有许多可以改善的地方。诸如,除了在"高等教育"领域鼓励省内高校实施"引进来"的发展战略外,在"初等教育"、"学前教育"、"职业教育"领域,同样要大力实施"引进来"的发展战略,从宏观层面完善国外优秀的人才队伍的引进落户政策,同时,出台专门的财政扶持资金,对于教育服务业国际先进企业的"来粤"提供财税金融等一体化的扶持措施。通过积极学习国外先进经验,提升广东教育服务业的整体实力和国际竞争水平,为提升广东省经济社会的"软实力"奠定坚实的基础。

3. 创造条件,鼓励省内教育服务业企事业单位实施"走出去"发展战略

从已有研究对外开放的文献资料中我们不难发现,"引进来"与"走出去"是一国或地区实施对外开放中的两个必要步骤。就教育服务业的对外开放而言,"引进来"主要体现在对高端人才、特殊人才的引进和国外先进教育理念、先进教学方法、先进教学设备和先进教学成果的引进消化吸收工作。

而"走出去"则更多地体现在教育服务产品和智力成果的输出。诚如前文所分析的那样,对于广东省而言,作为全国的经济大省,广东省的教育服务业依托于其雄厚的经济实力,在教育服务业的"引进来"方面一直居泛珠三角地区乃至全国的主导地位。而恰好是这种情况导致了外国教育服务业提供者对广东省教育服务业乃至经济社会的发展产生了良好的"技术溢出"效应。

加之广东处于我国的南方沿海和国际主要航道的必经之地,加之其邻近港、澳的独特地缘优势,就广东省服务业实施"走出去"战略而言,其具有得天独厚的地理优势和历史沉淀。因而,下一步广东省教育服务业对外开放的重点,应该

第十章 广东省教育服务业对外开放现状、问题与对策建议

是将前期"引进来"战略的作用效果加以吸收消化,在结合自身优势的基础上,积极抓住机会,走出国门参与国际市场的竞争。从实践实施来看,广东省内的众多高校,如中山大学、暨南大学、广东外语外贸大学等利用孔子学院、合作办学等模式向外输出教育服务产品的做法值得借鉴。

参考文献:

［1］于凌云:《教育投入比与地区经济增长差异》,《经济研究》,2008年第10期,第131-143页。

［2］Schultz T. W. Agriculture and the Application of Knowledge, A look to the Future. W. K. Kellogg Fundation, Battle Creek, 1956: 54-78.

［3］T. W. Schultz. The Value of the Ability to Deal With Disequilibria. Jour nal of Economic Literature, 1975, 113: 828.

［4］David Alan Aschauer. Is Public Education Productive? Higher Education and Economic Growth, edited By Becker. W. E. & Lew is. D. R. Kluwer Academic Publishers, Norwell, USA, 1993: 87-104.

［5］Blankenau W. P., and Simpson N. B. Public Education Expenditures and Growth, Journal of Development Economics, 2004, 73(2): 583-605.

［6］王俊、孙蕾:《我国经济增长与预算内教育支出增长的 VAR 时间序列分析》,《财贸研究》,2005年第6期,第72-78页。

［7］祝树金、虢娟:《开放条件下的教育支出、教育溢出与经济增长》,《世界经济》,2008年第5期,第56-67页。

［8］袁连生、王善迈:《义务教育财政转移支付制度研究》,中央教育科学研究所编:《中国基础教育发展研究报告》,教育科学出版社,2001年。

［9］解垩:《高等教育对经济增长的贡献:基于两部门内生增长模型分析》,《清华大学教育研究》,2005年第5期,第74-80页。

［10］陆根尧、朱省娥:《中国教育对经济增长影响的研究》,《数量经济技术经济研究》,2004年第1期,第15-19页。

［11］李玲:《中国教育投资对经济增长低贡献水平的成因分析》,《财经研究》,2004年第8期,第40-51页。

［12］廖楚晖:《政府教育支出区域间不平衡的动态分析》,《经济研究》,2004年第6期,第41-49页。

第十一章 广东省旅游服务业对外开放现状、问题与对策建议

孙盼盼 高凌江*

【摘要】 本章在对广东省旅游服务业发展现状进行分析的基础上,结合我国"入世"协议中对旅游服务业对外开放的具体承诺,从对外开放的角度对广东省旅游服务业的开放现状、开放影响和开放中存在的问题展开分析。研究发现:第一,自2001年以来,广东省旅游业呈现出整体向好的发展态势,而且从旅游入境者的区位选择来看,广东省是全国旅游入境者的主要地区;第二,无论是从入境旅游市场还是从出境旅游市场来看,广东省旅游业对外开放都呈显著上升势头;第三,广东省旅游服务业对外开放走在全国前列,但其国际竞争力水平还比较低,亟待提升;第四,就开放中存在的问题而言,广东省旅游业存在着区域发展不平衡、客源地和出境目的地仍然较为单一等问题。

一、文献综述

按照世界旅游组织(UNWTO)的官方定义,旅游是指人们出于休闲、商务或其他目的离开他们的常住居住地,到某些地方并停留在那里,但连续不超过一年的活动。旅游目的包括下面几大类:休闲、娱乐、度假、探亲访友、商务、专业访问、健康医疗、宗教、朝拜(侯永康,2010)。其制约因素主要有居民收入、闲暇时间和旅游产品的提供方式与旅游目的地的距离等。在旅游业发展的初期,居民收入起着主要影响作用,因为旅游业是随着一国或一地区经济社会发展水平的提高而产生和发展起来的。

---

* 孙盼盼,中国社会科学院研究生院博士生,主要研究方向为服务经济与旅游管理。高凌江,北京第二外国语学院旅游管理学院副教授,主要研究方向为旅游管理与服务经济。

第十一章 广东省旅游服务业对外开放现状、问题与对策建议

旅游的发展反过来也会促进本地区的经济和社会发展。鉴于其在国民经济中的重要地位，为促进旅游业发展，在宏观层面上，我国中央政府出台纲领性文件《国务院关于加快发展旅游业的意见》（国发〔2009〕41号）和《国民旅游休闲纲要（2013~2020年）》的通知（国办发〔2013〕10号），为我国旅游业的发展繁荣奠定了坚实的基础。

作为我国改革开放的前沿地区，广东省经济社会的发展水平决定了其居民较高的旅游需求和旅游消费能力。而且其本土旅游资源众多，质量较高，开发难度较小。此外，其处于南方沿海且靠近港、澳的独特地缘优势决定了其在发展入境旅游和出境旅游方面拥有相对优势地位。

随着我国改革开放进程的加快以及在2001年成功加入世界贸易组织，我国旅游业市场在整体上也已经形成了一个多层次、宽领域的对外开放新格局。因此，如何将对外开放这一宏观背景加入对广东省旅游业发展现状与制约因素的研究中来，是摆在我们面前的一个主要问题。

从现有文献来看，关于旅游业对外开放的研究主要集中在以下几个方面：

首先，旅游服务贸易对一国或一地区经济社会发展具有显著的重要性。何元贵（2000）通过研究发现，广东省的旅游服务贸易对广东省的经济发展起了积极的促进作用，如带动有形商品出口、调整对外贸易商品的结构、推动广东的城市化、引进先进的经营管理经验与资金以及扩大就业等。凌强（2006）在对日本2003年确立的"观光立国"战略进行研究时指出，日本国内认为利用日本独特而丰富的旅游资源，吸引外国游客，大力发展国际旅游业，既不仅可以有效地扩大有效需求，改变服务贸易收支特别是旅游收支的赤字不均衡状态，而且还能促进产业结构调整，改变长期以来依靠出口导向的外向型经济模式，实现日本经济的新发展。此外，彭辉芳（1993）提出发展繁荣旅游经济可以加速开放型城市的建设。

其次，旅游发展影响因素多样。赵东喜（2008）通过实证研究发现，我国省际入境旅游具有明显的脆弱性，其强度依东、中、西顺序梯度增大，服务设施对入境旅游的发展影响不显著，旅游资源是发展入境旅游的客观基础；在全国范围内，入境旅游发展的决定因素是省区经济、对外开放、交通设施。此外，区域旅游合作也对旅游发展具有一定影响。罗福群（1986）在针对广东省旅游业的研究中指出，广东毗邻香港，广东与香港两地相连，文化、习俗相近，经济联系密切，这是两地合作发展旅游业的基础。武传表、王辉（2009）在对中国14个沿海开放城市旅游竞争力定量比较研究后发现，从综合经济实力、旅游业发展水平、基础设施建设、生态环境状况和科教文卫五个方面定量化比较城市旅游竞争力的结果表明：上海、广州旅游竞争力最强，且其优势地位将继续保持；天津、宁波、青岛、大连旅游竞争力较强，对周围地区的旅游业具有一定拉动作用。进

一步推动区域旅游合作，必须实现由行政主导机制向市场主导机制的转换，通过"看不见的手"来驱使旅游企业突破行政区划开展更广泛的分工与合作，需要着力让政府归位、旅游企业到位、非政府旅游组织补位，形成多元合力，拉长产业链，促进区域旅游发展（葛立成、邹益民、聂献忠，2007）。

最后，是关于旅游业开放的研究。周玲强（2000）认为国际旅游业是我国对外服务贸易创汇的主导产业，随着中美关于中国加入世界贸易组织问题双边协议的签署，对外全面开放旅游服务市场已是大势所趋，"入世"对中国旅游业的发展是一把"双刃剑"。依绍华（2001）认为，出境旅游作为我国旅游业的重要组成部分，长期以来采取特许经营的管理方式。随着我国加入 WTO 及服务贸易的进一步开放，出境旅游的政策应该随着加以调整。刘菲（2004）指出，随着欧盟等国家对中国旅游市场的开放，我国出境旅游结构、出入境旅游结构乃至中国整体旅游市场格局将发生重大转变，并进而影响我国外汇收支平衡；外资旅游企业在中国的落户也将分食我国入境旅游市场的利润。因此我们应以开放出境旅游市场为契机，实施"走出去"发展战略，开拓出境旅游产业链，发挥旅游在国际收支平衡中的调节功能和作用。刘名俭、唐静（2012）分析中国旅游企业"走出去"的路径与模式，提出中国旅游企业可通过国际旅游接待、分销渠道构建、跨境旅游服务、管理合同、特许经营、绿地投资、收购兼并七种基本路径"走出去"，并根据服务出口、协议签订、资本投入三个划分标准，提出了旅游出口、旅游契约、旅游投资三种"走出去"模式。

不难看出，从研究的侧重点来看，关于旅游业对外开放的研究始于我国加入世界贸易组织前后，并且在近些年成为一个阶段性的理论热点。但就研究视角而言，这些研究大都集中于国家或企业层面，缺乏对我国省级层面旅游业对外开放问题的关注。众所周知，作为全国的经济大省和改革开放的前沿地区，广东在改革开放的过程中一直走在全国的前列。因此，对于广东省旅游业对外开放的经验总结，势必会为全国旅游业对外开放的未来路径与战略选择提供有益的参考。这是本章的研究和现有文献的不同之处。

行文接下来的内容安排如下：第二部分是对广东省旅游服务业发展和对外开放的现状分析；第三部分是广东省旅游服务业对外开放的实证影响分析；第四部分是对广东省旅游服务业对外开放中存在问题的研究；第五部分是简短的结论和未来广东省继续扩大旅游服务业对外开放的路径和战略选择。

第十一章 广东省旅游服务业对外开放现状、问题与对策建议

二、广东省旅游服务业发展和对外开放现状

(一) 广东省旅游服务业发展概况

对现状的分析是我们进行一切研究的前提。在对广东省旅游服务业发展现状的分析中,我们遵循以下三条路径进行。

1. 从旅游收入的相关数据来看

旅游收入的相关数据如表11-1所示。在2001年,广东省全省旅游收入合计为1263.09亿元,其中,旅游外汇收入为368.08亿元,占总收入比例为29.14%;国内旅游收入的绝对数为895.01亿元,同期占比为70.86%。

表11-1 2001~2012年广东省旅游业收入情况　　单位:亿元、%

指标 年份	收入合计	旅游外汇收入	比例	国内旅游收入	比例
2001	1263.09	368.08	29.14	895.01	70.86
2002	1467.08	421.02	28.70	1046.06	71.30
2003	1338.11	352.92	26.37	985.19	73.63
2004	1664.05	444.96	26.74	1219.09	73.26
2005	1882.61	529.06	28.10	1353.54	71.90
2006	2120.01	600.36	28.32	1519.74	71.69
2007	2455.06	663.25	27.02	1791.81	72.98
2008	2668	638.07	23.92	2029.93	76.08
2009	3068.39	684.92	22.32	2383.47	77.68
2010	3809.44	844.85	22.18	2964.59	77.82
2011	4835.46	903.55	18.69	3931.91	81.31
2012	5794.74	986.9	17.03	4807.86	82.97
均值	2697.17	619.83	24.88	2077.35	75.12

注:2012年旅游外汇收入按新汇率折算,美元:人民币=1:6.317。
资料来源:《广东省旅游年鉴》(2012)。

从后续几年的数据走势来看,除了极个别年份的数据出现环比增幅下降外,整个时间区间内广东省旅游业总收入、旅游外汇收入和国内旅游收入数据均呈现出明显的递增趋势。2005年,广东省旅游业总收入达到了1882.61亿元,旅游外汇收入为529.0亿元,占比为28.10%;国内旅游收入的绝对数为1353.54亿元,

占比为71.9%。截至2012年,广东省旅游业总收入已高达5794.74亿元,是自2001年以来的历史最高值。其中,旅游外汇收入占比为17.03%,国内旅游收入占比为82.97%。

从2001~2012年数据走势规律来看,广东省旅游总收入增长趋势明显,国内旅游收入显著高于旅游外汇收入。需要注意的两点是:其一,在两个特殊的年份,即2003年和2009年,广东省旅游业收入出现了环比明显下降的发展趋势,结合这两年的宏观经济环境,我们不难发现,旅游业与经济发展水平有着密切的关系。其二,从旅游外汇收入和国内旅游收入占比的走势中,如表11-1中第四列和第六列所示,显而易见,旅游外汇收入占比数据在2006年达到阶段性高峰值后开始呈明显下降的态势。截至2012年,其占比数据比2001年整整减少了12.11%。而相比之下,国内旅游收入的占比却在2006年达到了一个阶段性的历史低位后呈现出非常强劲的上升势头。

由上,我们可以得出以下三个结论:第一,自2001年以来,广东省旅游业收入整体发展向好;第二,在广东省旅游收入中,国内旅游收入占据着绝对的主导地位;第三,广东省旅游业收入与宏观经济环境的整体走势密切相关,宏观经济向好,则旅游业收入整体走高,反之则相反。

2. 从旅游者人数来看

在综合考虑了数据的可得性之后,我们从入境旅游者的角度,以全国入境旅游业人数为例作为衡量广东省旅游者人数的衡量指标。

如表11-2所示,在2001年,全国旅游入境人数为9598.36万人次,其中,广东省旅游入境人数就达到了7256.36万人次,占全国总入境人数的比重为75.6%。2005年,全国旅游入境人数增长至12029.23万人次,其中,广东省一省的旅游入境人数即达到了9579.12万人次,占全国的比重为79.6%。

表11-2 广东省2001~2012年历年入境人数分析　　单位:万人次、%

年份 \ 指标	全国旅游入境人数	广东省旅游入境人数	广东省每年增长速度	占全国比重
2001	9598.36	7256.36	7.8	75.6
2002	9790.83	8065.07	11.1	82.4
2003	9166.21	6991.13	-13.32	76.3
2004	10903.82	8741	25.3	80.2
2005	12029.23	9579.12	9.59	79.6
2006	12494.21	10039.55	4.81	80.4
2007	13187	10318.86	2.78	78.3
2008	13002.73	10323.47	0.04	79.4

第十一章　广东省旅游服务业对外开放现状、问题与对策建议

续表

年份 \ 指标	全国旅游入境人数	广东省旅游入境人数	广东省每年增长速度	占全国比重
2009	12647.59	10232.09	-0.89	80.9
2010	13373.22	10485.83	2.48	78.4
2011	13542.3	11085.83	5.72	81.9
2012	13240.53	10794.72	-2.63	81.5
均值	11914.67	9492.75	4.40	79.6

资料来源：《广东省旅游年鉴》(2012)。

可以看出，各项数据的绝对数增长趋势非常明显，从后续几年数据的走势来看，这一趋势得到了很好的延续。但在美国发生金融危机的2008年，全国旅游入境人数出现了自2001年以来的首次下降趋势。截至2009年，全国旅游入境人数降至自2001年以来的历史最低点，为12647.59万人次。而在同期，广东省旅游入境人数也开始呈现出轻微的下降趋势，在该年，广东省旅游入境人数为10232.09万人次。但从该年的占比来看，广东省旅游入境人数在全国的比例不降反增。

再从此段时间的数据均值来看，2001~2012年，全国旅游入境人数的均值为11914.67万人次，其中广东省旅游入境人数均值为9492.75万人次，占全国总数的比重均值为79.6%。

由此，我们可以得出两个结论：其一，与前文研究旅游收入结论相同，从我国旅游市场来看，旅游业的发展与其所处的国内国际经济环境密切相关，二者走势呈现出明显的一致性；其二，广东省的旅游业在全国占据着非常重要的地位，是国外旅游业入境的主要地区。

3. 从旅游基本设施建设来看

从旅游基础设施的建设角度展开分析，主要围绕着两个方面：其一，从广东省旅游住宿业设施的分布情况来看；其二，从广东省各地旅游产品和服务的提供载体——旅游景点的构成情况来看。

首先，从广东省旅游住宿设施分布情况来看。如表11-3所示，2012年，广东省旅游住宿宾馆的总数达到了11309座，其中，星级宾馆个数为1080个，无星级宾馆个数为10229个。这充分说明了两个问题：其一，广东省旅游住宿业宾馆数量众多，为旅游业健康发展提供了必要的前提和保障；其二，就广东省旅游住宿业宾馆数量而言，其在高端和低端两个市场都呈现出了向好的发展势头，不仅能够满足具有较高消费能力的消费者的旅游消费需求，也能满足普通旅游消费者的消费需要。

表 11-3　2012 年广东省旅游住宿设施分布情况　　　　单位：座

市别	合计	星级宾馆							无星级宾馆
		小计	白金五星	五星级	四星级	三星级	二星级	一星级	
合计	11309	1080	1	106	187	630	148	8	10229
广州	1751	226	1	20	36	135	34	0	1525
深圳	809	134	0	18	28	66	22	0	675
珠海	480	83	0	9	8	62	4	0	397
汕头	440	34	0	3	7	19	4	1	406
佛山	181	90	0	9	17	46	17	1	91
顺德	55	27	0	2	10	7	7	1	28
韶关	705	56	0	1	6	42	5	2	649
河源	641	23	0	1	2	14	6	0	618
梅州	526	31	0	2	3	17	9	0	495
惠州	639	63	0	5	11	43	4	0	576
汕尾	240	13	0	1	2	10	0	0	227
东莞	89	89	0	20	25	30	13	1	0
中山	510	33	0	3	6	19	3	2	477
江门	477	31	0	6	2	21	2	0	446
阳江	426	29	0	3	2	18	6	0	397
湛江	637	37	0	2	8	22	5	0	600
茂名	437	11	0	1	3	7	0	0	426
肇庆	832	25	0	0	1	16	7	1	807
清远	820	34	0	1	5	26	2	0	786
潮州	13	13	0	0	6	4	3	0	0
揭阳	319	13	0	1	5	6	1	0	306
云浮	337	12	0	0	4	7	1	0	325

资料来源：《广东省旅游年鉴》(2012)。

分市别来看，省会广州的旅游住宿宾馆数量最多，为 1751 座，深圳紧随其后，为 809 个。此外，排在前列的还有肇庆、清远和韶关。旅游住宿设施的数量与地区经济发展水平和旅游资源分布关系密切，如广州、深圳经济社会发展水平高，对旅游产品和服务的市场需求旺盛，而肇庆、清远和韶关由于其旅游资源丰富，自然催生了对旅游相关辅助行业的繁荣。

其次，从旅游产品和服务的提供载体——旅游景点的构成情况来看。如表 11-4 所示，2012 年，广东省旅游景点总数为 920 个，其中，已评级部分为 196 个，占总数的比例为 21.30%；未评级的景点总数为 724 个，占景点总个数的比例为 78.70%。同年，广东省旅游景点总就业人数高达 156453 人。

第十一章 广东省旅游服务业对外开放现状、问题与对策建议

表 11-4 2012 年广东省旅游景点构成情况　　　单位：个、人

市别	合计	已评级						未评级	景点从业人员
		小计	5A 级	4A 级	3A 级	2A 级	1A 级		
合计	920	196	8	118	59	11	0	724	156453
广州	124	39	2	20	16	1	0	85	17059
深圳	40	11	2	6	3	0	0	29	16029
珠海	43	3	0	2	1	0	0	40	6368
汕头	79	6	0	5	1	0	0	73	5440
佛山	43	15	1	14	0	0	0	28	3417
顺德	11	4	0	4	0	0	0	7	1512
韶关	35	11	1	7	3	0	0	24	2612
河源	33	7	0	3	2	2	0	26	4233
梅州	35	12	1	5	6	0	0	23	8432
惠州	76	11	0	9	2	0	0	65	15788
汕尾	13	2	0	1	1	0	0	11	1825
东莞	9	9	0	7	1	1	0	0	4110
中山	24	3	0	2	1	0	0	21	2073
江门	26	8	0	8	0	0	0	18	2436
阳江	30	5	0	3	2	0	0	25	1510
湛江	72	12	0	2	6	4	0	60	18425
茂名	21	5	0	2	3	0	0	16	1250
肇庆	66	5	0	5	0	0	0	61	6154
清远	78	16	1	10	5	0	0	62	34126
潮州	40	4	0	3	1	0	0	36	2500
揭阳	17	5	0	2	3	0	0	12	1074
云浮	16	7	0	2	2	3	0	9	1592

资料来源：《广东省旅游年鉴》(2012)。

对比各市的旅游景点总数数据，广州以总景点数 124 个名列第一，其中，已评级数为 39 个，占总景点个数为 31.45%，未评级数为 85 个，占比 68.55%。与此同时，广州景点从业人员数为 17059 人。然后依次是汕头、清远、惠州和湛江。景点和从业人员数据分布情况基本与当地旅游资源拥有量呈现出相吻合的趋势。

行文至此，在对广东省旅游业发展现状的分析中，我们基本可以得出一个重要的结论：广东省旅游业行业发展本身整体呈现出明显的向好势头，走在全国的前列。

(二)广东省旅游服务业对外开放的现状分析

1. 广东省旅游服务业对外开放的背景

众所周知,在我国改革开放的初期,国家将旅游业仅仅定位为创汇的一个手段,并未对其倾注足够的重视。随着我国对外开放进程不断推进,我国与世界市场的融合互动也逐渐增加。旅游业对经济社会发展的重要作用也日益得到人们的普遍认可,而且随着我国成功加入世界贸易组织,我国整体上对外开放的格局基本形成,在旅游服务业领域也同样如此,如表11-5所示。可以看出,随着我国"入世"时间的推进,我国对旅游业服务业对外开放的时间限制承诺皆已到期。从承诺开放的内容来看,我国旅游业全方位、多角度对外开放的格局基本成型,这是研究广东省旅游服务业对外开放问题所必须关注的大背景和必要前提。

表11-5 我国"入世"承诺中关于旅游服务业对外开放的具体承诺

类别	具体规定和承诺开放内容
旅行社和旅游经营者	满足下列条件的外商可加入时起以合资旅行社和旅游经营者的形式在中国政府指定的旅游度假区和北京、上海、广州及西安提供服务: (A) 旅行社和旅游经营者主要从事旅游业务 (B) 全球年收入超过4000万美元。合资旅行社/旅游经营者的注册资本不得少于400万元。加入后3年内,注册资本不得少于250万元。加入后3年内,将允许外资拥有多数股权。加入后6年内,将允许设立外资独资子公司,并取消地域限制。加入后6年内,取消对合资旅行社/旅游经营者设立分支机构的限制,且对于外资旅行社旅游经营者的注册资本要求将与国内旅行社/旅游经营者的要求相同
旅行社/旅游经营者的业务范围	(A) 向外国旅游者提供可由在中国的交通和饭店经营者直接完成的旅行和饭店住宿服务 (B) 向国内旅游者提供可由在中国的交通和饭店经营者直接完成的旅行和饭店住宿服务 (C) 在中国境内为中外旅游者提供导游 (D) 在中国境内的旅行支票兑现业务
计算机订座系统服务	外国企业可从境外向中国消费者提供如下服务(跨境交付): (A) 外国计算机订座系统,若与中国航空企业和中国计算机订座系统订立协议,则可与中国计算机订座连接,向中国空运企业和中国航空代理人提供服务 (B) 外国计算机订座系统可向有权从事经营的外国空运企业在中国通航城市内设立的代表处或营业所提供服务 (C) 中国空运企业和外国空运企业的代理直接进入和使用外国计算机订座系统须经中国民航总局批准 中国对于外国企业在中国设立企业或机构不作承诺

资料来源:作者根据商务部网站文件资料库《我国"入世"承诺》相关文字资料整理而得。

2. 广东省旅游服务业对外开放概况

在我国旅游业市场整体开放格局基本成型的大背景下,对外开放也成为广东省发展旅游必须要面对的主要问题。实际上,这一问题也早已得到了广东省的充分重视。在广东省旅游业"十二五"规划文件中,广东省明确提出了未来旅游业发展的重点之一是要围绕国际化战略,积极实施"引进来"和"走出去"。

第十一章 广东省旅游服务业对外开放现状、问题与对策建议

就目前广东省旅游服务业对外开放的既定成果来看,省旅游业"十二五"规划文件中曾指出:在"十一五"期间,广东积极扩大与东盟、欧美等国家和地区的旅游合作,借助省委、省政府主要领导出访东盟的有利时机,在印度尼西亚、越南、马来西亚、新加坡、泰国等国家分别举办了大型旅游推介会,签署旅游合作框架协议,建立与东盟各国旅游管理部门的协调联络机制。设立了首个广东驻外旅游办事处——广东驻曼谷旅游办事处。粤港澳台旅游交流与合作进一步加强,建立定期会晤机制,积极参加港、澳、台举办的国际旅游展览会并相互签订旅游合作协议,积极争取国家同意广东旅游在落实CEPA方面先行先试,将"144小时便利签证措施"扩展到全省,推出了一批粤港澳"一程多站"精品旅游线路。推动国民旅游休闲卡与香港、澳门、上海、湖南、四川和海南等省(市)地区合作,拓展受理商圈,促进跨区域旅游消费。

因此,接下来在对广东省旅游服务业对外开放现状的研究中,我们分别从入境旅游市场和出境旅游市场两个角度展开分析。换句话说,这也是衡量广东省旅游业对外开放过程中"引进来"和"走出去"的两个重要维度。

(1)从广东省入境旅游市场来看。首先,我们以广东省国际旅游外汇收入为例展开分析。如图11-1所示,1990年,广东省旅游服务业中旅游外汇收入仅为713百万美元,1994年,该数据首次突破2000百万美元关口,在该年其增加至2013百万美元。从后续几年的数据走势来看,其增长势头依然非常强劲,2000年,该数据再次创出新高,为4112.21百万美元。2004年,其首次突破5000百万美元关口,为5378.21百万美元,并且在随后的几年里,其走势一路攀升,新高不断。截至2012年,广东省旅游服务业中国际旅游外汇收入已高达15610.67

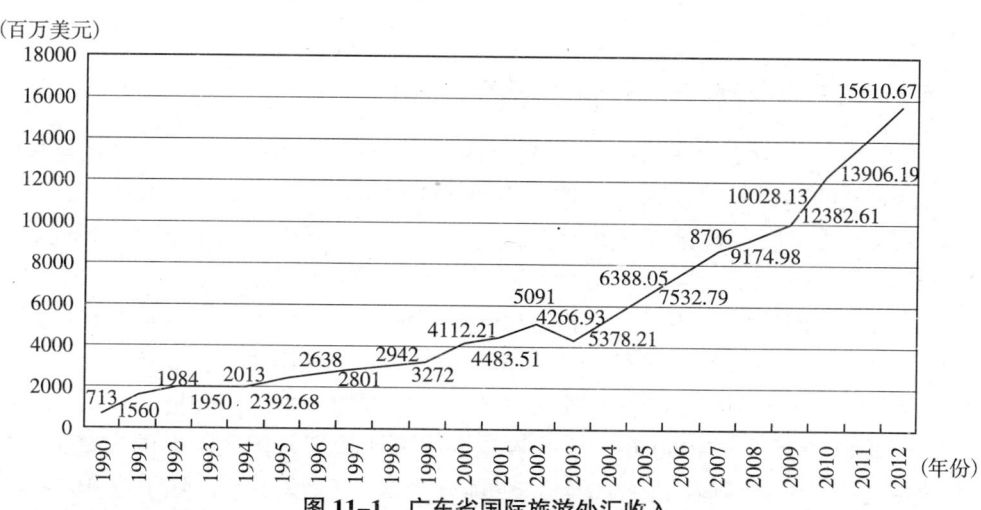

图11-1 广东省国际旅游外汇收入

资料来源:国家统计局网站和相关年份《广东省统计年鉴》。

百万美元。

再从环比数据来看，同样如图11-1所示，不难发现，环比数据下降的两个节点出现在2003年和2009年，而在这两个时间节点上，一个是"非典"和我国汇率制度改革前后，另一个是美国发生金融危机后。因此，我们基本可以断定，国际旅游外汇收入与宏观社会和经济环境的发展走势密切相关。

其次，我们从广东省接待国际游客的角度展开分析。如图11-2所示，1990年，广东省旅游服务业中接待国际游客为5.41百万人次，1995年增加至6.21百万人次。后续几年增长势头也非常明显，2000年首次突破10.0百万人次关口，接待国际游客为11.99百万人次。2006年，其数值再次创出新高，为20.9百万人次，且在随后的几年里不断刷新此纪录。截至2012年，广东省旅游服务业接待国际游客为34.89百万人次。

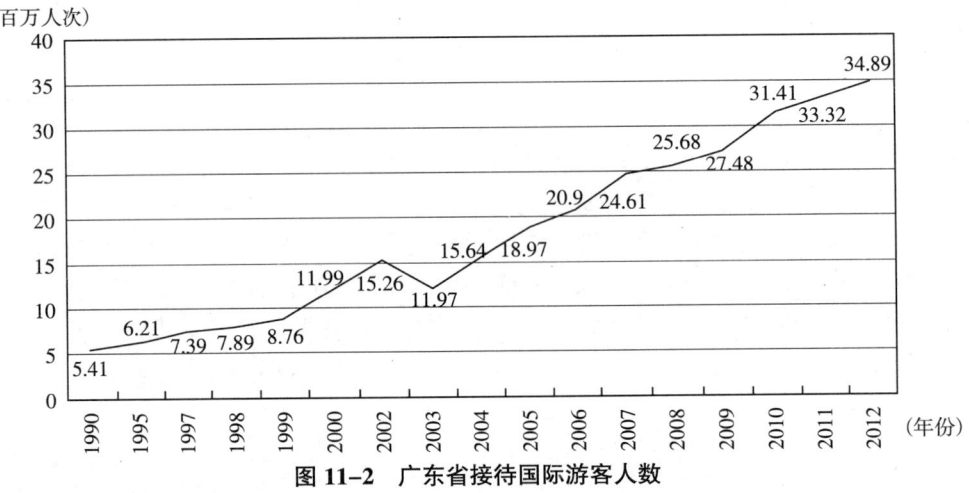

图11-2 广东省接待国际游客人数

资料来源：国家统计局网站和相关年份《广东省统计年鉴》。

根据图11-2，显而易见，广东省旅游服务业接待国际游客的数量从整体上呈现出明显的递增趋势。而环比增长率出现下降的年份主要是在2003年，这说明就广东省旅游服务业接待国际游客的人数而言，其显著受制于整个宏观社会和经济走势。

最后，我们从接待外国人游客的角度展开分析。根据国家统计局统计指标的解释，接待国际游客和接待外国人游客两个数据的区别主要在于前者包括了港、澳、台同胞，后者则仅是指持有外国护照进入中国的非中国籍人员。

如图11-3所示，1990年，广东省旅游服务业接待外国人游客的数量为0.56百万人次，1995年则迅速增加至1.22百万人次。后续几年，除了在1998年、2003年和2008年该数据的环比增长率出现下浮之外，其余年份的增长趋势都非常明显。2000年首次突破2.0百万人次关口，接待外国人游客的总数为2.13百万人次。2006年再创新高，为5.35百万人次。截至2012年，广东省旅游服务业接待外国游客高达7.73百万人次，是自1990年以来的历史最高值。

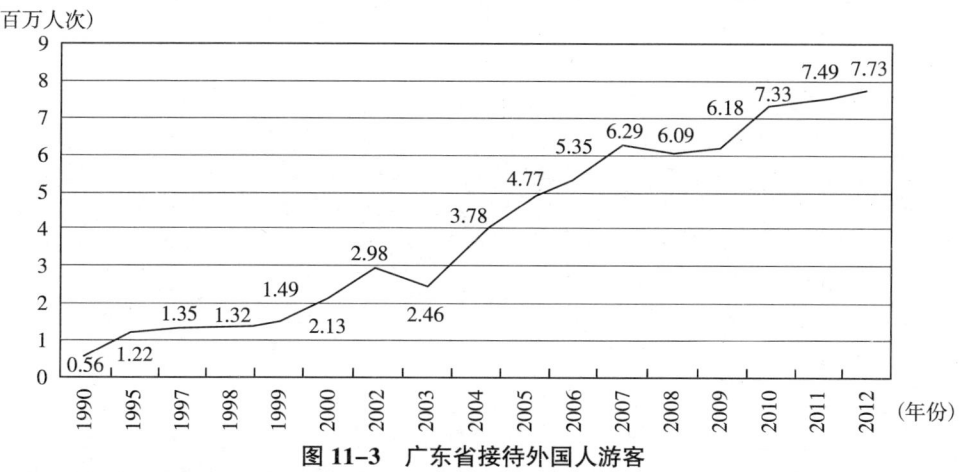

图11-3 广东省接待外国人游客

资料来源：国家统计局网站和相关年份《广东省统计年鉴》。

与分析旅游收入和国际游客数量的变化趋势相同，我们同样就环比增长率的变化情况展开研究。如图11-3所示，1990~2012年，广东省旅游服务业接待外国人游客数环比增长率出现了两个阶段性的低点，分别是在2003年和2008年，此外，1998年也出现了环比增长率轻微下调的走势。原因同上，在于宏观社会和经济环境的影响。

行文至此，在对广东省旅游服务业对外开放"引进来"问题的研究中，我们基本可以得出这样的结论，即1990~2012年，广东省入境旅游的整个走势方兴未艾，但其受宏观社会和经济环境的影响非常大。同时，尤为需要注意的是，在入境国际旅游者中，来自港、澳、台的旅游者所占的比重仍然比较大，这是我们在制定政策时需要着力重点考虑的问题之一。

（2）从广东省出境旅游市场来看。前文对于广东省旅游服务业入境情况进行了研究。接下来，我们以出境人数和出境目的地分类为例，对广东省的出境旅游市场进行分析。

首先，从出境旅游人数来看。如表11-6所示，2012年，广东省全省各旅行社组团出境旅游人次数为663.2万人次，比上年增加26.53%。其中，香港游人次数为301.83万人次，比上年增长26.14%，澳门游118.47万人次，比上年增长12.98%，台湾游为25.04万人次，比上年增长41.47%。而相比之下，出国游的人次数为217.87万人次，比上年增长33.64%。

表 11-6　2012 年广东省各市旅行社组团出境游人数

单位：万人次、%

市别	合计	比上年增长率	香港游	比上年增长率	澳门游	比上年增长率	台湾游	比上年增长率	出国游	比上年增长率
合计	663.2	26.53	301.83	26.14	118.47	12.98	25.04	41.47	217.87	33.64
广州	244.0	29.49	74.81	23.79	56.41	20.04	10.39	40.25	102.37	39.12
深圳	273.3	34.33	158.58	40.10	21.23	7.33	12.15	46.38	81.309	30.81
珠海	36.14	21.89	13.85	9.65	10.52	5.05	1.56	9.35	10.220	82.94
汕头	3.86	−12.84	1.62	−19.7	0.58	−1.00	0.142	−33.41	1.517	−5.88
佛山	38.75	9.50	25.40	5.19	7.52	23.33	0.000	NA	5.830	13.39
顺德	10.53	22.17	7.15	15.26	1.20	24.25	0.000	NA	2.177	43.74
韶关	0.43	11.89	0.13	−11.6	0.05	9.48	0.105	47.89	0.143	20.34
河源	0.12	−55.33	0.02	−78.5	0.01	−92.9	0.002	−63.64	0.086	24.24
梅州	1.95	167.8	1.07	151.0	0.51	225.9	0.030	156.90	0.339	154.6
惠州	4.13	53.18	2.02	33.54	0.79	56.79	0.312	NA	1.007	48.32
汕尾	0.07	−9.63	0.03	0.30	0.01	NA	0.000	NA	0.027	−36.0
东莞	17.80	12.53	5.76	11.68	5.71	−1.95	0.117	NA	6.209	28.49
中山	18.96	−8.31	11.34	−2.18	1.94	−19.6	0.202	15.95	5.473	−15.7
江门	14.92	0.16	3.28	−18.7	10.29	4.40	0.000	NA	1.354	34.34
阳江	0.42	141.58	0.14	74.27	0.09	44.61	0.000	−100.0	0.194	502.8
湛江	0.65	−9.88	0.31	−25.6	0.09	3.84	0.000	NA	0.241	16.03
茂名	1.00	43.95	0.40	35.55	0.44	38.97	0.010	−68.55	0.149	195.4
肇庆	3.31	7.81	1.51	3.28	1.10	18.47	0.000	NA	0.698	2.94
清远	1.81	24.20	0.88	33.09	0.90	22.64	0.021	19.77	0.013	−73.1
潮州	1.42	−17.53	0.61	−26.1	0.24	−31.2	0.000	−100.0	0.569	12.93
揭阳	0.11	43.72	0.02	−62.1	0.01	70.67	0.007	NA	0.073	201.2
云浮	0.09	9.25	0.04	−15.8	0.00	233.3	0.000	NA	0.047	53.44

注：NA 表示当年该数据缺失。

资料来源：《广东省旅游年鉴》（2012）。

而从广东省其他辖市来看，其各项数据都呈现出平稳递增的发展态势，以深圳为例，其在该年通过旅行社组团出境游方式出境的游客总数为 273.3 万人次，比上年增长 34.33%，而相比之下，香港游、澳门游和台湾游的环比增长率分别为 40.10%、7.33% 和 46.38%。与此同时，在该年，深圳市通过旅行社组团方式出境的游客中，到国外旅游的游客总数为 81.31 万人次，环比增长率为 30.81%。

其次，在对广东省旅游服务业出境旅游市场的研究中，我们再从出境目的地的划分来看。如表 11-7 所示，2012 年，广东省按出境目的地分类的出境旅游者中，全省合计为 7107152 人次。从其内部结构来看，旅游目的地在亚洲、欧洲、美洲、大洋洲和非洲的分别为 6337714 人次、458022 人次、141283 人次、95815

第十一章 广东省旅游服务业对外开放现状、问题与对策建议

人次和 54254 人次，占比分别为 89.17%、6.44%、1.99%、1.35% 和 0.76%。

表 11-7 2012 年广东省按不同出境目的地分类的出游人数　　单位：人次

市别	合计	亚洲小计	欧洲小计	美洲小计	大洋洲小计	非洲小计
全省合计	7191739	6441545	458022	141283	95815	55074
广州	2680824	2229460	314171	70799	55690	10704
深圳	2891464	2691996	96958	36910	26549	39051
珠海	377316	359643	11599	1392	3342	1340
汕头	39656	35464	3402	30	745	15
佛山	446892	395085	18977	28167	3111	1552
顺德	104651	103831	NA	NA	NA	820
韶关	3692	3643	NA	NA	49	NA
河源	613	413	14	NA	186	NA
梅州	19490	19281	145	12	49	3
惠州	41262	40027	NA	NA	1235	NA
汕尾	542	542	NA	NA	NA	NA
东莞	172981	160963	6581	1863	2708	866
中山	189470	180951	5104	1326	1477	612
江门	148852	147706	561	303	260	22
阳江	2509	2482	16	NA	11	NA
湛江	3936	3648	98	132	32	26
茂名	10009	9910	52	14	18	15
肇庆	27840	27250	230	127	185	48
清远	17252	17250	NA	NA	2	NA
潮州	11024	10573	90	208	153	NA
揭阳	523	521	NA	NA	2	NA
云浮	941	906	24	NA	11	NA

注：①NA 表示当年该数据缺失；②顺德在部分数据上并入佛山，故部分数据无统计。
资料来源：《广东省旅游年鉴》(2012)。

通过对广东省旅游业出境旅游市场的分析，我们也不难得出这样的结论，即广东省旅游业的出境市场发展同样呈现出向好的走势。

三、广东省旅游服务业对外开放的实证分析

(一) 广东省旅游服务业对外开放度的测算

从前文对广东省旅游服务业发展和对外开放现状的分析中,我们得出了这样一个结论,即广东省旅游服务业的发展与对外开放都呈现出整体向好的格局。但上文的分析并未对广东省旅游服务业对外开放的具体程度或水平进行阐释。从现有文献研究来看,衡量一国或一地区某一产业的对外开放度有两种观点,其一是其自身的服务贸易和FDI占相关数据总量的比重;其二是就其承诺开放与世界开放进行量化指标的测算。

与本报告中处理其他行业对外开放度量化指标测算的基本方法相同,在结合了数据的可得性之后,我们采用了广东省2001~2012年旅游业外汇收入,以当年汇率平均价折算人民币收入,以其与当年广东省国民生产总值的比例作为衡量广东省旅游服务业对外开放的量化指标。

如表11-8所示,2001年,广东省旅游服务业对外开放度为0.0306。2004年,其降至0.0236,并在后续几年呈现出明显的下降趋势,继续下降至2007年的0.0208。截至2012年,广东省旅游服务业对外开放度的指数为0.0173。2001~2012年,广东省旅游服务业的对外开放度的走势如图11-4所示。

表11-8 广东省旅游服务业对外开放度　　　　单位:亿元、%

年份 \ 指标	旅游外汇收入	旅游外汇收入同比增长率	GDGDP	开放度
2001	368.08	NA	12039.25	3.06
2002	421.02	14.38	13502.42	3.12
2003	352.92	−16.18	15844.64	2.23
2004	444.96	26.08	18864.62	2.36
2005	529.06	18.90	22557.37	2.35
2006	600.36	13.48	26587.76	2.26
2007	663.25	10.48	31777.01	2.09
2008	638.07	−3.80	36796.71	1.73
2009	684.92	7.34	39482.56	1.73
2010	844.85	23.35	46013.06	1.84

第十一章 广东省旅游服务业对外开放现状、问题与对策建议

续表

指标 年份	旅游外汇收入	旅游外汇收入同比增长率	GDGDP	开放度
2011	903.55	6.95	53210.28	1.70
2012	986.9	9.22	57067.92	1.73
均值	619.83	10.02	31145.3	2.18

注：NA 表示当年该数据缺失。
资料来源：国家统计局网站、相关年份《广东省统计年鉴》及 2012 年《广东省旅游年鉴》。

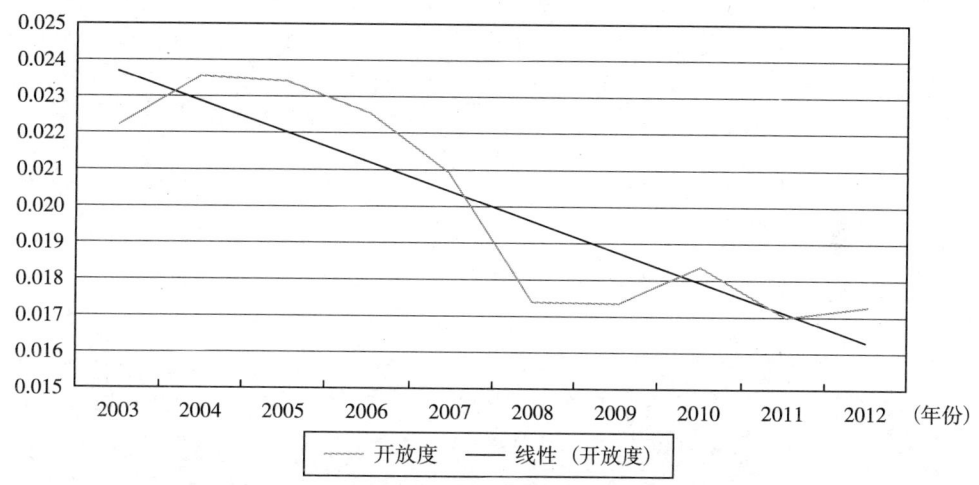

图 11-4 广东省旅游服务业对外开放度走势（2003~2012 年）
资料来源：国家统计局网站和 2012 年《广东省旅游年鉴》。

（二）广东省旅游服务业对外开放对经济社会的影响

1. 从旅游业收入的角度来看

如表 11-9 所示，2003 年，广东旅游服务业收入总数为 1338.11 亿元，至 2004 年，其增长至 1664.05 亿元，后续几年增长趋势非常明显，一直增长至 2007 年的 2455.06 亿元，即使在美国爆发金融危机之后的 2009 年，广东省旅游服务业收入总值也高达 3068.39 亿元。至 2012 年，广东省旅游服务业收入总值达到了 5794.79 亿元。

可以看出，2003~2012 年，广东省旅游服务业收入总值呈现出了明显的上升趋势，从其环比增长率的数据来看，其阶段性的低谷出现在 2008 年，除此之外，从整个时间区间来看，其上升势头非常明显。而相比之下，广东省旅游服务业收入总值占总产值的比重和占第三产业总产值的比重均呈现围绕这一个均值区间平稳波动的总趋势。

表 11-9 广东省旅游业收入相关数据一览表 单位：亿元、%

年份\指标	地区生产总值	三产增加值	旅游服务业收入值	旅游服务业收入值同比增长率	旅游服务业占总产值比	旅游服务业占三产比
2003	15844.64	7178.94	1338.11	NA	8.45	18.64
2004	18864.62	8335.3	1664.05	24.36	8.82	19.96
2005	22557.37	9772.5	1882.61	13.13	8.35	19.26
2006	26587.76	11585.82	2120.01	12.61	7.97	18.30
2007	31777.01	14076.83	2455.06	15.80	7.73	17.44
2008	36796.71	16321.46	2668	8.67	7.25	16.35
2009	39482.56	18052.59	3068.39	15.00	7.77	16.99
2010	46013.06	20711.55	3809.44	24.15	8.28	18.39
2011	53210.28	24097.7	4835.46	26.93	9.09	20.07
2012	57067.92	26519.69	5794.74	19.84	10.15	21.85
均值	34820.19	15665.24	2963.59	17.83	8.39	18.73

注：NA 表示当年该数据缺失。
资料来源：国家统计局网站、相关年份《广东省统计年鉴》和 2012 年《广东省旅游年鉴》。

为了研究对外开放对广东省旅游服务业总收入的影响，本部分以旅游服务业总收入环比增长率为例，将其走势与对外开放度走势放在一起进行分析，如图 11-5 所示。

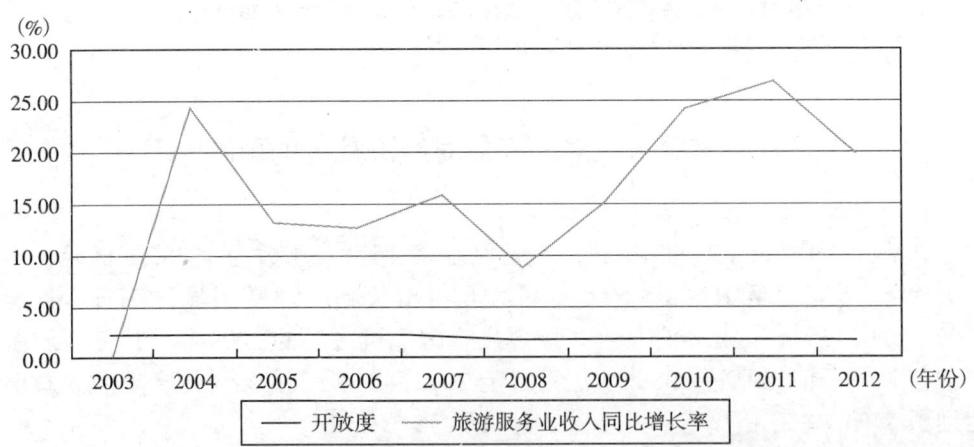

图 11-5 广东省旅游服务业收入值环比增长率与对外开放度走势
资料来源：国家统计局网站和相关年份《广东统省计年鉴》。

不难发现，2003~2012 年，收入环比增长率呈现出了明显的递增趋势，而对外开放度数据却呈现出在轻微波动中明显下降的趋势。这说明，对外开放对广东省旅游服务业收入的作用效果不十分明显。原因在于广东省旅游服务业中，国内旅游收入占据着绝对的主导地位，旅游外汇收入所占比例相对较小。这也在侧面反映出伴随着对外开放的进一步扩大，广东省旅游服务业收入未来仍具有较大的增长空间。

2. 从固定资产投资角度来看

如表11-10所示，2003~2011年，旅游服务业固定资产投资的绝对数在2004年、2008年和2010年出现较大幅度下降。为了研究对外开放对其所可能产生的影响，我们将其走势图与对外开放度走势图放在一起进行研究，如图11-6所示。

表11-10 广东省旅游服务业固定资产投资相关数据一览表

单位：亿元、%

指标 年份	全社会	服务业	旅游服务业	旅游服务业固定资产投资同比增长率	占全社会比	占服务业比
2003	4813.2	3085.93	197.84	NA	4.11	6.41
2004	5870.02	3550.48	81.49	-58.81	1.39	2.30
2005	6977.93	3825.97	136.05	66.95	1.95	3.56
2006	7973.37	4628.59	146.92	7.99	1.84	3.17
2007	9294.26	5723.25	164.13	11.71	1.77	2.87
2008	10868.67	6834.03	140.80	-14.21	1.30	2.06
2009	12933.12	8313.36	149.24	5.99	1.15	1.80
2010	15623.7	10150.1	96.18	-35.55	0.62	0.95
2011	17069.2	11216.02	113.66	18.17	0.67	1.01
2012	18751.47	12347.97	NA	NA	NA	NA
均值	11017.49	6967.57	136.26	0.28	1.64	2.68

注：NA表示当年该数据缺失。
资料来源：国家统计局网站和相关年份《广东省统计年鉴》。

从整个时间区间来看，广东省旅游服务业固定资产投资同比增长率呈现波动趋势。而相比之下，在此期间的广东省旅游服务业对外开放度趋势平缓。二者走势吻合度较低。因此，对于广东省旅游服务业来说，对外开放与其固定资产投资的相关度较小。原因如上分析，现阶段的中国旅游业发展主要依靠国内旅游带动，入境旅游的影响较弱。

3. 从吸纳就业人数的角度来看

如表11-11所示，在2003年，广东省旅游服务业就业总人数为59.24万人，2005年下降至49.18万人。后续几年的数据总体呈现下降趋势，至2008年，下降至29.35万人。截至2012年，广东省旅游服务业就业人数总数为21.96万人，

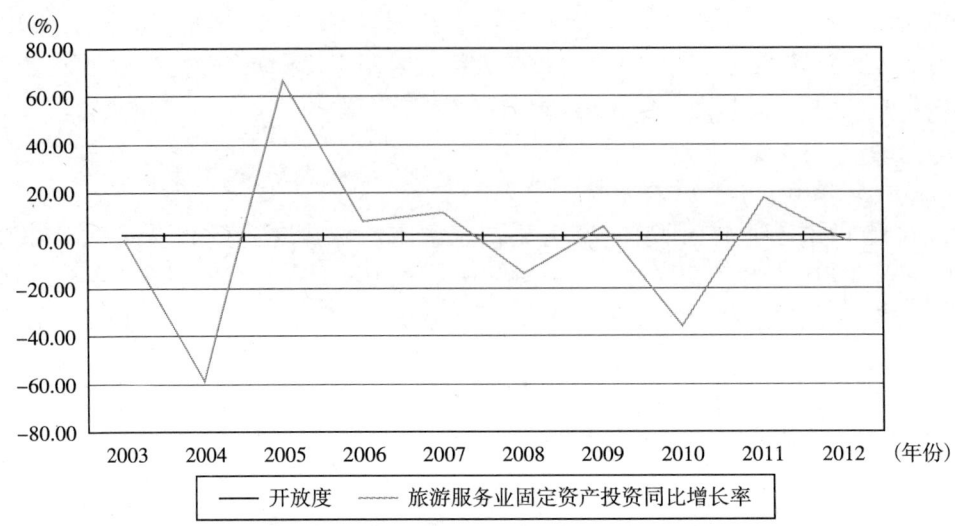

图 11-6 广东省固定资产投资环比增长率与开放度走势

资料来源：国家统计局网站和相关年份《广东省统计年鉴》。

表 11-11 广东省旅游服务业吸纳就业人数相关数据一览表

单位：万人、%

指标 年份	城镇就业总人数	服务业城镇就业总人数	旅游服务业就业人数	旅游服务业就业同比增长率	旅游服务业占总人数比	占服务业总就业人数比
2003	1205.4389	582.4842	59.2399	NA	4.91	10.17
2004	1210.9024	584.61683	32.0825	−45.84	2.65	5.49
2005	1195.502	578.24736	49.1829	53.30	4.11	8.51
2006	1172.09	568.1028	26.1029	−46.93	2.23	4.59
2007	1144.72	556.744	28.6488	9.75	2.50	5.15
2008	1007.87	499.95	29.3473	2.44	2.91	5.87
2009	1055.03	517.38	32.7136	11.47	3.10	6.32
2010	1118.5	546.4	27.6838	−15.38	2.48	5.07
2011	1238.22	595.28	22.6539	−18.17	1.83	3.81
2012	1303.98	624.71	21.9601	−3.06	1.68	3.52
均值	1165.23	565.39	32.9600	−5.82	2.84	5.85

注：NA 表示当年该数据缺失。

资料来源：国家统计局网站和相关年份《广东省统计年鉴》及 2012 年《广东省旅游年鉴》。

这也是自 2003 年以来的历史最低值。再从广东省旅游服务业就业人数的同比增长率数据来看，其总体呈现波动发展态势。

为了研究对外开放对旅游服务业就业所可能产生的影响，我们以就业人数的同比增长率走势图与对外开放度的走势图为例展开分析。如图 11-7 所示，2003~

2012年，对外开放度走势基本未发生变化，而就业人数同比增长率却波动显著。可以看出，对外开放与旅游服务业就业人数之间相关性不高。

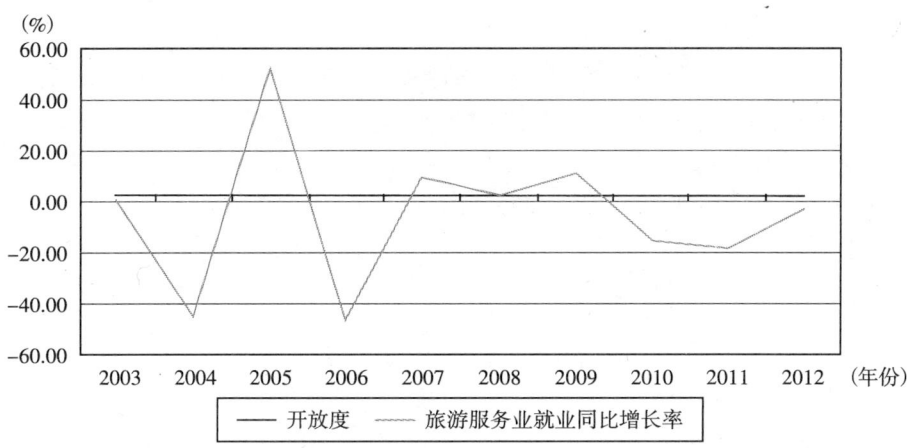

图 11-7　广东省旅游服务业就业人数环比增长率与开放度走势

资料来源：国家统计局网站和相关年份《广东省统计年鉴》。

四、广东省旅游服务业对外开放中存在的问题

（一）区域发展的不平衡

受地理区位、资源禀赋等多种因素的综合制约，广东省在经济社会发展水平上呈现出了明显的区域发展不平衡的特征。这一特征同样体现在旅游服务业领域，如表 11-12 所示。

表 11-12　2012 年广东省各地区旅游业收入情况　　　单位：亿元、%

市别	收入合计	比上年增长	旅游外汇收入	比上年增长	国内旅游收入	比上年增长
全省合计	5794.74	19.84	986.88	9.22	4807.86	22.28
珠三角	4388.59	17.15	946.7	9.5515	3441.89	19.429
东翼	357.32	22.94	18.74	0.8611	338.58	24.450
西翼	306.76	25.89	5.28	16.044	301.48	26.074
北部山区	742.07	33.70	16.16	-0.7371	725.91	34.735

资料来源：《广东省旅游年鉴》（2012）。

首先，以各地区旅游收入来看。可以看出，在2012年广东省各地区旅游业收入中，珠三角地区以4388.59亿元名列第一，远远高于东翼、西翼和北部山区地区，占广东省全省的比重高达75.73%。而相比之下，东翼地区的占比为6.17%、西翼地区占比为5.29%、北部山区占比为12.81%。

其次，以旅游住宿设施分布情况为例。如表11-13所示，2012年广东省全省星级宾馆的总数为11309座，其中，珠三角绝对数为5768座，占比51.004%，而相比之下，东翼地区的绝对数为1012座，占比8.95%；西翼地区绝对数为1500座，占比13.26%；北部山区绝对数为3029座，占比26.78%。

表11-13 2012年广东省旅游住宿设施分布情况   单位：座

市别	合计	星级宾馆							无星级宾馆
		小计	白金五星	五星级	四星级	三星级	二星级	一星级	
合计	11309	1080	1	106	187	630	148	8	10229
珠三角	5768	774	1	90	134	438	106	5	4994
东翼	1012	73	0	5	20	39	8	1	939
西翼	1500	77	0	6	13	47	11	0	1423
北部山区	3029	156	0	5	20	106	23	2	2873

资料来源：《广东省旅游年鉴》(2012)。

再次，从旅游景点的构成情况来看。如表11-14所示，在2012年，广东省旅游景点总数为920个，其中，珠三角地区为451个，东翼地区为149个，西翼为123个，北部山区为197个。而从相对数来看，珠三角、东翼、西翼和北部山区的占比分别为49.02%、16.20%、13.37%和21.41%。

表11-14 2012年广东省旅游景点构成情况   单位：个、人

市别	合计	已评级						未评级	景点从业人员
		小计	5A级	4A级	3A级	2A级	1A级		
合计	920	196	8	118	59	11	0	724	156453
珠三角	451	104	5	73	24	2	0	347	73434
东翼	149	17	0	11	6	0	0	132	10839
西翼	123	22	0	7	11	4	0	101	21185
北部山区	197	53	3	27	18	5	0	144	50995

资料来源：《广东省旅游年鉴》(2012)。

最后，从各地区出境游人数量的分布情况来看，这种省域范围内的区域差异表现得更为明显。如表11-15所示，从2012年广东省各地区旅行社组团出

境游人数的分布情况来看，广东省全省的总数为 663.2 万人次，其中珠三角地区为 651.3 万人次，占比 98.21%，而相比之下，东翼地区为 5.47 万人次，占比 0.82%；西翼地区为 2.07 万人次，占比 0.31%；北部山区地区为 4.41 万人次，占比 0.66%。可以看出，以出境人数来看，四个按经济区域划分的地区差距是十分惊人的。

表 11-15 2012 年广东省各地区旅行社组团出境游人数

单位：万人次、%

市别	合计	比上年增长率	香港游	比上年增长率	澳门游	比上年增长率	台湾游	比上年增长率	出国游	比上年增长率
合计	663.2	26.53	301.83	26.14	118.47	12.98	25.04	41.47	217.87	33.64
珠三角	651.3	26.69	296.55	26.64	115.52	12.79	24.73	42.88	214.47	33.91
东翼	5.47	-13.44	2.28	-21.9	0.85	-10.8	0.15	-42.26	2.19	0.20
西翼	2.07	30.20	0.85	6.90	0.63	32.91	0.01	-70.06	0.58	101.1
北部山区	4.41	50.68	2.15	53.34	1.47	44.99	0.16	45.57	0.63	57.19

资料来源：《广东省旅游年鉴》(2012)。

但实际上，在上文关于区域差异的分析中我们已经发现，虽然在收入方面珠三角地区远高于东、西两翼和北部山区地区。但就景点数量和住宿酒店数量而言，这一差异虽然存在，其相对差距已经呈现出明显降低的趋势。但回到各地区旅游出境人数分布这一问题上时，我们发现，在未来很长一段时间内，区域发展差异的巨大落差都是广东省未来扩大旅游服务业对外开放中一定不能忽视的问题之一。

（二）客源地来源仍然较为单一

我们以旅游客源地的分布情况为例对广东省旅游服务业对外开放中存在的问题展开研究，如表 11-16 所示。

表 11-16 2001~2012 年广东省旅游入境人数分析 单位：万人次

指标 年份	合计	外国人	占比	港、澳、台同胞	占比	香港同胞	澳门同胞	台湾同胞
2001	7256.36	313.17	0.0432	6943.19	0.9568	5137.96	1606.99	198.24
2002	8065.06	361.5	0.0448	7703.56	0.9552	5700.63	1802.72	200.21
2003	6991.13	285.78	0.0409	6705.35	0.9591	4961.96	1604.42	138.97
2004	8741	457	0.0523	8284	0.9477	6001.94	2086.56	195.5
2005	9579.12	537.27	0.0561	9041.85	0.9439	6358.78	2467.9	215.17

续表

指标\年份	合计	外国人	占比	港、澳、台同胞	占比	香港同胞	澳门同胞	台湾同胞
2006	10039.55	591.91	0.0590	9447.64	0.9410	6728.67	2497.11	221.86
2007	10318.86	672.16	0.0651	9646.7	0.9349	7134.61	2282.92	229.17
2008	10323.47	615.95	0.0597	9707.52	0.9403	7221.16	2270.28	216.08
2009	10232.09	608.18	0.0594	9623.91	0.9406	7169.72	2251.51	202.68
2010	10485.83	652.72	0.0622	9833.11	0.9378	7328.38	2297.81	206.91
2011	11085.83	760.28	0.0686	10325.55	0.9314	7759.39	2364.21	201.95
2012	10794.72	764.72	0.0708	10030	0.9292	7723.28	2109.97	196.75

资料来源:《广东省旅游年鉴》(2012)。

可以看出,在2001年,广东省旅游入境人数总数为7256.36万人次,其中,外国人为313.17万人次,占比4.32%,而相比之下,来自港、澳、台同胞的总人数为6943.19万人次,占比95.68%。这说明,在广东省旅游入境人数中,港、澳、台同胞占据着入境游客的主导地位。

从后续几年的数据走势来看,这一比例关系基本维持不变。截至2012年,广东省旅游入境者总数已高达10794.72万人次,其中,外国游客为764.72万人次,占比7.08%,相比之下,港、澳、台同胞的总数为10030万人次,占比92.92%。

这说明,在广东省旅游入境者来源构成中,来自港、澳、台的同胞占据着人数的绝对优势地位,而相比之下,外国人所占的比例非常有限。这对于我们的政策提示就是,在未来进一步扩大旅游服务业对外开放的过程中,我们要在稳定港、澳、台胞来粤旅游的既定方略基础上,积极出台相关有针对性的吸引外国人来粤旅游的相关措施。

(三)出境游市场有待扩展

最后,在对广东省旅游服务业对外开放中存在问题的研究中,我们从出境目的地的角度加以分析,如表11-17所示。

表11-17 2012年广东省按国别分出境游客人数　　单位:人次

全省合计	7107152							
亚洲小计	6337714	欧洲小计	458022	美洲小计	141283	大洋洲小计	95815	非洲小计	54254
香港地区	3011936	英国	31463	美国	117205	澳大利亚	69877	南非	18588
澳门地区	1178502	法国	71906	美洲其他	24078	新西兰	658	埃及	12253
台湾地区	250850	德国	47802			大洋洲其他	25280	肯尼亚	4873
日本	166747	意大利	53856					非洲其他	18540

第十一章 广东省旅游服务业对外开放现状、问题与对策建议

续表

韩国	251430	瑞士	57147					其他小计	20064
蒙古	1834	瑞典	11364						
印度尼西亚	109752	俄罗斯	25900						
马来西亚	258229	西班牙	11218						
菲律宾	32281	荷兰	25572						
新加坡	308979	丹麦	6316						
泰国	501173	马耳他	1691						
印度	14234	欧洲其他	113787						
缅甸	7552								
越南	103438								
马尔代夫	30642								
斯里兰卡	2410								
亚洲其他	107725								

资料来源：《广东省旅游年鉴》（2012）。

可以看出，2012年，广东省居民出境旅游的主要目的地按人数多少排名来看，主要体现出以下三个特征：其一，从洲际对比来看，以亚洲居多，其次分别是欧洲、美洲、澳洲和非洲；其二，从广东游客最主要的出境目的地亚洲来看，排在人数排行榜前三位的分别是香港、澳门和台湾地区；其三，从欧洲和其他地区的人数分布来看，法、德、瑞等主要欧洲国家以及美国、澳大利亚和南非是广东省居民出境的首选地区。

这可以充分说明一个问题，即在广东省旅游服务业对外开放过程中，出境游目的地仍然比较单一，且集中在邻近广东省的港、澳、台地区。在亚洲之外的地区主要集中在几个世界主要国家。这一发现说明，未来广东省旅游服务业对外开放的一个重心，即是在尊重市场规律和居民出行意愿的基础上，积极进行旅游冷门但有特色国家或地区的旅游引介活动，提升其在广东居民中的认知度，拓宽广东省居民旅游的空间选择。

五、扩大广东省旅游服务业对外开放的对策建议

(一) 加强旅游相关法律法规和旅游规划工作,确立"观光立省"的基本战略

1. 健全完善旅游业法律法规

现代社会运行的一个标志性特征即是社会管理的法制化,法律的规范和制约是一个行业健康发展的前提和必备条件。从目前我国全国范围来看,相关针对旅游的法律法规主要有《中华人民共和国旅游法》(2013年10月1日起施行)、《旅行社条例》、《中国公民出国旅游管理办法》以及《导游人员管理条例》。对于广东省来说,首先,应该在法律法规许可的范围内,加强对省域行业发展现状和特征的调研工作。在结合当地实情的基础上,制定完善相应的地方性法规、行业规章,通过法律法规的健全完善为广东省旅游业的发展奠定坚实的制度保障。

2. 制定中长期发展规划

就目前广东省而言,截至2014年6月,广东全省涉及旅游的规划共有8个,具体为:广东省旅游发展"十二五"规划、广东省旅游发展规划纲要(2011~2020年)、珠三角旅游产业一体化规划(2011~2015年)、广东省乡村旅游与休闲农业发展规划(2013~2020年)、广东省滨海旅游发展规划(2011~2020年)、广东省邮轮旅游发展规划(2011~2020年)、粤西区域旅游发展规划(2011~2020年)、粤东区域旅游发展规划(2010~2025年)。就下一步扩大旅游服务业对外开放而言,对于广东省来说,其主要着力点应该是在宏观层面重视旅游业的发展。确立"观光立省"的发展战略,并及时加强对行业发展中长期发展规划的制定落实工作。

(二) 推进行业产品服务的标准化建设,提升旅游业的国际竞争力

对外开放的一个重要特征即是服务或产品的提供商参与全球竞争,在"引进来"与"走出去"的过程中,通过与国际同行的比较,提升自己的竞争实力。而鉴于服务产品的内涵特征——人的异质性导致了服务标准的差异化。因此,对于旅游服务业来说,一个健全完善的行业标准体系建设是提升自身发展实力、参与国际竞争的必备前提。

对于广东省旅游服务业来说,下一阶段对外开放的重点应该是在借鉴国外先进同行管理经验的基础上,推行行业内部的标准体系建设。这主要体现在两个方

面：其一，服务硬件的标准化；其二，服务软件，如服务质量、服务流程等更多克服人的异质性存在的标准化建设。

鉴于目前广东省旅游业相关产业标准化建设发展滞后的现实，实际上，这也是广东旅游业参与国际竞争的第一要务。

（三）加强区域产业合作，合理利用泛珠三角洲旅游资源

广东在其旅游业发展"十二五"规划中明确指出，要加强区域合作，从其既定的合作成果来看，其取得的成绩值得肯定。截至目前，广东省与泛珠三角各省区、东盟、日韩及其他国际友好省州的旅游合作与交流日益密切，与泛珠三角兄弟省份旅游部门签署《"泛珠三角"区域红色旅游合作发展协议》，加快构建双方政府部门及旅游行业协会、旅游企业之间的联络协调机制，打造泛珠地区"无障碍旅游区"。

鉴于旅游资源分布的区位特点和人们的旅游需求特征，旅游业的发展需要强化集聚趋势。换句话说，在地理位置上相互靠近的旅游景点和相关服务设施的便利程度，是该地区旅游吸引力的重要衡量指标。因此，对于广东省来说，下一阶段的对外开放定位，应该是加强泛珠三角地区的区域合作，形成一个地域范围更广、联系更加密切的大旅游区，增强其在国内外的旅游吸引力。

（四）加强创新管理，鼓励业内新业态发展

随着现代科学技术的发展，行业内部传统与现代的融合催生出了行业的新业态。对于旅游业来说，智慧旅游、科技旅游等发展新模式值得我们关注。此外，旅游与地产、旅游与主题游乐园等不同行业融合互动催生的新的商业模式也同样具有很高的经济价值和研究意义。

对于广东省来说，下一阶段对外开放的重点之一，应该是出台措施，鼓励行业技术创新。同时，对于行业内部既存的创新新业态，要积极创造条件，在尊重市场规律的基础上，为其发展壮大提供必要的财税金融支持。

参考文献：

[1] 侯永康：《对外开放影响旅游产业发展的机理探析》，《山西财经大学学报》，2010年第S2期，第155-156页。

[2] 何元贵：《论服务贸易对广东经济发展的促进作用》，《国际经贸探索》，2000年第4期，第60-63页。

[3] 凌强：《浅析日本观光立国战略与对华旅游市场开放》，《现代日本经济》，2006年第2期，第41-46页。

[4] 彭辉芳：《繁荣旅游经济 加速开放城市建设》，《财经研究》，1993年第6期，第17-20页。

［5］赵东喜：《中国省际入境旅游发展影响因素研究——基于分省面板数据分析》，《旅游学刊》，2008年第1期，第41-45页。

［6］罗福群：《粤港合作发展旅游业具有广阔前景》，《广东社会科学》，1986年第4期，第115-117、93页。

［7］武传表、王辉：《中国14个沿海开放城市旅游竞争力定量比较研究》，《旅游科学》，2009年第4期，第13-18、30页。

［8］葛立成、邹益民、聂献忠：《中国区域旅游合作问题研究——基于主体、领域和机制的分析》，《商业经济与管理》，2007年第1期，第70-75页。

［9］周玲强：《加入WTO对我国旅游业的影响及对策研究》，《浙江大学学报（人文社会科学版）》，2000年第3期，第130-136页。

［10］依绍华：《WTO协议与我国出境旅游政策调整》，《国际经贸探索》，2001年第5期，第24-27页。

［11］刘菲：《关于我国开放出境旅游市场的思考》，《北京工商大学学报》（社会科学版），2004年第2期，第75-79页。

［12］刘名俭、唐静：《中国旅游企业"走出去"的路径与模式分析》，《经济地理》，2012年第3期，第153-156页。

［13］李江帆、江波、李冠霖：《广东旅游产业发展状况比较研究》，《南方经济》，2001年第4期，第34-37页。

第十二章 广东省服务外包产业区域分布现状、问题与对策建议

林吉双*

【摘要】近年来,广东省服务外包产业迅猛发展,规模较大、增速较快、质量较好、集聚度较高、对就业的贡献度较大。从区域分布看,广东服务外包产业区域分布主要集中在珠三角,尤其是集中在广州、深圳两个城市。其影响因素主要有产业基础、城市综合竞争力、政策扶持、人力资源、基础设施和商务环境等。珠三角其他城市的服务外包产业也有一定的发展,如能加大政策支持力度、挖掘潜力和发挥优势,这些城市的服务外包产业也将获得较好的发展。

一、广东省服务外包产业发展现状

近年来,广东服务外包产业持续快速增长。据商务部统计,2013年广东承接服务外包合同金额106.54亿美元,同比增长31.3%,占全国的11.2%;执行金额71.24亿美元,同比增长36.4%,占全国的11.2%。其中,承接离岸服务外包合同金额72.33亿美元,同比增长30.4%;执行金额51.33亿美元,同比增长28.3%。根据数据显示,当前广东服务外包呈现向计算机类、通信工程类、工业设计类、生物医药等高新技术行业集中的趋势。

广东服务外包产业发展的总体特点主要包括以下三个方面:首先,从区域发展情况看,服务外包产业主要集中在珠三角,且广州和深圳两大一线城市的服务外包产值占广东省的95%以上。据广东省商务厅数据,2013年广东服务外包结构为信息技术外包(ITO)、业务流程外包(BPO)和知识流程外包(KPO),承

---

* 林吉双,广东外语外贸大学国际服务外包研究院院长、教授,主要研究方向为宏观经济学、制度经济学和国际贸易学等。

接离岸服务外包执行金额分别为19.53亿美元、14.41亿美元和17.37亿美元,分别增长了15.7%、33.1%和41.2%;知识流程外包业务增长迅速。其次,从发包市场看,中国香港、美国、欧盟、东盟是购买广东省离岸服务的主要发包国家和地区,2013年广东省承接中国香港、美国、欧盟和东盟的离岸服务外包执行金额分别占离岸服务外包执行总额的35.3%、16.2%、13.1%和7.4%。最后,从就业规模和人员结构看,2013年,新增服务外包从业人员20.7万人,从业人员总计达84.3万人,其中大学(含大专)以上学历46万人,占从业人员总数的54.6%;2013年,新增服务外包企业356家,全省共有服务外包企业1915家,服务外包企业数量和就业规模稳步扩大。

总体来看,广东省服务外包产业具有集聚度较高、规模较大、增速较快、质量较好、对就业的贡献度较强等特点。本章将就广东省服务外包区域发展的情况进行重点分析。

二、广东省服务外包产业区域分布的现状

(一)广东省服务外包产业主要集中于珠三角区域

广东服务外包产业的发展区域与广东其他产业的发展区域呈现高度的一致性,主要集中在珠三角的广州、深圳、佛山、东莞、珠海、中山等城市,如表12-1所示。

表12-1 2013年广东省服务外包区域分布情况　　单位:亿美元、%

城市 指标	广东总计	广州	深圳	佛山	东莞	珠海	中山	肇庆
产值	71.24	39.08	30.04	0.88	0.42	0.36	0.17	0.11
占比		54.86	42.17	0.01	0.006	0.005	0.002	0.002

资料来源:广东省商务厅网站。

从表12-1中可以看出,广东服务外包产业的发展区域主要集中在珠三角,尤其是集中在珠三角的广州和深圳两个全国一线城市,广州2013年服务外包执行额占广东当年服务外包执行额的54.86%,深圳2013年服务外包执行额占广东当年服务外包执行额的42.17%,两市相加的服务外包执行额占广东服务外包执行额的97.0%;其他珠三角城市及其他城市的服务外包执行总额仅占广东省服务

第十二章　广东省服务外包产业区域分布现状、问题与对策建议

外包执行额的 3%。

（二）珠三角城市服务外包产业主要集中于功能园区

珠三角的服务外包产业又主要集中于广州、深圳、佛山、珠海和肇庆五市的服务外包园区，主要有以下特点：

第一，广州服务外包产业区域分布主要集中在广州经济开发区、天河软件园、黄花岗科技园、广东动漫城、中新知识城、广州科学城、广州国际创新城和南沙开发区等。其中，广州经济开发区是广州服务外包园区中业态比较多、产值规模较大的区域。2013年，广州经济开发区被评为广东省服务外包示范园区。2012年，广州经济开发区服务外包合同额为7.92亿美元，占广州全市服务外包业务合同额的16.0%；离岸合同额为4.78亿美元，占全市的16.0%；离岸合同执行额为4.03亿美元，占全市的20%，以上三项指标连续三年居广州市前列。

经过近几年的发展，广州服务外包的业态水平也呈现高端化的趋势，业态范围主要集中在软件研发外包、金融服务外包、工业设计研发外包和电信服务外包等，生物医药研发外包、检验检测服务外包、现代物流服务外包、动漫游戏和影视服务外包等也有一定的发展。其中，以软件研发服务外包、工业设计服务外包、医药和食品研发服务外包以及现代物流服务外包为主的四大业态主要聚集在广州开发区，逐步吸引了包括三星、安利、美赞臣、日立信息等跨国公司及世界500强企业和东软、博彦科技等中国服务外包10强企业在内的55家服务外包企业落户。

第二，深圳服务外包产业区域分布主要集中在深圳软件园、深圳金融服务技术创新基地、前海湾保税港区、田面创意产业园、深圳设计产业园等。深圳服务外包的业态水平也呈高端化的趋势，业态范围主要集中在软件设计和研发服务外包、工业设计服务外包、金融服务外包、供应链管理服务外包等方面，云计算、物联网、生物医药研发、动漫及网游设计等高端领域的服务外包在全国也具有一定的领先优势。深圳软件园的服务外包产业发展在深圳多个服务外包园区中发展规模大、特色明显，服务外包业务主要以ITO为主。2012年3月，深圳软件园被工信部认定为国家新型工业化产业示范基地（软件和信息服务业）。2012年，深圳软件园共有46家离岸服务外包企业申报服务外包合同，全年承接离岸业务合同额为7.36亿美元，占全市服务外包离岸业务合同额的30.98%；离岸合同执行金额为7.08亿美元，占全市服务外包离岸业务执行金额的37.92%。深圳软件园涌现出一大批在国内外有较高知名度和市场占有率的大型行业应用软件，如金蝶的ERP软件、金证的证券交易软件、腾讯的即时通信软件、迅雷的下载软件、天源迪科的电信核心业务支撑系统、海云天的考试阅卷软件、任子行的网络安全软件等成为行业翘楚和龙头，也汇聚了腾讯、迅雷、A8音乐网、中青宝网、芒果网和融创天下等产业龙头，互联网规模占全市比重超过50%，是全国互联网产

业的发展核心园区。

第三,佛山服务外包产业区域分布主要集中在广东金融高新技术服务区、广东(佛山)软件园、广东(顺德)工业设计城和瀚天科技城四个服务外包产业园区。服务外包业态水平尚处于中低端,业态范围主要集中在金融后台服务、工业设计和软件设计等。广东金融高新技术服务区的服务外包产业发展在佛山四个服务外包园区中规模最大、质量最高。2013年,广东金融高新技术服务区被评为广东省服务外包示范园区。2012年,园区从事服务外包的企业有17家,全年承接服务外包离岸执行额约为0.31亿美元,占全市离岸服务外包执行额的67.7%。目前,广东高新金融技术服务区聚集着凯捷、简柏特和IBM等大型财务与会计服务外包企业和AIA亚太区后援服务中心、PICC南方信息中心、广发银行南中国后援中心、汇丰环球营运佛山中心、太平洋财险华南运营中心等多个金融后台服务外包企业等。

第四,珠海服务外包产业区域分布主要集中在南方软件园,2013年南方软件园被评为广东省服务外包示范园区。2012年,园区从事服务外包业务(ITO/BPO)的企业已达15家,占园内企业总量的11%;园区外包业务以信息技术外包(ITO)形式为主,占到90%以上,发包地区集中于中国台湾、香港、美国、日本等国家和地区,BPO业务以华拓数码、维佳物流、花旗银行数据中心等企业为代表,主要转承港澳地区银行、保险公司等金融机构以及航运物流企业的数据录入和呼叫中心等业务。2012年,服务外包离岸执行金额达1441万美元,约占珠海市2012年离岸执行金额2018万美元的71%。

第五,肇庆服务外包产业区域分布主要集中在肇庆市综合性生产服务业集聚区(华南智慧城),2013年华南智慧城被评为广东省服务外包示范园区。2012年,园区内服务外包企业离岸服务外包合同额为1030万美元,离岸服务外包合同执行金额为531.17万美元;在岸服务外包合同额为4635万美元,在岸服务外包执行金额为2443.38万美元。园区企业主要有肇庆祥洲鞋业有限公司、祥昱鞋业(肇庆)有限公司、美亚(肇庆)金属制品有限公司、肇庆市新安怀电子商务有限公司、肇庆泰强数码科技有限公司、肇庆市立德电子有限公司和伟仕高(肇庆)半导体有限公司等。总体来看,肇庆市服务外包产业还处在刚刚起步的发展阶段。

三、广东省服务外包产业区域分布的影响因素

广东服务外包产业的区域分布受到多方面因素影响,如相关服务业、人力资本、知识产权保护、区位条件及区域经济、市场需求、语言和文化、基础设施

等。除了广州、深圳区位良好因素外,还有以下六种因素影响比较大。

(一) 良好的产业基础,为服务外包产业的发展创造了先决条件

深圳是我国最早进行改革开放的经济特区,并依托香港国际经济中心,自身经济发达,其产业基础扎实。深圳的软件与信息技术基础良好,以华为、中兴为龙头的电信整体解决方案设计及电信基础设施运营服务外包更是知名海内外,这为深圳承接 ITO 服务外包创造了非常好的产业基础。目前,深圳主要承接 ITO 服务外包的高端环节如信息化规划、整体解决方案提供、信息系统设计服务、信息技术管理咨询和集成实施服务等,在深圳 ITO 业务收入中占比达到八成;再比如,深圳目前集中了全国近一半的工业设计企业,这使得深圳的工业设计、产品研发和创意设计等高端领域的服务外包在国内优势突出。

(二) 强大的区域城市核心竞争力,为集聚服务外包产业发展所需的关键要素创造了各方面的条件

以广州为例,2013 年广州市服务外包的产值占全省服务外包产值的 54.86%,这不仅缘于广州的基础产业雄厚,更缘于广州有很强的集聚服务外包产业发展所需要的关键要素的能力。广州作为全国第三大城市,其优异的商务环境、良好的经济发展水平、优质的教育资源、较大的市场需求空间和更多的发展机会等都对中高级人才和外部企业有着较强的吸引力,这是佛山、东莞等珠三角城市及其他城市无法比拟的。

(三) 发展战略和政策扶持是服务外包产业发展的前提条件

印度、爱尔兰等国家之所以成为服务外包产业发展最为成功的国家,其主要原因之一就是在服务外包产业发展的战略制定上更早于其他国家,这些国家在 20 世纪 80 年代就制定规划,着手发展服务外包产业;同时,给予服务外包产业财政补贴、税收优惠和金融扶持等。从我国服务外包产业发展较好的省份如江苏、浙江等长三角地区来看,服务外包产业发展的较早谋划、政策的大力扶持也起到了重要的作用。一些学者的研究表明,在服务外包产业发展的初中期,战略规划和政策扶持是服务外包产业发展的必要条件。

广东服务外包产业发展区域的现实状态,也与各城市在服务外包产业的发展战略和政策扶持上紧密相关。广州和深圳两市的政府主管部门在 2008 年及以后,出台了服务外包产业发展的执导意见和政策扶持措施,在中央和广东省各级政策的推动和扶持下,服务外包产业以高于全国增速持续发展起来,并跻身全国 21 个服务外包示范城市前列。佛山、东莞、中山和肇庆等市,对服务外包产业发展的认识较晚、动手较慢,这在一定程度上影响了这些城市服务外包产业的发展。

(四) 人力资本是服务外包产业发展的核心要素

服务外包产业是知识密集型、智力密集型产业，相比传统的制造业加工外包，服务外包更强调技术含量及附加值。因此，承接服务国家或地区的人力资源水平直接影响了该国或地区承包服务能力的大小。从服务外包的实践看，其对人力资源的要求主要偏向于受过高等教育并拥有专业技术资质的劳动者。科尔尼公司的统计数据显示，中国的人员和技能可得性指数为 2.25，仅次于美国和印度，位居全球第三。即使是 2006 年中国有关部委才出台相关政策，我国服务外包产业经过近 8 年的发展，已成为全球服务外包第二大接包国。

广东服务外包产业区域分布也与各城市在人力资源数量和质量上高度相关。广州作为区域政治、经济和文化中心，集中了广东全省最重要的各类教育资源，人力资源的总量和质量在省内首屈一指。深圳作为全国国际化程度最高、信息化程度最高、创新能力最强、经济最发达的城市之一，在人力资源的总量和质量上在全国都名列前茅。广州和深圳的人才资源条件，是珠三角其他城市无法比拟的。即使是东莞作为全球的加工制造业基地，拥有庞大的产业大军，但适合服务外包业态的人力资源较少，这也就制约了这类城市服务外包产业的发展。

(五) 基础设施和商务环境是服务外包产业发展的基础条件

良好的基础设施和商务环境，有利于以相对低廉的成本提供外包服务，也有利于提升外包服务技术员工团队的合作效率，更有利于提升承接国际服务外包业务的能力。从全球看，绝大多数服务外包产业发展势头良好的地方，也是其基础设施和商务环境优良的地方。因此，信息网络、电信通信、交通设施、政府服务、教育环境、城市品牌和制度安排等已成为衡量服务外包产业发展的重要指标。良好的基础设施和商务环境，是服务外包产业发展的基础要件。

与前两项因素相比，基础设施和商务环境对广东服务外包产业发展区域分布的影响不够显著，比如佛山的基础设施和商务环境也很好，但服务外包产业的发展却处在起步阶段，这说明前几个方面的影响因素可能更显著。当然，广州和深圳两市的基础设施和商务环境的确是广东其他城市无法比拟的。

(六) 知识产权保护是服务外包产业发展的重要保证

服务外包是知识含量比较高的产业，在发包的过程中往往涉及知识产权问题，在知识产权保护薄弱的国家，服务外包产业的发展也较差，因发包商往往担心知识产权受侵害而不愿向其发包。所以，知识产权得到保护且相互信任是外包服务合作关系的基础，只有让发包方充分相信知识产权能够得到充分的尊重和保护，企业才可能获得长足的外包发展机会。目前，服务外包产业发展较好的国家和地区,其知识产权的保护状况也较好。广东知识产权保护比较有效,对珠三角的服务外包产业产生了良好影响,这里不再做具体分析。

四、广东省服务外包产业区域协调发展的对策建议

(一) 发挥产业集聚效应,做强广州和深圳服务外包产业

广州和深圳两市,具有发展服务外包产业的天然优势;同时,服务外包产业发展的现实状况良好,因此,在服务外包产业的发展方面大有作为。随着中国经济结构的转型和技术升级,服务业迅速发展的时代已经到来,不断壮大服务外包产业规模、有效增强服务外包质量也刻不容缓。

1. 合理规划服务外包产业园区,做强园区经济

爱尔兰、印度等服务外包发展先行国家的主要成功经验之一是服务外包产业园区特色鲜明,优势突出,竞争力强。目前,广州和深圳服务外包产业园区布局已基本完成,存在的主要问题是园区企业集中度不高、特色不够鲜明、园区间业态重合、少量园区尚处在起步阶段等。因此,应进一步优化服务外包产业园区布局,采取措施增强园区的集聚功能,做出特色、做出质量。

2. 出台相关扶持政策,推进服务外包产业转型升级

目前,广州、深圳两市的服务外包产业正处在快速的模式扩张阶段,但产业因多处在中低端使得转型升级也迫在眉睫。因此,政府主管部门、行业协会和龙头企业合起手来,发挥联动效应,采取有效措施如引进和培养高端人才、支持企业国内外并购和重组、鼓励企业的创新投入等,促进服务外包产业向全球服务价值链高端迈进。同时,要积极瞄准服务外包发展的新模式、新业态、新趋势,抢占服务外包产业的制高点。

(二) 促进产业转型升级,做大珠三角其他城市服务外包产业

随着广州、深圳人力成本和租金成本等成本的上升以及服务外包转型升级的更好开展,广州的一些中低端服务外包业务很有可能向佛山、肇庆等地转移;深圳的一些中低端服务外包业务也很有可能向东莞、中山等城市转移。对于珠三角其他城市,必须大力推进产业转型升级,大力发展现代服务业,做大服务外包产业。

1. 加强战略规划引导和政策扶持,是其他城市发展服务外包产业的前提和基础

加强战略规划和政策扶持是其他城市发展服务外包产业的重要手段。佛山、

东莞、珠海、中山和肇庆等城市的服务外包产业，近三年来从无到有、从小到大，也进入了一个发展时期，其中最主要的原因是政府推动的结果，比如广东金融高新技术服务区、肇庆华南智慧城等园区的服务外包产业发展就是例证。因此，这些城市及早谋划、创造条件，合理规划服务外包园区，这样不仅有利于承接一线城市转移过来的服务外包业务，也将会带动当地服务外包产业的发展。

2. 找准发展定位，挖掘现有潜力，是其他城市发展服务外包产业的突破口

30多年来，佛山、东莞、珠海和中山等城市的经济发展成绩斐然、各具特色，本身也具有发展服务外包产业的基础和条件。比如，佛山的制造业总值位居全国前列，佛山的机械装备制造业、电子信息、家用电器和陶瓷产业等发展很好。根据发达国家制造业服务化的经验，可释放出25%左右的服务业务或服务外包业务，如此将给佛山的服务外包产业带来巨大的推动作用；又如东莞作为全球最大的加工制造业基地，其通信设备、计算机及其他电子设备制造业等基础好、规模大，这些产业如能通过各方努力实现向价值链高端的延伸，也必将释放出很大的服务业务或服务外包业务，助推东莞制造向东莞创造转型、助力东莞服务外包产业的发展等。因此，只要这些城市发挥优势，找准定位，服务外包产业也一定能够获得比较好的发展。

3. 出台财税补贴和优惠政策，提升现有服务外包企业竞争力

设立省级服务外包示范城市专项资金（可考虑按省级服务外包示范城市扶持资金进行1：1配套），加快省级示范城市和示范园区的建设，构建省重点企业、省级示范园区和省级示范城市的服务外包产业体系，用足用好国家和省里现有的支持服务外包产业发展的各项政策。同时，出台服务外包企业向园区集聚的租金、水电补贴等各项财政补贴政策和企业税收优惠政策等，切实降低服务外包企业运营成本，促进服务外包企业向园区集聚，尽快培育有一定知名度、各具特色的服务外包园区，争取尽快建好省级服务外包示范园区和示范城市。

4. 加大招商引资力度，增强服务外包产业的集中度

选准招商领域，出台招商引资政策。对符合本地区产业升级和产业结构调整的全球服务外包100强、国内50强企业落户园区或以其名义创办服务外包园区的，采取"一企一议"原则给予优于广州和深圳等分档资金补贴的力度，以此来提高这些城市的吸引力。选准招商地域或国别，提高服务外包企业的可持续发展能力。以日韩、欧美服务外包企业为招商重点（日韩企业的客户关系相对稳定，欧美企业的价值增值度高、业务领域更接近核心区），以此来尽快提升服务外包产业的整体发展水平，以便使服务外包产业在高起点上发展。优化招商引资机制，提高招商引资的效率。细分日韩和欧美等国家和地区的大型服务外包企业，结合各市服务外包及相关产业发展的实际需要，将还没有在广州和深圳等地建立服务外包的企业作为引进的重点，实施"一对一"的谈判方式，确保引进的成功率。

5. 出台人才培训和引进政策，为服务外包产业提供充足的人力资本

创建服务外包人才培训体系。可与省内在服务外包科学研究和人才培养有影响力的大学合作创办国际服务外包人才培训基地，以便培养各市急需的高端国际服务外包人才；同时，也可考虑与本地的相关院校合作，开设相关服务外包专业，培养各自城市所需要的国际服务外包一般性人才。鼓励服务外包企业开展员工培训和招聘新入职大学毕业生。各市财政和服务外包园区要充分落实国家、省出台的企业员工培训资金扶持政策和企业招聘新入职大学毕业生的奖励政策；同时，根据各市服务外包产业发展的实际需要，出台相关扶持政策，如住房补贴等，以利于企业招聘和留住大学毕业生。再有，完善各市高端人才引进政策，增强对高端人才的吸引力。一方面，根据服务外包产业发展需要，制订服务外包人才引进计划；另一方面，出台有吸引力的人才引进政策，吸引国际高端服务外包人才来各城市工作。

6. 进一步改进营商环境，有效提供服务外包产业发展的公共服务平台

创新发展理念、完善政策环境，切实提高政府服务质量和服务水平。服务外包产业能否在这些城市快速和持续发展，关键在于政策环境；因此，各级政府部门主要领导干部，要充分认真学习和领会习近平总书记视察广东时提出的"三个定位、两个率先"的指导思想，创新发展理念，完善政策环境，提高行政效率，为服务外包产业发展提供强有力的政策支撑。同时，加大对知识产权的保护力度，创造公平竞争的市场环境。知识产权保护对于服务外包产业的发展尤其重要，因此，各级执法部门要下大力气认真贯彻执行《中华人民共和国知识产权法》和相关法规，严厉打击服务外包业的知识产权违法行为，切实为服务外包产业的发展提供良好的法制环境。要建立和完善服务外包产业发展的公共服务平台和行业协会组织，为服务外包产业的发展创造良好的外部环境。一方面，搭建促进服务外包产业发展的引智招商平台、信息咨询平台、技术支持平台、人才支撑平台、业务研发平台和企业融资平台等公共服务平台，构建服务外包产业公共服务体系。另一方面，成立服务外包行业协会，以便在行业发展、政策宣传、企业认证和专项工作等方面，为企业提供优质服务，做好政府的参谋和助手。

参考文献：

[1] 王力、刘春生、黄育华主编：《中国服务外包竞争力报告（2012~2013）》，社会科学文献出版社，2012年。

[2] 祁明、程晓主编：《广东服务业发展报告（2012）》，社会科学文献出版社，2012年。

[3] 广州市发展和改革委员会、华南理工大学现代服务业研究院编：《2013广州服务业发展报告》，暨南大学出版社，2013年。

[4] 林吉双、陈婉菲、周虹芝：《广东服务外包产业的发展现状和对策思考》，《广东外语外贸大学学报》，2013年第4期。